本书为国家社会科学基金一般项目"伍德罗·威尔逊国际政治思想研究"(项目号批准号：12BSS035)结项成果

威尔逊国际政治理想主义研究

杨春龙 ■ 著

Study of Woodrow Wilson's Idealism

中国社会科学出版社

图书在版编目（CIP）数据

威尔逊国际政治理想主义研究 / 杨春龙著 . —北京：中国社会科学出版社，2021.10

ISBN 978 – 7 – 5203 – 8944 – 0

Ⅰ.①威… Ⅱ.①杨… Ⅲ.①威尔逊（Wilson, Thomas Woodrow 1856 – 1924）—国际政治—政治理论—研究 Ⅳ.①D097.125

中国版本图书馆 CIP 数据核字（2021）第 166487 号

出 版 人	赵剑英
责任编辑	杨晓芳
责任校对	陈 尘
责任印制	王 超

出　　版	中国社会科学出版社
社　　址	北京鼓楼西大街甲 158 号
邮　　编	100720
网　　址	http://www.csspw.cn
发 行 部	010 – 84083685
门 市 部	010 – 84029450
经　　销	新华书店及其他书店

印刷装订	三河弘翰印务有限公司
版　　次	2021 年 10 月第 1 版
印　　次	2021 年 10 月第 1 次印刷

开　　本	710×1000　1/16
印　　张	15.25
插　　页	2
字　　数	218 千字
定　　价	79.00 元

凡购买中国社会科学出版社图书，如有质量问题请与本社营销中心联系调换
电话：010 – 84083683
版权所有　侵权必究

目　录

绪　论 ………………………………………………………… (1)
 一　概念界定和选题依据 ………………………………… (1)
 二　国内外研究动态 ……………………………………… (4)
 三　研究内容、方法和基本观点 ………………………… (15)
 四　课题研究的创新意义和主要缺失 …………………… (18)

第一章　变化中的世界与变化中的美国
 ——威尔逊国际政治理想主义背景分析 ……………… (20)
 一　世纪之交的世界变化与美国崛起 …………………… (21)
 二　美西战争与美国新扩张主义的发端 ………………… (36)
 三　"文明国家责任"说与"道德优越"论 ……………… (48)

第二章　在革新中实现美国的全球扩张
 ——威尔逊国际政治理想主义特征分析 ……………… (57)
 一　威尔逊关于世界变化的认知 ………………………… (57)
 二　威尔逊式的"改造世界"方案 ……………………… (77)
 三　一位更为精致的扩张主义者 ………………………… (95)

第三章　世界大战与美国中立
 ——威尔逊国际政治理想主义案例分析之一 ………… (108)
 一　"积极的、建设性的中立政策" …………………… (108)

二 美国中立天平的倾斜 …………………………………（122）
三 坚持实现"没有胜利的和平" ……………………………（139）

第四章 以战止战与持久和平
　　——威尔逊国际政治理想主义案例分析之二 ……………（156）
一 和平中立旗帜下的扩军备战 ……………………………（157）
二 以武力谋求"举足轻重的地位" …………………………（166）
三 谋求"公正"和"理性"的和平 ……………………………（178）
四 为实现"最大成功"的决斗 ………………………………（201）

结　语 ………………………………………………………（220）

主要参考文献 ………………………………………………（230）

后　记 ………………………………………………………（239）

绪　论

伍德罗·威尔逊（1856—1924）是美国第二十八任总统。他生活在从19世纪向20世纪过渡的转折时代，这一时期的世界和美国都发生了深刻的变化。他任职总统（1913—1921）对美国内政外交和国际社会都产生了极其深远的影响。就其外交成就和影响而论，尽管人们的评价众说纷纭，莫衷一是，但他在美国被视为20世纪美国全球战略的总设计师，获得了"现代美国国际主义之父"的历史地位。[①]在国际政治领域，他成了西方"国际政治理想主义最强有力的代言人"，成为现代西方国际关系学理论的主要奠基人之一。

一　概念界定和选题依据

威尔逊是以"理想主义"著称的国际政治活动家，以提出"理想"、宣扬"理想"和试图实现"理想"闻名于世。在西方国际政治理想主义、现实主义两种视野中，威尔逊是公认的理想主义"最强有力的代言人"。按照美国理想主义观念，威尔逊谴责对权力、利益和势力均衡的追逐，并把这些观念斥为"旧世界"专制主义的产物，把按照美国自由主义原则确定的"改造世界"方案视为理想。现实生活中，人们的思想和行为是十分复杂的，政治活动家们更是如此。作为国际

---

① Frank Ninkovich, *Modernity and Power: A History of the Domino Theory in the Twentieth Century*, University of Chicago Press, 1994, p. 37.

政治理想主义主要代言人，威尔逊在制定外交方针和政策时，其实并不会完全拒绝以权力、利益和势力均衡等理念思考问题，其理想主义"改造世界"方案不但不会妨碍他服务于美国的国家利益，甚至被一些学者视为一种"更高级的现实主义"。但是，人们普遍认同的基本事实是，威尔逊国际政治思想的基本倾向是"理想主义"。

英语中"Idealism"一词兼有"理想主义""空想主义"（乌托邦主义）两层含义，也就是说，兼有肯定性和否定性含义。我国一些学者囿于自身历史文化背景的影响，认为只要承认了资产阶级政治家的思想主张属于"理想""理想主义"，似乎就承认了那些思想主张是"可以实现的美好愿望"，似乎就是我们自身立场出了问题。因此，长期以来，我国一些学者不愿使用"理想"或"理想主义"概念，甚至根本否认美国外交中"理想"或"理想主义"的存在，认为国际政治和国际外交中从来只有现实主义，而不会有什么"理想"或"理想主义"。但与此同时，我们在分析西方国际政治思想或理论思潮时，又毫不例外地把威尔逊视为国际政治理想主义的主要代言人，这似乎又在事实上肯定了理想主义的客观存在。从外交实践看，威尔逊总是从美国自由主义观念出发提出系统化的"原则"或"计划"，标榜以"民主"改造世界，并视之为"理想"，希望世界接受其美国式理想化的国际社会革新方案，通常并不会简单地满足于权宜的利益考虑。从第一次世界大战前后威尔逊的个性特征及其政府政策考虑，一种以美国自由主义观念诠释的国际社会革新方案是客观存在的。因此，使用"理想""理想主义"概念，能够更准确地体现威尔逊的个性化特征和其主政时期美国外交的时代特色，这是本课题研究中沿用"理想"和"理想主义"概念的基本原因。

国内外学术界关于威尔逊外交认识的分歧很大，对威尔逊国际政治理想的不同理解是形成分歧的主要原因。国内外众多学者均试图对威尔逊国际政治理想做出令人信服的阐释，但似乎从未有人提出为人们普遍认同的结论。国内外相关成果极其丰富，如一位学者所述，

"几乎可以说，有多少本研究威尔逊的著作就有多少种对威尔逊的评价"①。威尔逊的历史地位独特而重要，对威尔逊国际政治理想主义的历史认识直接影响着人们对 20 世纪世界变化和美国全球战略的理解，因此，相关的研究工作依然有待深化。现有成果中侧重阐释威尔逊国际政治理想的专题著作并不多，多半还是更关注其政策和实践，对威尔逊国际政治理想的认识也是见仁见智、莫衷一是，并随时代的变化而变化。显然，对这一问题的持续探索仍然是必要的。不论已有成果多么丰富，它们只能成为我们进一步探索的条件和动力。

国内外关于威尔逊主义和威尔逊外交评价某种程度的极端化倾向，是促发我们试图重新探讨威尔逊国际政治理想的另一个重要动因。美国学者观点各异，但多理所当然地把威尔逊视为爱好和平、自由、进步的现代政治家。即便持批评态度，也是对其理想主义是否更好地体现美国国家利益表示怀疑。美国学者的立场、价值观偏见是显而易见的。

我国学术界对威尔逊主义和威尔逊外交的评价同样存在着一定程度的极端化倾向。威尔逊任职总统期间，我国也一度出现高度评价威尔逊和威尔逊主义的现象，甚至有人幻想威尔逊政府会在国际社会持"公正"立场，帮助中国收回被侵占权益。然而，随着巴黎和会中国外交失败，人们的期望落空了，转而把威尔逊的国际政治理想主义完全等同于其他大国的殖民扩张主义。直到改革开放初期，我国学者们仍然主要致力于揭露、批判威尔逊主义和威尔逊外交的扩张性、利己性本质和反苏反共等特性。21 世纪以来，越来越多的学者试图客观分析威尔逊主义和威尔逊外交，但对于诸多具体问题还需要做进一步的探索。

威尔逊的国际政治理想，也就是所谓"改造世界"方案，本质上是一种按照变化世界中美国国家利益和价值诉求建构的国际社会革新

---

① 韩莉：《新外交·旧世界：伍德罗·威尔逊与国际联盟》，同心出版社 2002 年版，第 2 页。

方案。在这样一种美国式理想化的国际社会革新方案中，推进大国联合和美国主导大国关系变化的构想，是我们客观而全面地理解其国际政治理念及其外交实践的关键环节。对这一关键环节持续开展研究，既是理论建设的需要，也具有一定的现实意义。理论上说，进一步加强对该课题的研究，有助于弥补目前相关历史研究的不足，可以进一步为相关领域学者们从理论上客观分析美国理想主义提供历史的视野和必要的分析素材，为人们进一步认识20世纪美国全球战略建构与世界深刻变化、美国特殊国情和传统之间的内在联系创造条件。从现实意义上说，威尔逊国际政治理想主义历经时代变化，仍然影响着美国外交和国际社会对国际关系的认识，加强对该课题的研究，有助于我们进一步揭示当代美国外交的本质和国际关系变化规律，探寻应对之道。

二　国内外研究动态

威尔逊主义和威尔逊外交是国内外学者普遍关注的重要课题之一。威尔逊出任总统之时正值美西战争以后美国和世界历史的重大转折时期。在美国国内围绕外交政策争吵不休、国外相对忽视美国实力和影响力的情况下，美国第一次直接而公开地介入了被其国人一向视为祸端的欧洲政治舞台，公开提出了美国"领导世界""改造世界"的目标，并力图付诸实践，这是威尔逊主义和威尔逊外交备受关注的原因之一。作为学者出身的政治家，威尔逊对世界变化和美国扩张都有过大量的思考和论述，对美国如何应对世界变化问题提出了相对新颖而系统的政治主张，以至于他的许多言论几乎成为此后美国政治舞台上的通用术语，这是威尔逊外交受到重视的另一个重要原因。作为一个新兴大国的政治家，威尔逊总是以美国的国家利益和价值观指导其外交实践，力图通过推动国际社会革新，建构一种新型的"美国治下和平"秩序，实现其"改造世界"梦想，但从实际效果看，他任职总统期间并不能实现其理想化目标。于是，其理想和实践既成为人们始终争论不休的问题，又始终影响着美国外交决策和国际关系理论研究，这也是相关研究普遍受到关注的原因。

（一）国外研究状况

在美国，自威尔逊任职总统以来，不同时期都出现过大量研究威尔逊外交的著作。在不同时代，威尔逊外交研究具有不同的时代特征。在同一时代，不同作者亦各有不同见解。

国外学者关于威尔逊主义和威尔逊外交的研究具有明显的阶段性特点。威尔逊总统当政期间，尤其在第一次世界大战结束前，美国国内舆论总体上对威尔逊主义持支持和拥护态度，国际社会也颇多赞誉。但在他任职最后阶段将国联方案付诸实践时，明显地把美国特殊的国家利益诉求奉为圭臬，不仅其他大国的政治家和世界各国人民难以认同，美国国内也出现了理想主义激情消退的局面，这是威尔逊主义首次遭受重挫。战后，欧洲大国之间频繁发生激烈冲突，甚至在短短的20年后又爆发新的世界大战，这使威尔逊式"理想"的现实可行性被普遍质疑，威尔逊主义受到进一步冲击。二战前后，爱德华·卡尔、汉斯·摩根索、乔治·凯南等一批以现实主义自诩的学者们，尖锐地批评了威尔逊的国际政治理想主义。他们认为：理想主义使美国外交染上了一层浓郁的"法学家和道德家"色彩，但强权政治是现实政治，忽视这一现实将大大增加战争的危险；国际社会是一个无序的竞技场，残酷而缺乏规则，各国都为了几乎不可能实现的"安全"状态而相互竞争，很难达成合作；因此，威尔逊对现实政治的批判是错误的，其国际政治理想主义并不能维护国际关系的稳定，甚至误导人们做出错误的判断。[①] 威尔逊主义一度成为"空想""乌托邦"的同义词。

从当代美国威尔逊外交研究看，在各种不同的观点中，冷战时期形成的三种观点被认为具有一定的代表性。它们的代表人物主要是：

---

① ［美］乔治·凯南：《美国外交》，葵阳等译，世界知识出版社1989年版。

以阿瑟·林克等人为代表的所谓"自由国际主义者"（又被称为"理想主义者"）；以乔治·凯南、汉斯·摩根索等人为代表的"现实主义者"；以小戈登·莱文为代表的"自由资本主义者"。① 自由国际主义者们普遍认为，威尔逊使美国摆脱了孤立主义传统的束缚，在国际政治舞台上扮演了革新国际政治的角色。他们认为，威尔逊主义不但没有背离现实，而且更好地反映了现实。他们赞成威尔逊关于国际政治和美国外交的基本观点，认为独裁政治、封闭式经济和对权力政治的追求毒害了国际关系，使战争的危险性大为增加。美国没有通过第一次世界大战成为"道义上的世界领袖"，世界没有接受威尔逊的"集体安全""民族自决"和推进"世界民主"等主张，他们为此感到遗憾。因此，他们把威尔逊视为"20世纪的预言家和中心人物"②。相反，现实主义者们则批评威尔逊主义使美国外交表现出了太多的"学究气"。他们怀疑威尔逊革新国际政治的方案不切实际，断言其努力注定失败，认为威尔逊推进集体安全、世界民主和民族自决等外交努力背离了现实，对维护世界稳定和美国国家利益的作用相对有限。小戈登·莱文则认为，威尔逊外交只有从其经济目标上才能得到合理解释，威尔逊主义的本质在于，通过建立自由资本主义世界秩序以增进美国的国家利益。③

在冷战年代，威尔逊主义是美国人借以阐释各自国际政治观念和外交主张的参照轴，这本身就说明了威尔逊国际政治理想主义对后世的巨大影响。但是，冷战年代美国学者对威尔逊主义的评价是以自由主义（理想主义）与现实主义截然对立为特征的。阿瑟·林克等"自由主义者"把威尔逊主义称为"更高级的现实主义"（The Higher Realism），把威尔逊誉为"20世纪的预言家和中心人物"。同时，现

---

① Francis J. Gavin, *The Wilsonian legacy in the twentieth century*, Orbis, Fall, 1997, v41.
② Arthur Link, *Woodrow Wilson: Revolution, War, and Peace*, Harlan Davidson, 1979, p.128.
③ N. Gordon Levin, Jr., *Woodrow Wilson and World Politics: America's Response to War and Revolution*, Oxford University Press, 1968.

实主义者们始终以批评威尔逊主义为己任，这也从反面说明了威尔逊国际政治理想主义观念在美国的根深蒂固。冷战时期，关于如何评价威尔逊主义的争论，主要发生在自由主义和现实主义之间，其他观点未引起太多关注。① 由于冷战时期的西方世界总体处于政治现实主义观念占据优势的时代，对威尔逊主义的评价受现实主义影响相对较多，人们对威尔逊主义是否体现了美国的国家利益以及是否能够起到保持世界稳定、推动国际社会进步的作用持怀疑态度，这是当时相关研究的基本特征。

冷战结束后，美国的威尔逊主义和威尔逊外交研究出现了新的变化。② 冷战的结束使美国人产生了异乎寻常的兴奋感，似乎威尔逊力图实现的"改造世界"理想已经或即将成为现实。与此同时，冷战以苏联东欧剧变宣告结束，这又使自由国际主义者和现实主义者都大感意外。他们认为，冷战的结束并不完全是自由国际主义者想象的依靠民族自决或集体安全等手段实现世界民主的结果，诸如军事因素和现实主义战略在结束冷战过程中都起了重要作用；同时，也超出了现实主义者的想象，并非他们原先想象的那样，美苏彼此始终在地缘政治领域保持竞争，而不是某一方的完全坍塌。因此，冷战后，学者们认为，自由国际主义或现实主义对国际外交的看法都不尽如人意，21世纪的美国也许要兼用自由国际主义和现实主义两种理论，从根本上抛弃非此即彼的理念。③ 但他们认为，要做到这一点，忽视威尔逊外交及其遗产是不可思议的。一些美国学者宣布，"威尔逊在20世纪美国国际主义外交经历中居于中心地位，他为现代美国的外交政策奠定了基础，我们这种本能的感受是正确可靠的"④。威尔逊国际政治理想主义的历史地位重新获得肯定，理想主义和现实主义实现了一定程

---

① Francis J. Gavin, *The Wilsonian Legacy in the Twentieth Century*.
② 杨春龙：《冷战后美国关于威尔逊外交的史学研究述评》，《世界历史》2009年第5期。
③ Francis J. Gavin, *The Wilsonian legacy in the twentieth century*.
④ Frank Ninkovich, *Modernity and Power: A History of the Domino Theory in the Twentieth Century*, p. 38.

度上的交融,理想主义获得了新的生命力,这些成为冷战后美国威尔逊外交研究的重要特征。由此,冷战后的美国似乎又回到了"威尔逊的季节"。关于威尔逊外交的新著作纷纷面世,并且都力图做出更加复杂而精细的说明。过去,在人们的心目中,威尔逊是一位受长老派宗教观念影响的思想简单的救世主义者,成为一种漫画形象。冷战后,威尔逊被描绘成了深谋远虑且跨越时空界限的国际问题专家、敢于直面现代世界难题的勇士。面对这样的威尔逊形象,有学者不禁惊呼:"伍德罗,我们几乎认不得您了!"① 冷战后,过去尖锐批评威尔逊的人们也改变了腔调。基辛格的《大外交》一书虽然坚持其现实主义基本观点和分析方法,但同时认为威尔逊外交是美国历史上的"重要分水岭",充满了对威尔逊的赞美之词。乔治·凯南态度的变化更令人惊诧。他说:"如今,我把……威尔逊视为这样一个人,他像许多视野开阔、感觉敏锐的人们一样,走在时代前列,却未及在有生之年看到,他的许多伟大而高屋建瓴的思想主张在本世纪即将过去之前所受到的重视。从这种意义上说,此时的我不能不修正或纠正我早年关于他的许多看法。"②

冷战后重新评价威尔逊主义、威尔逊外交的著作很多。其中,托尼·史密斯的《美国使命:美国与20世纪世界范围内争取民主的斗争》和弗兰克·宁克维奇的《权力与现代性:20世纪的多米诺理论史》两部著作,被认为是冷战后重新评价威尔逊主义的代表作。③ 它们的共同特点是对威尔逊的国际政治理想主义做了重新阐释,并且都给予了高度肯定。

托尼·史密斯认为,"威尔逊主义的根本原则"就是"自由民主国际主义",这一原则是基于一种信念:"在国外推进民主"可能是美国国家利益的"最好体现"。他强调,威尔逊提出的思想原则推动

---

① Francis J. Gavin, *The Wilsonian legacy in the twentieth century*.
② Tony Smith, *America's Mission: The United States and the Worldwide Struggle for Democracy in the twentieth Century*. Princeton University Press, 1994, pp. 379–380.
③ Francis J. Gavin, *The Wilsonian legacy in the twentieth century*.

20世纪国际关系出现了许多"新进展",后来的富兰克林·罗斯福和杜鲁门不过是这些原则的遵循者、改造者和运用者。①

宁克维奇对现代世界的变化持一种相对悲观的态度,但同样对威尔逊主义给予了高度评价。他认为,威尔逊是第一个认识到现代世界症结的"现代政治家",为人们应对现代化、全球化挑战提供了有意义的系统化论证。他强调:威尔逊面对的是一个"相互依存"的世界,但正是由于相互依存,极小的冲突都可能酿成大规模战争,危及美国国家安全。由于国家间权力斗争会导致巨大的灾难,威尔逊不得不把人们重视权力的观念和对文明、世界舆论的关注糅合起来,其实质是另辟路径以更好地应对现代世界的挑战。他认为,"威尔逊主义"远比传统现实主义切实有效,是一种"超现实主义"②。宁克维奇还把"威尔逊主义"称作"危机型国际主义"(Crisis Internationalism),认为20世纪美国面临危机时都得益于威尔逊主义的指导,冷战获胜也是威尔逊主义的胜利,并因此把20世纪称作"威尔逊世纪"。③

以美国学者为主体的西方学术界的相关研究,为我们的研究工作提供了有益的借鉴,但存在的问题也值得关注和分析。首先,是立场和价值观的偏颇问题。无论持肯定态度,还是批评立场,他们均以美国的国家利益和价值观念作为评判标准,认同威尔逊提出的那些原则、目标和观念,很少讨论威尔逊主义立场和价值观的偏颇性问题。他们大谈美国和西方国家的"道德优势",但他们所谓的"现代化""全球化"其实是"西方化""美国化"的同义词。从世界其他区域人们的立场来看,这是令人难以接受的。事实上,冷战后的美国学者们也未能达成共识。以宁克维奇为例,他把威尔逊主义视为应对大规

---

① Tony Smith, *America's Mission: The United States and the Worldwide Struggle for Democracy in the Twentieth Century*. p10.

② Frank Ninkovich, *Modernity and Power: A History of the Domino Theory in the Twentieth Century*.

③ Frank Ninkovich, *Wilsonian Century: American Freign Policy since 1900*. The University of Chicago Press, 1999.

模战争和国际冲突的理论,把威尔逊外交视为按照美国利益和价值诉求重建世界秩序的尝试,将其视为美国应对现代性危机的反应,但同时又以威尔逊主义为依据,奢谈"人类共同危险",夸大现代性对美国安全利益的威胁,不厌其烦地论证美国冷战政策和"多米诺骨牌理论"的合理性,把威尔逊描绘成阴郁、悲观的地缘政治家。一些美国学者也接受不了这样的威尔逊形象。

此外,由于属于本国人研究本国史,美国学者难以摆脱不同时期国内政治的影响。威尔逊主义一直是不同时代美国学者和政治家借以阐释各自观点的参照轴。冷战时期美国学者对威尔逊主义的评价显然带有更多的现实主义风格,也就是说,带有显著的冷战时代色彩。冷战后美国学者的相关观点也受到冷战后政治氛围的影响。例如:冷战的结束使美国人一度得出了"历史终结"的结论,美国政府在国际社会上更为颐指气使,这使美国对外战略中意识形态的重要性日益上升。毫无疑问,那些竭力肯定威尔逊主义和威尔逊外交的研究者们对威尔逊"自由""民主"观念的肯定和赞赏,正是适应了这一时期美国内外政治形势的变化,体现了冷战后美国政治的时代特征。作为中国学者,我们在阅读不同时期美国学者的论著时,必须始终注意谨慎辨别威尔逊本人的"理想"与后人的诠释之间的差异,努力还历史以本来面目,不能把后人的诠释简单地等同为威尔逊本人的思想。

(二) 国内研究状况

中国学者对威尔逊的关注也始于其总统任职期间。当时的中国舆论一度对威尔逊主义评价极高,但巴黎和会后,人们由期望的巅峰跌入了失望的深渊。[①] 总的来说,新中国成立前,我国学者对威尔逊和

---

① 马建标:《塑造救世主:"一战"后期"威尔逊主义"在中国的传播》,《学术月刊》2017年第6期;杨春龙:《国内威尔逊理想主义外交研究》,《历史教学问题》2004年第2期;叶永东:《巴黎和会前后中国人对威尔逊认识的转变》,《湖北师范学院学报(哲社版)》1997年第1期。

美国外交的了解是初步的，所出论著主要限于零星介绍一些资料和信息。随着新中国世界史学科的建立，中国学者对威尔逊外交的研究才真正起步。

威尔逊主义是美国国家利益和价值观的反映，是其进行全球扩张的工具，这是我国学者首先关注的问题。直至20世纪80年代，老一辈学者关注的焦点集中在威尔逊政府的对华政策、对苏俄政策、对拉美政策、中立和参战原因等领域，侧重于揭露其侵略扩张本质和反苏反共特征。

改革开放以来，尤其20世纪90年代以来，国内相关研究走向深入。王晓德教授所著《梦想与现实：威尔逊理想主义外交研究》，是国内学者关于威尔逊外交研究的第一部专著。作者对威尔逊理想主义外交做了全面而深刻的分析，强调"理想主义"主要是从美国文化角度说明美国外交方式的术语而已，具有明显的虚伪性和欺骗性。[①]此后，新的学术论著和博士硕士学位论文相继问世，进一步深化、拓展了关于威尔逊主义和威尔逊外交的研究。

进入21世纪，国内出版了数部关于威尔逊主义和威尔逊外交研究的专著。在《新外交·旧世界：伍德罗·威尔逊与国际联盟》一书中，韩莉探讨了威尔逊国际联盟思想的形成及其实践，分析了威尔逊外交与时代变化的关系，侧重分析了威尔逊国际联盟思想与时代变化之间的相互冲突。秦珊的《美国威尔逊政府的对华政策》一书论证了威尔逊任职总统期间的美国对华政策，认为这一时期的"美国对华政策不是简单的美中双边关系的反映，而是与在华拥有特殊利益的欧洲列强和日本发生直接利害冲突的多边国际关系的反映"，从而"比较全面地反映了美国在这一重要时期的对华政治、经济政策"[②]。高鸿志的《威尔逊与北洋军阀政府》一书探讨了清末民初中美之间错综复杂的外交关系，梳理了支持袁世凯称帝、府院

---

① 王晓德：《梦想与现实：威尔逊理想主义外交研究》，中国社会科学出版社1995年版。
② 秦珊：《美国威尔逊政府对华政策研究》，中国社会科学出版社2005年版。

之争、南北议和、巴黎和会出卖中国权益等多个历史事件。① 任李明在《威尔逊主义研究》一书中，强调威尔逊试图寻找一条与孤立主义、国际政治现实主义主张不同的大国之路。作者认为，用多边手段实现美国的世界使命，即改造世界、建立美国治下的和平，这就是威尔逊主义。②

一些学位论文也就此做了探讨。俞沂暄在博士学位论文《国际秩序转变背景下的威尔逊主义：起源、政策和影响》中，承认威尔逊主义是对美国外交的革新和关于国际秩序的新构想，但强调威尔逊的做法既无合法依据，又时常与美国实际政策选择形成矛盾和冲突。③ 史晓红的博士学位论文《威尔逊民族自决原则及其实践研究》，研究了威尔逊的民族自决思想和外交实践活动，从一个侧面探讨了威尔逊主义和威尔逊外交。④ 此外，近年完成的一些硕士学位论文也值得关注。近年来，相关学位论文和期刊公开发表论文数量的迅速增加，表明国内学术界对该课题的兴趣依然有增无减。粗略统计，国内目前已发表百余篇相关论文。

总体说来，进入21世纪以来，我国威尔逊主义和威尔逊外交研究工作的进展非常显著。研究队伍不断壮大，成果层出不穷，研究选题丰富多彩，分析视角各有特色，研究工作总体呈不断深化趋势，学术观点更为理性。我国学者已逐步摆脱了过去一味揭露、批判威尔逊外交侵略扩张本质的思维定式，转而更加关注对具体问题的具体分析，更加关注从不同的视角做出不同的探讨，更加关注对威尔逊主义和威尔逊外交本质及其客观影响的分析。

近年部分成果及其研究结论颇为值得关注。王立新教授认为：威尔逊利用世界大战和美国参战动员的机会，以德国作为国家认同中与

---

① 高鸿志：《威尔逊与北洋军阀政府》，人民出版社2015年版。
② 任李明：《威尔逊主义研究》，中国社会科学出版社2013年版。
③ 俞沂暄：《国际秩序转变背景下的威尔逊主义：起源、政策和影响》，博士学位论文，复旦大学，2003年。
④ 史晓红：《威尔逊民族自决原则及其实践研究》，博士学位论文，南开大学，2005年。

美国相对照的"他者",通过重新阐释美国的历史传统与特殊国情,重塑了美国的国家形象与国际角色,使美国从"共和榜样"和"自由典范"转换成为"自由卫士"和"世界领袖"。这一阐释不仅解决了战争动员问题,也解决了美国在新时代世界政治中的国家身份认同危机,影响了美国人对美国国家存在的意义及其与世界关系的理解,成为20世纪最有影响力的美国外交话语体系。①

徐蓝教授认为:国际联盟权力极其有限,决策机制存在巨大漏洞和严重问题,大国强权政治盛行,这些都导致了国际联盟的失败,但国际联盟是一场空前的大规模战争后建立的世界上第一个由主权国家组成的常设国际组织,是主要战胜国根据时代的发展和它们自身的需要,在吸收了欧洲协调体制及其他国际组织运作机制的基础上,为维持战后世界和平所建立的国际秩序的典型代表。②

曲升认为,威尔逊的海洋政策构想中存在着海洋自由和海洋霸权两种追求,并经历了政策重心由前者向后者的转变。其中,海洋自由构想与国联计划紧密相连,具有自由主义色彩;巴黎和会期间,威尔逊付出了真诚而艰苦的努力,目的在于争取国际社会认可其海洋自由构想,但由于国内外的批评,他意识到该构想与美国国家利益和国际角色定位不符,于是暗自弃之,并把海洋政策重心转向了与英国争夺世界霸权;威尔逊的海洋自由与海洋霸权其实是相辅相成的,都是为了服务于美国的国家利益和争霸世界的战略目标。③

民族自决原则是威尔逊国际政治理想的核心组成部分之一,威尔逊政府围绕这一原则开展的外交活动是美国对外战略目标的重要体现。一些学者在对该领域进行深入研究的基础上发表了一系列相关论

---

① 王立新:《"我们是谁?"威尔逊、一战与美国国家身份的重塑》,《历史研究》2009年第6期。
② 徐蓝:《国际联盟与第一次世界大战后的国际秩序》,《中国社会科学》2015年第7期。
③ 曲升:《论威尔逊政府的海洋自由构想》,《烟台大学学报(哲学社会科学版)》2015年第5期;《从海洋自由到海洋霸权:威尔逊海洋政策构想的转变》,《世界历史》2017年第3期。

文，深化了人们关于威尔逊主义和威尔逊外交的认知。①

由于学者们对威尔逊主义难以形成共识，不同的学者们描述了不同的威尔逊形象，引发了所谓"两个威尔逊"的"迷思"：似乎威尔逊既是不忌惮单边使用武力的新帝国主义者，又是多边主义的自由国际主义者。有学者认为，威尔逊的帝国主义逻辑并不是什么新帝国主义，而是一种"家长式帝国主义"；这一逻辑同自由国际主义的逻辑一直贯穿威尔逊的整个执政过程；尽管两种逻辑的施行对象大为不同，但二者始终并存威尔逊身上，且皆以推进自由主义生活方式为其目标，所以不能否认其内在的统一性。②

目前，我国学者的研究工作已经涉及威尔逊主义和威尔逊外交的各个主要领域，历史学和国际政治学等领域的学者们均参与其中。但是，由于研究者的视角和结论各不相同，人们对威尔逊主义和威尔逊外交的基本认识依然莫衷一是，一些研究工作在拓展研究领域、深化相关认识的同时，也难免面临着一些新的困惑。

此外，关注具体问题是当前我国相关研究的显著特色。避开对一些核心问题或敏感问题的争论，对于进一步拓展研究领域、提升认知具有重要意义。但是，关于美国主导世界新秩序建构的构想，即关于制止战争、建构美国式和平秩序的构想，当是威尔逊国际政治理想主义最为重要的内涵，也是理解威尔逊外交不容回避的环节。鉴于战争与和平、冲突与合作始终是国际关系研究的核心问题，大国博弈是影响世界格局变化的关键因素，关于第一次世界大战前后大国博弈过程中威尔逊应对大国关系变化的构想和实践研究，有待进一步深化。

---

① 张澜：《伍德罗·威尔逊的民族自决思想》，《江西师范大学学报（哲社版）》2000年第3期；张澜《从威尔逊的民族自决思想看美国的政治扩张》，《华东师范大学学报（哲学社会科学版）》2003年第5期；史晓红：《威尔逊民族自决原则研究综论》，《河南大学学报（哲学社会科学版）》2010年第2期；等等。

② 朱剑：《存在两个伍德罗·威尔逊吗？——威尔逊外交思想辨析》，《世界历史》2016年第3期。

三 研究内容、方法和基本观点

本课题侧重于国际政治思想史研究。基本思路是：以分析第一次世界大战前后主要大国关系变化背景下威尔逊关于美国应对大国关系变化的构想和实践为切入点，以研究其旨在推进国际社会革新的"改造世界"方案的形成、内涵、实质和影响为主，以研究其外交政策实践为支撑，注重转换分析视角，着重从国际外交必须顺应世界变化潮流的角度，进一步探讨威尔逊国际政治理想主义的历史背景、基本内涵、本质特征及其影响。

课题研究以历史学方法为主，坚持以唯物史观为指南，注重收集和使用第一手历史资料，力求以历史资料和客观事实说话，克服偏见和成见，还威尔逊国际政治理想主义以历史本来面目。同时，注重借鉴现代化、全球化、国际政治理论等相关研究成果和方法。

历史研究总是要求把问题置于特定的历史背景下加以考察。但是，不同学者对威尔逊国际政治理想主义的历史背景会形成截然不同的理解，对威尔逊国际政治理想主义与世界变化之间的内在关联有着不同的分析。一些人盛赞威尔逊主义体现了现代世界的要求，把威尔逊吹捧为"杰出的现代政治家"。一些人则把威尔逊视为顽固守旧的"保守主义者"，实际否认了威尔逊的理想主义对世界变化的适应性。还有一些人虽承认威尔逊主义是世界变化的产物，但强调威尔逊主义与威尔逊外交政策选择的矛盾性，强调了威尔逊国际政治理想主义的虚伪性。笔者认为，国家利益的概念从来都是具体的、变动的，因时间、空间环境的变化而变化；现代化、全球化乃人类社会逐步形成并不断加快发展的基本趋势，也是 19、20 世纪之交世界变化的显性趋势，是威尔逊身处那一特定的国际社会变革时代界定美国国家利益时必须面对的问题。作为美国总统和政治家，威尔逊必然把美国的国家利益奉为圭臬，但这也要求他一定程度上顺应世界的变化，而不是背离变化的要求。客观揭示威尔逊国际政治理想主义与世界变化的内在联系，是研究威尔逊主义必须首先解决的问题。

政治家都是特定时空环境的产物。就威尔逊而言，他不仅要适应世界变化，还要顺应美国自身发展变化的要求，受到美国特殊传统和国情的影响。美国相对特殊的传统和地缘政治位置，进步主义时代美国传统价值观的变化和西方世界普遍存在的西方文明优越论等价值观念，威尔逊个人的成长经历、学术背景和家族背景等，都可能成为影响其国际政治观念和思想主张的因素。对于威尔逊这样一个动辄标榜美国自由主义传统的美国式政治家，我们首先关注的，当是当时美国社会的主流价值取向，即该国特殊的自由主义传统和进步主义时代价值观念的变化。威尔逊如何对待美国传统以及如何对待美国传统与世界变化之间的关系，这是威尔逊主义研究中必须解决的又一个重大问题。

美国的"世界领导权"，按照美国"原则"重建世界秩序，推进美国的"新扩张"，构成了威尔逊"改造世界"方案中相互联系、密不可分的三大基本目标，也是其国际政治理想主义的基本内涵。本课题研究不求全面探讨威尔逊国际政治理想主义，而是重点围绕其战争与和平、冲突与合作的观念以及以此为基础形成的推进大国联合和美国主导大国关系变化的构想展开分析，试图从世界变化角度对其基本内涵、本质特征和历史地位做出进一步分析。之所以重点聚焦其推进大国联合和主导大国关系变化构想，主要基于两点考虑：

首先，战争与和平、冲突与合作是国际关系研究的核心问题，也是国际关系领域学者们最先普遍关注的问题。如挪威学者托布约尔·克努成所述，"以主权概念为支点，国际关系理论有史以来一直忙于解决的是'战争'与'和平'、'无政府'与'秩序'这些二分对立的现象"[①]。这就是说，几乎所有国际关系学派的理论分析，都不能脱离关于战争与和平、冲突与合作这一国际关系理论分析的逻辑起

---

① ［挪］托布约尔·克努成：《国际关系理论史导论》，余万里、何宗强译，天津人民出版社2004年版，第4页。

点。作为现代西方国际关系学的第一个主流学派，国际政治理想主义也不例外，威尔逊主义正是对这一现象的阐释。

其次，威尔逊任职于第一次世界大战前后，世界大战是世界格局变化的转折点，是大国关系调整的关节点，也是威尔逊任职期间最为关注的世界大事，这必然使其把利用战争实现美国式的"改造世界"方案视为最重要的战略目标。相对于其他参战国，美国在战争中的直接利益相对较少，而通过主导大国关系变化实现其自身目标的野心早已有之，世界大战恰好为美国利用迅速发展的实力和影响力实现"改造世界"梦想提供了历史性机遇。事实上，威尔逊政府试图实现的美国的"世界领导权"、以美国"原则"重塑世界秩序以及美国的"新扩张"等基本目标，都建立在威尔逊关于美国主导大国关系变化的构想和实践基础上。按照他的设想，按照自身利益主导大国合作及其关系变化，是美国最为现实而有利的战略选择。因此，威尔逊关于战争与和平、冲突与合作的思考以及以此为基础提出的大国联合构想，正是理解其国际政治理想主义的关键。脱离了世界大战背景，忽视了威尔逊为应对战争提出的大国联合构想，我们可能难以真正理解威尔逊主义的本质特征和实际意义。

本书正文除"导言"和"结论"外主要分为四个部分：第一部分，重点分析19、20世纪之交的世界变化以及美国政治精英群体对世界变化的反应，说明威尔逊国际政治理想主义本质上是世界现代化、全球化的产物，同时，也是对相对特殊的美国国情和传统的反映；第二部分，重点分析威尔逊对世界变化的反应及其国际社会革新构想，说明威尔逊的国际政治理想主义是客观存在的，更好地体现变动世界中的美国国家利益和价值诉求是其本质特征，推进大国合作与主导大国关系变化是其实现"改造世界"梦想的关键，实现美国的世界霸权和全球扩张是其根本目标；第三部分，重点分析第一次世界大战前期威尔逊政府通过劝和促谈推动交战双方妥协媾和活动，说明威尔逊政府成为"调停人"的目标是实现美国式的"改造世界"梦想；第四部分，重点分析第一次世界大战后期威尔逊政府通过美国参战捞取政治资本,试图主导巴黎和会、掌控大国关系变化,以便建立美国治下和平秩序,说明按照美国利益和愿望"改造世界"是威尔逊推动美国参战和亲赴巴黎和会的基本动因。通过对威尔逊政府中立、参战、媾和政策的分析可以看出,威尔逊政府对待欧洲战争的政策前后虽有变化,但本质上是相通的,其理想化构想与政策实践之间既具有矛盾性,也具有相通性。

总之,通过推进大国联合和主导大国关系变化,按照美国利益和愿望推进国际社会革新,建立美国治下的和平秩序,实现美国"领导世界""改造世界"和"新扩张"梦想,是第一次世界大战前后威尔逊国际政治理想主义的基本目标。威尔逊关于推进大国联合和美国主导大国关系变化的构想与实践,是建立美国治下和平秩序的基本路径。这一构想和实践通过一定程度上顺应变化,更好地体现了美国的国家利益和价值诉求,一定程度上也有利于推进国际社会革新和保持世界的相对稳定开放,奠定了威尔逊作为美国全球扩张与争霸战略设计师、国际政治理想主义主要代言人和现代西方国际关系学奠基人的历史地位,对20世纪美国全球战略策略的形成、大国关系变化和现代国际关系学形成,都产生了重要影响。

四 课题研究的创新意义和主要缺失

本课题研究的创新意义主要体现在以下两个方面:

一是围绕威尔逊关于推进大国联合与美国主导大国关系变化构想展开研究,进而对其国际政治理想和实践活动做出分析,选题视角具有一定的特色。在威尔逊的"改造世界"方案中,美国掌控大国关系变化被视为实现其目标的关键。理解其大国联合和主导大国关系变化的构想和实践,是全面客观分析其国际政治理想主义的关键。尽管相关研究者们都或多或少涉及这一问题,但该领域仍有进一步探索的空间。现有相关成果要么试图对威尔逊主义和威尔逊外交做出总体诠释,要么聚焦国际联盟、民族自决、门户开放、海洋政策、区域政策等具体问题，一定程度上忽视了其大国联合和主导大国关系变化构想与实践的重要意义。

二是探讨了 19、20 世纪之交世界变化及其客观趋势，分析了威尔逊的国际政治理想主义与世界变化的内在联系，揭示了威尔逊国际政治理想主义对世界现代化、全球化潮流的适应性和矛盾性，对其内涵、实践活动、本质特征和历史定位做出了一些新的诠释。鉴于国家利益和国家利益的概念从来都是具体的、动态的，结合 19、20 世纪之交世界变化客观趋势和国际社会革新要求，具体而客观地分析威尔逊国际政治理想主义所体现的特定时空环境下的美国国家利益和价值诉求，其理论探讨和现实借鉴意义都是不容忽视的。

在此书稿付梓之际，笔者仍不免诚惶诚恐，担心其中存在诸多缺失。

首先，威尔逊国际政治理想主义的基本内涵以及以此为指导思想的实践活动是多方面的。由于国际格局变化主要是大国力量对比和关系变化的结果，关于威尔逊推进大国联合与主导大国关系变化构想的实践分析，重点围绕第一次世界大战中美国的中立和参战及其目标展开，客观上具有必要性和合理性。但是，威尔逊的国际政治理想和实践活动，与威尔逊对待人民革命、民族解放运动等诸多问题的观点是相互联系的。从这种意义上说，本书仍是有限的专题探讨，而不是对威尔逊国际政治理想和实践的全面介绍和分析。

其次，关于威尔逊主义和威尔逊外交的文献资料十分丰富，我们虽长期关注该领域的研究工作，但仍觉得对资料的充分占有和研读不够，这是不免惶恐的另一原因。

书稿中一定还存在诸多不足、疏误和需要改进之处，诚盼专家和读者批评指正。

第一章　变化中的世界与
变化中的美国
——威尔逊国际政治理想主义背景分析

人们对历史变化的认识，极易表现为两种极端化倾向：一是耽于历史的经验和眼前的现实，看不到发展大势和前景，表现为悲观主义和观念滞后；二是夸大历史变化，把发展前景与眼前现实混为一谈，表现为乐观主义和过度超前。一般认为，国际政治理想主义属于后者，而现实主义更倾向于前者。从这一意义上说，全面客观地分析19、20世纪之交世界的深刻变化及其意义，是我们正确理解威尔逊国际政治理想主义与时代变化关系的必要前提。

学术界普遍认为，现代国际关系学形成于第一次世界大战后，威尔逊的国际政治理想主义是现代西方国际关系学的第一个主流学派。毫无疑问，威尔逊国际政治理想主义出现于20世纪初期的美国绝非偶然。19、20世纪之交，世界现代化、全球化浪潮深刻地改变着世界，冲击着传统的世界秩序和国际政治观念，为新的相对系统化的国际政治思想的孕育提供了社会历史前提。这一时期的美国既是世界霸权角逐场的后来者，又是在世界现代化、全球化进程中处于相对领先地位的大国，既急于跻身全球争霸的舞台，又形成了具有自身特色的国家利益和价值诉求，这为它走出一条新扩张主义道路提供了可能，也为一种新的相对系统化的国际政治思想首先形成于美国创造了条件。这一时期流行于西方世界的文明史观与美国自由主义的结合，为威尔逊宣扬其"改造世界"梦想提供了理论依据和舆论氛围。

一 世纪之交的世界变化与美国崛起

美国孤立主义传统的形成,既是特定时代美国国家实力及其国际地位的反映,同时也是现代世界形成过程中特定阶段的产物。19世纪,美国的国家综合国力相对薄弱,国际地位和影响力相对有限,总体说来是一个区域性国家,其国家利益和影响力都主要限于美洲大陆,与世界其他区域的联系主要限于经济和文化往来。与20世纪相比,19世纪世界各地间的联系相对松散,这使美国能够相对独立地致力于自身的发展和大陆扩张。由于自身实力相对弱小,美国直接介入与欧洲列强的角逐显得力不从心,其首要任务在于发展和壮大自身。19世纪的欧洲是大国林立的场所和国际政治舞台的中心,"世界事务取决于欧洲"被视为天经地义的现象,但欧洲大国林立以及相互之间频繁的激烈争斗状况,促使美国政治家们决心远离欧洲政治舞台。对于新生而又相对弱小的美利坚合众国来说,只有对欧洲军事和政治纷争保持相对超脱姿态,才能在一定程度上避免欧洲政治纷争的纠缠,避免引火烧身,专心发展和壮大自身,相对不受干扰地进行海外的经济和文化扩张。幸运的是,当时的欧洲多极均势格局和英国的相对优势,也使任何大国都难以独自构成对美国安全的威胁,这也为美国规避战争风险和独立维护自身安全、利益提供了可能。总之,所谓"孤立主义"是美国在特定时代背景下寻求国家利益最大化的一种基本国策,是美国根据自身国力和利益做出的一种有所为而有所不为的战略选择。但是,到19、20世纪之交,整个世界不再是19世纪的世界,美国也不再是往日的美国,美国保持"孤立"的基本前提已经不复存在,历史上美国人相对普遍认同的国家利益观念和价值追求也随之发生了变化。

(一)世界变化对美国孤立主义传统的冲击

世界现代化、全球化全面推进,国际格局深刻变化,民族民主革命浪潮遍及世界,这些都是世纪之交世界变化的突出表现。在一个相互依存的现代世界中,国际政治的结构性特征决定了世界的任何重大变化都必然影响到美国的国家利益、价值观和对外关系。与此同时,世界各国,尤其主要大国,也不得不考虑如何应对美国这一参与角逐全球霸权的后来者。

  整体世界诞生是全球化进程的重大转折点。资本主义以其特有的渗透力和扩张力,把世界上各个国家和地区联结成为整体。到19世纪末20世纪初,通过商业、传教、探险、战争和征服等活动,世界的每个角落都被纳入资本主义一统天下的世界体系。世界性资本主义经济体系、殖民体系的形成,表明世界真正实现了由分散向整体的过渡。整体世界的诞生,必然程度不等地改变各国对外关系和对外政策。相互依存趋势的发展,世界客观上日益成为密不可分的整体,必然要求加强国际间的和平相处与友好合作。但与此同时,资本主义世界体系固有的弊端,造就了国际社会更多更复杂的矛盾和冲突,尤为突出的是,带来了列强之间规模更大、程度更为残酷而激烈的竞争和较量。无论主动适应和平合作趋势的发展,还是被迫应对残酷而激烈的竞争和冲突,任何国家和民族从此都不再能够脱离世界而保持"孤立"。到世纪之交,几乎所有世界大国利益都呈现出遍布全球的特征。在美国,政界、军界和学界都程度不等地感受到这种变化。在1898年的美国历史学会上,一位历史学教授在演讲中说:"各国闭关自守的屏障,就像中国的长城一样在到处倒塌。今天,每个国家都在挤着别的国家。"[1] 美国政界和军界人物开始重新审视传统的国家安全观和利益观。1895年,西奥多·罗斯福写道:"我们都在凝视着未来,试图预告本世纪伟大工业革命造成的巨大而无声力量的作用。"他认为,对美国人来说,对未来"严重漠视"和"缺乏理解"是严重问题;传统固然重要,但美国人必须置身于正在出现的全球化中,才能

---

[1] [美]托马斯·帕特森等:《美国外交政策》(上册),李庆余等译,中国社会科学出版社1989年版,第275页。

正确领悟往日的经验。① 1899 年,美国助理国务卿莫尔说,美国已经从"一种对是否卷入(国际事务)相对自由的地位转入一种世界强国的位置……在原来一些我们只有经济利益的地区,现在我们也有了领土和政治利益"②。大西洋曾被认为是美国得天独厚的安全屏障,但科技和交通事业的迅速发展,使很多美国人转而同意"海上实力论"的提出者马汉的观点:一旦战争爆发,美国将处于危险之中,因为同样的水域既是进攻的障碍,也可能成为进攻的通道。③ 进步主义思想家赫伯特·克罗利强调:"曾使美国在反对外来进攻时具有军事安全的地理上的孤立不应使美国人民对相应的孤立主义产生盲目感。现代海军力量的发展和现代民族政治利益的广泛扩大已经削弱了他们的安全性,并使美国与欧洲在共同利益的接触方面出现多种可能性。"④

在资本主义世界体系中,不同国家在世界现代化和全球化进程中的不同地位加剧了它们之间的国家利益差异和相互冲突:西方资本主义国家完成了创建现代民族国家的任务,资产阶级已经由争取民族解放、民族统一和"人民主权"的领导者转变成被压迫民族的奴役者和掠夺者,转变成全球范围内相互角逐霸权的竞争者;被压迫民族则走上了争取自身解放和建立现代民族国家的道路,民族自决和人民解放逐步发展成为一种遍布全球的时代潮流。不仅压迫民族与被压迫民族之间存在着尖锐的矛盾和对立,现代化、全球化以及垄断资本主义带来的发展不平衡,同时也加剧了各资本主义国家之间的矛盾和冲突。随着世界被瓜分完毕,囊括全球的压迫民族和被压迫民族尖锐对立的国际关系格局最终成型,帝国主义列强瓜分和重新瓜分世界的斗

---

① Frank Ninkovich, *Modernity and Power: A History of the Domino Theory in the Twentieth Century*. p. 4.
② Robert L. Beisner, *From the Old Diplomacy to the New*, 1865 – 1900, Illinois, 1986. p. 89.
③ Selig Adler, *The Isolationists Impulse: It's Twentieth Century Reaction*, London and New York, 1957, p. 27.
④ Herbert Croly, *The Promise of American Life*, New York, 1963, p. 310.

争更加激化。在这样一种截然区别为压迫民族和被压迫民族的世界中，美国似乎与其他大国有所不同。它曾经是英国的殖民地，拥有热爱民主自由和反抗殖民压迫的历史传统，一向自我标榜与众不同，但它本质上同样是一个以垄断资本利益为转移的帝国主义大国，在19、20世纪之交世界现代化、全球化进程中处于相对领先位置，同样以西方所谓的"文明国家"立场对待落后民族和国家，竭力掠夺和奴役异族，并参与霸权角逐。无论是席卷全球的民族解放斗争浪潮，还是列强间日益激烈的相互角逐，都不能不影响到美国国家利益和价值观的变化，不能不引起美国统治者们的高度关注。

与世界现代化和全球化特定阶段相适应的是全球范围内革命运动的蓬勃发展。19、20世纪之交的资本主义各国由自由竞争开始向垄断阶段过渡，社会矛盾异常复杂尖锐，社会变革运动和人民革命斗争风起云涌。与此同时，落后国家和人民争取自身独立和解放的斗争也遍布全球。资本主义国家人民革命与被压迫民族解放斗争的相互联结，使资本主义制度成为人们心目中万恶的根源，面临着严重威胁。美国统治集团始终以其自身社会制度和价值观为准绳，把美国标榜为民主国家的"榜样"，宣扬美国肩负着引导人类走向自由的"使命"，不仅歧视乃至仇视各国人民革命，而且把德、日、俄等国专制独裁制度和军国主义传统也视为对"自由"制度的威胁。作为一个自诩具有"道德优势"的"文明国家"和"民主国家"，该如何应对世界范围的革命浪潮和武力冲突，不能不成为美国统治阶级忧虑万分的问题。在一个相互依存的世界中，要适应这种变化，仅仅着眼于国内是不够的，必须同时关注世界变化。

现代化浪潮的全面推进和全球化趋势带来了大国关系格局的剧烈变动，传统的以欧洲为中心的国际格局出现明显的变化。英、法等现代化进程中的先发国家呈现衰落之势，西欧在世界现代化、全球化进程和国际格局中的突出地位受到冲击。美、日等非欧洲国家日益崛起，并呈现后发赶超之势，成为国际政治舞台上不容忽视的重要力量。原来地处现代欧洲边缘的俄国也走上了加快发展的现代化之路。

在这些变化中,德国在欧洲腹地的崛起,则是对传统国际关系格局最直接、最严重的冲击。德国的崛起不仅直接动摇了拿破仑战争以来相对稳定的欧洲均势结构,构成了对英、法等现代化先发国家的严重挑战,而且因其特别热衷于传统的军事和领土扩张,在世界各地引发了尖锐的矛盾和冲突,也影响到美国在美洲、亚洲和太平洋等地的扩张。随着欧洲国际关系格局的变动和美国、日本等非欧洲国家的崛起,以及资本主义世界市场和殖民体系的形成,国际关系体系真正具备了全球性特征。在世界日益成为整体的背景下,不同区域的联系日益加强。美西战争引发了大国关系的变动,美国实施"门户开放"政策需要利用列强在远东形成的均势,以及美国对两次海牙和平会议、阿尔及西拉斯会议以及日俄战争的干预,等等,都彰显了美国与整个国际关系体系的密切关联。

19世纪末20世纪初,随着欧洲国家影响力的衰退,以欧洲为中心的传统的国际关系规则和观念也遭遇挑战,但欧洲在国际竞争舞台的中心地位和各大国的国际影响力依然不容忽视。美国传统的对欧政策侧重经济、文化扩张并保持政治孤立,但在20世纪之初整体世界初步形成、美国实力迅速上升的新格局下,这一政策自身的内在矛盾性日益凸显。如伍德罗·威尔逊所述,"正是商业的声音在不停地呼唤,美国是属于世界的,它是不可能关在小小的政治匣子里的"[1]。1901年,美国历史学家布鲁克斯·亚当斯阐述了类似观点:欧洲已将美国视为威胁,美欧不是妥协就是战争;要使它们不敢开战,除非美国更加强大。[2] 西奥多·罗斯福说:"国际政治关系与经济关系正在增长的互相依赖与复杂性,愈来愈使得坚持恰当地整顿世界秩序成为所有文明的、有秩序的国家应尽的义务。"[3] 国际经济与政治关系日益密不可分,美国政治精英们对此有了深刻的认识。20世纪初期,

---

[1] An Address to the Commercial Club of Chicago, Nov. 29, 1902, Arthur S. Link, ed., *The papers of Woodrow Wilson* (Hereafter cited as PWW), 14, p. 232.
[2] 余志森主编:《崛起和扩张的年代,1898—1929》,人民出版社2001年版,第86页。
[3] [美]托马斯·帕特森等:《美国外交政策》(上册),第288页。

美国对外扩张的主要方向依然在拉美和亚太地区,但插足欧洲大国政治已成必然之势。参议员亨利·C.洛奇 1895 年指出:"华盛顿让我们退出欧洲,但是,与此同时,他指出我们真正的前进路线是西方。"① 总之,孤立主义传统强调美国要避免在军事上和政治上卷入欧洲冲突,而 19、20 世纪之交的世界变化表明,美国将不得不主动介入欧洲大国间的军事和政治纷争。换言之,既然"世界事务取决于欧洲"的状况没有根本改变,美国要想称雄世界,就不能不重点处理好与欧洲国家尤其欧洲大国的关系,强调避免卷入欧洲军事和政治纷争的孤立主义传统显然不合时宜了。

(二)美国的崛起及其对世界的影响

到 19、20 世纪之交,现代化、全球化已把美国造就为先进的世界大国,美国的国家综合实力事实上已经跃居世界首位。相对于其自身巨大的综合国力和竞争力,美国的军事力量发展相对滞后,但科技、经济、政治、文化等非军事领域的竞争优势十分显著。

在现代社会,科技和经济越来越成为支撑国家综合实力和影响力的关键因素。与同期其他大国相比,世纪之交美国的科技和经济优势异常显著。美国不仅是第一次技术革命和工业革命中的重要国家,而且是第二次技术革命和工业革命的主要发源国之一。1885 年,美国工业生产超越了曾经号称"世界工厂"的大英帝国。1894 年,美国的工业产值首次超越德国,跃居世界首位。1900 年,美国在世界制造业中的相对份额为 23.6%,远超紧随其后的英国(18.5%)和德国(13.2%);其工业总潜力也远超英、德两国,以 1900 年的英国为 100%,则美国为 127.8%,德国为 71.2%。其他发展指标也显示,美国的工业生产迅速地实现了后发赶超:美国钢铁产量在 1890 年开始位列世界第一,1900 年时约为英德两国之和;到世纪之交,美国

---

① 杨生茂等编:《美西战争资料选辑》,上海人民出版社 1981 年版,第 38—39 页。

的能源消耗超过了德、法、奥匈、俄、日、意的总和。①

到20世纪初期，美国的经济优势更为显著。1913年，美国工业产品已占世界工业产品总量的1/3以上，比英、法、德、日四国总和还要多。美国不仅科学技术和工业生产能力世界领先，而且农业相对发达，一定程度上避免了其他主要大国第一、第二产业经济发展不平衡带来的困境。1860—1900年，美国耕地面积增加了一倍多。1860—1913年，美国农场数目由200万个增加到640多万个。美国仅19世纪最后20年新垦殖的土地就达到8100万公顷，超过了英、法、德三国耕地面积的总和。由于奴隶制的废除和耕作技术的迅速改进，美国的农业劳动生产率也相对较高。农业产量迅速增长，以小麦为例，1860—1900年间增加了3倍，占了世界小麦产量的23%。得天独厚的自然资源，各领域经济的快速发展，以及相对宽松的政治环境，还吸引了大量的外来人口和"过剩资本"。美国国内资金相对充裕，市场相对广阔，社会创新能力相对较强。经济发展推动着人口的迅速增加和城市大量涌现。美国1783年人口只有300万人，1860年为3200万人。19世纪晚期，美国人口总数从1870年的3900万人增加到了1890年的6300万人。1914年，美国人口约为9800万人。到第一次世界大战前夕，美国国民总收入为370亿美元，接近主要欧洲大国国民收入总和。战前人均国民收入只有英国与美国接近：英国为244美元，美国为377美元，英国约为美国的2/3。

与科技领先、经济快速发展相伴随的是财富和国家实力的迅速增长。由于科学技术、工业实力和国民财富总量在现代国际竞争中的意义日益突出，美国的科技和经济优势在它与列强的角逐中具有了特别重要的意义。当时就有英国人警告说，"胜利的强国将是具有最强大的工业基础的国家"，"拥有强大的工业和科学发明创造力的人民将打败所有其他的人民"②。相对其他先进国家，美国生产和资本集中

---

① [英]保罗·肯尼迪：《大国的兴衰》，梁于华等译，世界知识出版社1990年版，第230—235页。

② 保罗·肯尼迪：《大国的兴衰》，第228—229页。

程度相对较高，这也使美国在国际竞争中居于优势地位。20世纪初，美国形成了摩根、洛克菲勒等八大财团与六十家族。1918年，仅摩根、洛克菲勒两大财团就独占了美国全部国民财富的1/3。19、20世纪之交，美国国内兴起了反托拉斯运动，但政界精英对大公司在美国参与国际竞争中的角色基本上都持赞赏立场。

由于特殊国情和传统，兼之相对有利的地缘政治位置，美国军事力量发展一直相对滞后。但是，到第一次世界大战前夕，在马汉"海权论"的影响下，美国海军迅速发展壮大起来，成为位居世界第三的海军力量。美国在18世纪末就建立了独具特色的民主政治制度。历经19世纪，尤其在南北战争、西进运动、进步运动的推动下，美国资本主义民主制度进一步发展。科技实力、经济实力处于世界绝对领先地位，经济与政治发展相对协调，国内政治和文化氛围相对宽松，社会创新能力和影响力相当显著，这些都造就了美国人的民族自豪感和扩张欲，推动着美国迅速融入密不可分的现代世界体系。

随着综合国力的显著增强，美国的国际地位和影响力也显著提升。在19世纪80年代前，"外交家和作家们还很少把美国与六个公认强国——英、法、德、奥、俄和意大利——相提并论"①。但到20世纪初，人们谈到世界政治舞台上的大国时已经不再把美国排除在外了。观察家们越来越相信"托克维尔神话"：20世纪世界将成为被美国大老板和俄国皮鞭控制的世界。② 1900年，美国历史学家布鲁克斯·亚当斯出版了《美国经济霸权》一书，预言：到20世纪中期，世上将只剩下美、俄两大国，美国将拥有经济优势。国际社会一度到处充斥着"美国威胁论"。一位法国外交官在1903年充满忧虑地问道："我们是否面临美国的威胁……旧世界将面对美国而走向失败？"一位法国史学家在1905年写道："在报纸上、会议上、议会里听到的，除了美国威胁外别无他物。"一位英国记者认为，未来的英国只

---

① Ernest R. May, *Imperial Democracy: The Emergence of America as a Great Power*, New York, 1961. p.6.

② 保罗·肯尼迪：《大国的兴衰》，第227页。

能面临两种选择，或与美国联合，"或沦落到讲英语的比利时的地位"①。美国舆论也对此前景持肯定态度。鉴于英国正走向衰落而美国日益崛起，西奥多·罗斯福预言："20世纪仍将是英语民族的世纪。"②

美国自立国起就一直梦想以自身模式"改造世界"。他们称美洲大陆为"新世界"，以别于欧洲"旧世界"，称美国不可能重走欧洲老路。对于战争与和平问题，美国政治家也持不同观点。他们认为，欧洲的"专制主义"和"军国主义"及其对"利益"和"野心"的追求，是导致战争不断爆发的原因。欧洲各国把"势力均衡"视为欧洲保持政治稳定的前提，但美国人认为，"旧世界"之所以不断发生战争，根源就在于，"对事实上既不可企求又无法实现的均势状态没完没了的追求"③。在他们看来："通常所说的势力均衡不过是专制主义与军国主义思想的物质表现，是政治反动和宗教蒙昧主义的物质表现，是神圣同盟和卡尔斯巴德法则（the Carlsbad Decrees）的体现，是普鲁士下士军人的藤条，是俄国人的皮鞭，代表的是与自由和个人权利为敌的一切。"④在美国人看来，均势造成了欧洲的灾难，但一定程度上有利于美国的安全，这既表明了"旧世界"王公贵族的"愚蠢"，也是美国人尊崇"理性"精神和"理想主义"原则的结果。在美国实力相对弱小时，他们强调美国要以"榜样施教"，为了不被"旧世界"毒化，要避免卷入欧洲国家之间的纷争。19、20世纪之交，美国在现代化、全球化进程中全面领先，他们因此更加相信其肩负着"特殊使命"，相信美国的制度和生活方式"优于历史上任何其他国家"。美国舆论认为，美国的迅速繁荣壮大充分证明了"自由制度"的优越性和美国人的"道德优势"。当美国人自我期许的"道德

---

① Ernest R. May, *Imperial Democracy: The emergence of America as a great power*, pp. 5 – 6.
② 托马斯·帕特森等：《美国外交政策》上册，第316页。
③ William Bandy, ed, *Two Hundred Years of American Foreign Policy*. New York, 1977. p. 69.
④ William Bandy, ed., *Two Hundred Years of American Foreign Policy*. p. 76.

优势"获得国家实力的支撑后,美国政治家们开始致力于以其"理想"和"原则"干预世界事务。

美国经济、科技的快速发展,综合实力和影响力的迅速增强,推动着它对外联系的发展,也刺激着它向世界扩张的欲望。这种扩张欲望与美国传统的以自由制度"改造世界"的理想主义激情相结合,催生了各种新扩张主义思潮,预示着美国对外战略的重大调整。马汉提出的"海权论",不仅宣扬了海军制胜论,还发起了反孤立主义宣传运动。他断言:"没有一个国家,肯定地说,没有一个大国今后应当保持孤立政策";美国必须以武力保卫它在全世界的商业利益。① 19世纪90年代,一位美国参议员说:"在我们还是一个新生的国家时,孤立主义政策很有益处,但是今天情况不同了……我们已有6500万人口,是世界上最先进和最强大的国家。为了我们未来的利益,应该放弃孤立主义。"② 麦金莱总统宣称:"孤立主义已经不再是可行的和合乎希望的了。"③ 当时众多政界精英,都对孤立主义持否定态度,希望美国人有"远大眼光",积极担负起"领导世界"的责任。布鲁克斯·亚当斯、安德鲁·卡内基等学界、财界精英也明确反对孤立主义。反孤立主义者往往被称为"国际主义"者。1898年爆发的美西战争,首次突破了美国固守西半球的地理界限,把美国的利益和影响推向世界。战后,美国得以控制加勒比海和通向中美地峡的通道,沟通了太平洋和大西洋,并吞并夏威夷,占领关岛、菲律宾等群岛,打开了向远东扩张的通道。接着,美国在远东提出"门户开放"政策,力图把"门户开放"变成各国共同认可的国际关系准则。

面对一个发展水平显著领先、综合实力空前强大而声称不走"旧世界"老路的新兴大国,世界各国不得不或主动或被动地迎接这一挑战。基辛格在谈到19、20世纪之交美国实力大增和外交政策变化时

---

① Foster R. Dulles, *America's Rise to World Power*, 1898 – 1954, pp. 27 – 33.
② Robert L. Beisner, *From the Old Diplomacy to the New*, 1865 – 1900, pp. 7 – 8.
③ Cecil V. Crabb Jr., *Policy makers and critics: conflicting theories of American foreign policy*, New York, 1976, p. 25.

写道:"任何国家的实力如此大增,没有不想化为全球影响力的,美国的领袖也不免心动。"① 但是,如何把实力化为影响力,美国的政界精英有不同理解。虽有综合实力优势,但美国是世界霸权角逐场的后来者,此时的世界已经不再是18、19世纪的世界。从美国自身看,其竞争优势主要表现在经济、科技、政治和文化等领域,军事扩张和建立殖民帝国并非主要优势。因此,美国选择不同于欧洲传统的新扩张道路是必然的。

(三) 世界变化推动国际政治观念的更新

20世纪初期,随着世界现代化、全球化的深入发展,注重国际和平合作尤其大国合作成为现代世界的必然要求,但尊崇强权政治和片面强调国家"集团自私"合理性的"传统的均势现实主义"观念在国际社会中仍然居于主导地位,这是20世纪初期世界变化与国际政治传统观念、传统扩张模式形成冲突的突出表现。

在国际政治领域,国际联系的加强同时造成了两种相互矛盾的影响:更加频繁激烈的国际冲突和更加普遍而迫切的国际和平合作要求。近代思想家对和平合作的呼吁和论证,国际法体系的形成和发展,国际和平运动的兴起与和平力量的壮大,各类国际合作组织的日益增多,都不同程度地反映了相互依存趋势日益显著的国际社会对和平合作精神的呼唤。在早期论证和平合作趋势的学者中,英国古典经济学家亚当·斯密和社会学家赫伯特·斯宾塞等人具有一定的代表性。亚当·斯密反对狭隘的民族利己主义和以邻为壑的竞争心理,并得出结论:"邻国的富乃是本国获得财富的原因和机会。"② 赫伯特·斯宾塞从社会学角度分析了国际和平合作的必要性和可能性,强调"和平""独立""友好"和"诚实"是工业社会"最和谐一致的典

---

① [美]基辛格:《大外交》,顾淑馨、林添贵译,海南出版社1998年版,第20页。
② [英]亚当·斯密:《国民财富的性质和原因的研究》(上卷),郭大力、王亚南译,商务印书馆1974年版,第67—68页。

型特征"①。如果说亚当·斯密和斯宾塞的观点只是先进工业国家先进人士的看法，那么，到世纪之交，随着现代化、全球化进程的深入发展，情况又大不相同了。

资本主义进入垄断阶段后，资本主义世界经济体系、殖民体系进一步完善，资本主义成为一统天下的世界体系，世界相互依存的趋势更加显著。但是，这不但未能使大国间的和平相处与合作成为事实，反而使战争与冲突更加频繁、激烈，战争目标和手段进一步向着无限化方向演进。日益增加的国际共同利益和更加频繁、激烈的战争，使人们愈加渴望国际和平与合作，和平合作与武力争斗两种价值取向间的观念分歧也更为显著。爱好和平和进步人士均感到忧心忡忡。反战斗争与和平运动风起云涌，其实正是世界相互依存的反映。

在资本主义国家的人民革命运动中，在社会主义等新兴进步思潮的传播中，传统的资本主义侵略扩张政策都遭到了批判和抵制，这对于推动世界向着和平、民主、进步方向发展发挥了积极作用。和平反战运动的兴起和列宁主义反战理论的形成，其影响力不容小觑。

人民反战斗争与和平运动对穷兵黩武的扩张主义势力起了一定的遏制作用，一定程度上影响了一些统治者的外交思维和决策。1880年，英国自由主义政治家格莱斯顿以外交政策为诉求在大选中击败保守党。格莱斯顿倡导英、俄、德、奥、法、意六国通过和平合作缓解国际紧张局势。他强调了尊重民意和顺应潮流的重要性。他说："显见一国际新规律正渐得举世人心，且将转移世事运作之道；此一规律肯定独立，蔑视侵略，爱好和平，反对流血，重视长远，排斥短视；更有甚者，乃认定全体文明人类之公决为辨别是非善恶之至高无上之权威。"② 在国际格局剧烈变动的情况下，英国作为霸权护持国，更倾向于维持现状、避免列强之间的大规模决斗，格莱斯顿的言论反映了这种维护现状和既得利益的心态及政策取向，但从中也可以看出世

---

① Richard Hofstader ed., *Social Darwinism in American Thought*, Boston, 1964, pp. 36 – 53.
② 亨利·基辛格：《大外交》，第139—140页。

界变化和各国人民反战斗争的影响。美国的反帝国主义运动也在一定程度上体现了世界的变化。在反帝国主义运动推动下，美国一定程度上抛弃了传统的扩张模式，转而重视并积极推动大国之间一定程度的和平合作，支持"民族自决"，倡导"门户开放"，通过强化自身的影响力，走上了致力于建立"非正式帝国"的新扩张主义道路。

尽管反对战争、维护和平一定程度上成为时代潮流，并影响到国际外交，但这一时期的各大国统治阶级从其自身立场出发，仍然把反战斗争与和平运动视为异己力量，并不能真正顺应民意。但在现代化与全球化背景下，越来越多的人认识到国家间尤其大国间和平合作、互利共赢的重要性。古典经济学对国际自由贸易和自由竞争的推崇是从维护先进工业国家利益出发的，但说明了一个事实：在现代国际竞争中，先进的科技、雄厚的经济实力、完善的社会制度等非军事因素的意义正变得越来越重要，一国在现代化进程中的领先地位本身足以使它处于有利的国际竞争地位；相对和谐稳定的国际社会，有利于落后国家的生存和发展，也有利于先进国家和平地扩张自身利益和竞争优势。然而，残酷无序的国际竞争现实却不断地强化着"强权即真理"的政治逻辑。到19世纪末20世纪初，在列强重新瓜分世界的激烈争斗中，传统扩张模式和国际竞争观念的局限性越来越清楚地暴露出来。

英国学者霍布森批评说："一些国家把不同国家之间健康的、鼓励性的竞争变成了各帝国主义之间的生存斗争。"他认为，战争和关税保护是"最天然、最浪费的国家竞争形式"；在文明发展的背景下，文明进步应该"越来越关心国家资源的集约化或质的发展"[①]。他强调，要以国际协调代替帝国主义对殖民地和世界市场的武力争夺。他说：既然制止个人之间或家族之间原始的生存竞争有助于进步，"我们为什么不能期望以相同方式，先让国际和平扩及文明国家

---

① J. A. Hobson, *Imperialism*, London, 1983, pp. 181–186.

及其附属国，然后囊括整个人类呢?"① 他希望"文明国家"（即资本主义先进国家）联合起来，共同"开发"落后国家和地区。他说："我们应希望与其他国家分担扩张和开发事业。"② 为保证国际和平与共同开发殖民地，霍布森还提出了反对领土扩张、维护民族国家生存与独立的主张。他说："未来国际主义的希望寄托于独立国家的生存和自然成长。没有这类国家，就不可能有国际主义的逐步发展……"③英国国际法专家诺尔曼·安吉尔断言，在工业时代，战争完全是一种时代错误。他说："真正构成繁荣的各种因素同军事或海军力量没有丝毫的联系，不管我们的政治术语怎么说。"④ 霍布森和安吉尔等人的观点反映了一种渴望改变观念、放弃传统扩张和建立相对稳定开放的国际新秩序的愿望。

在进步主义时代的美国舆论中，放弃传统扩张和通过推进大国和平合作实现国家政策目标成了"文明国家"的"道德优势"，成了美国实现"领导世界"目标的重要依据。在19世纪，世界事务取决于欧洲乃是天经地义的现象，欧洲经验基础上形成的国际政治观念在国际社会中占据主流地位。但是，随着世界范围内民族主义潮流的广泛兴起、国际格局多元化和各国政治民主化进程的加速发展，少数欧洲大国主宰世界的传统格局和欧洲经验基础上形成的国际政治传统观念必然受到冲击。因此，就美国人而言，无论强调顺应世界变化，还是强调尊崇美国传统和自身的"道德优势"，他们都拒绝照搬欧洲国家的经验。

世界范围的民族解放运动的发展，表明了落后国家和地区人民的觉醒，对世界旧秩序构成了挑战。"民族自决"成了西方各国劳动者、社会主义者和被压迫民族争取自身解放的共同目标。在国际关系

---

① J. A. Hobson, *Imperialism*, p. 164.
② J. A. Hobson, *Imperialism*, p. 69.
③ J. A. Hobson, *Imperialism*, p. 362.
④ [美] 詹姆斯·多尔蒂、小罗伯特·普法尔茨格拉夫：《争论中的国际关系理论》，阎学通、陈寒溪等译，世界知识出版社1987年版，第214—215页。

中，德、日等后起的大国仍然致力于以武力扩张殖民地和势力范围，但与此同时，一些国家一定程度上承认了落后民族争取自身解放的不可避免性。美西战争后，作为世界现代化进程中的先进国家，美国一定程度上抛弃了抢占殖民地和兼并他国领土的传统扩张模式。此前，英国已启动了把"帝国体系"转变为"联邦体系"的艰难历程。如马汉所述，殖民地的独立已经成为不可遏止的潮流。在谈到英国试图以"帝国联邦"取代帝国体系的意图时，他说："从'帝国联邦'一词系统阐明的思想表明，海外属地和宗主国本身已经度过并超越了这样一个时代：即双方都承认它们终究必将分离，就如同儿子离开父亲的家，各自建立自己的家庭一样。"[①] 显然，这意味着，越来越多的西方政治家们已经感受到世界的变化，意识到列强肆无忌惮地主宰和奴役世界上大多数民族和国家的时代迟早将成为过去。在这一世界性历史变化的深刻背景下，英国地缘政治学家哈尔福德·麦金德甚至认为，现代国家的主要目的不是扩张，而应代之以提高效率和内部发展。[②] 显然，武力征服和领土占领等传统的扩张方式已经越来越不合时宜。

20世纪初期，一系列新兴大国的崛起，尤其是美国、日本等欧洲圈以外强国的崛起，有力地推动了世界格局向多元化方向的发展。国际格局的多元化客观上要求推进国际社会治理的民主化，要求建立更为稳定开放和兼容并蓄的世界新秩序，结束少数欧洲大国按照一己之私决定世界事务的局面，结束以欧洲经验形成的国际政治观念和扩张模式的主导地位。

总之，19、20世纪之交世界的变化是深刻的。19世纪及此前，世界事务取决于欧洲，少数欧洲列强按照自身利益观和价值观主宰世界，但这一局面正在悄然改变。这种变化是文明发展的结果和世界进步的表现。无论是欧洲各国内部的变化，还是世界格局的转换，客观

---

① 杨生茂等编：《美西战争资料选辑》，第275页。
② 保罗·肯尼迪：《大国的兴衰》，第228页。

上都需要人们以新的眼光重新审视世界变化。20世纪初期，在战争和冲突日益向着无限化方向演进的同时，和平、合作、发展和民主的潮流也逐步兴起，构成了对国际政治传统观念和扩张模式的挑战，为美国另辟蹊径实现新扩张提供了可能。处理好变化世界中的大国关系，为其争夺霸权和新扩张开辟道路，成为美国统治集团不得不面对的问题。

二 美西战争与美国新扩张主义的发端

在世界深刻变化的历史背景下，原先在国际社会占据主流地位的欧洲观念——"传统均势现实主义"似乎已经越来越不合时宜，既不能充分解释20世纪世界的变化，也不能引领新时代的国际社会革新。作为国际政治竞争舞台上的新兴大国，美国围绕如何在全新的世界中维护和发展自身利益，按照其自身利益和价值诉求实现"改造世界"的梦想，各界精英们一时难以形成共识。关于20世纪美国的对外扩张和政策变化，人们或称之为"新扩张""新扩张主义"，或称之为"新霸权主义""新帝国主义""新外交"等。为方便起见，我们姑且统称为"新扩张"或"新扩张主义"。但不管怎么表述，美国社会各界都明显地感受到世界的变化和及时调整扩张战略策略的必要性。而且，舆论普遍认为，美国既不能简单沿袭欧洲的旧观念和传统扩张模式，也不能简单重复大陆扩张时代的做法。美国的20世纪新扩张主义国际政治观念和扩张战略策略，正是在这种分歧和争论中逐步形成的。

（一）帝国主义与反帝国主义之争的缘起

19、20世纪之交，大国政治家依然把战争、冲突和领土征服等视为国际关系常态，一定程度上漠视了世界相互依存与和平合作趋势。美国的情况有所不同：一方面，流行于西方世界的"文明史观"以及自由主义的和平合作思想产生了较大影响；另一方面，美国的传统政策——重视海外经济和文化扩张,尽量避免与主要大国的军事冲突——也制约着政治家们的行动。因此,尽管强权政治、社会达尔文主义和军国主义等思潮在美国社会具有一定的影响力,但同时也存在着强大的反对海外军事征服和领土扩张的力量。于是,世纪之交美国的扩张战略策略,在不同力量的冲突、激荡中不断调整。

美国内战前后,国务卿威廉·西华德等人就曾提出建立"太平洋帝国"的构想,主张美国采取军事征服和领土兼并的方式,由大陆扩张转向海外扩张。内战结束后,扩张主义者积极谋求建立美国在加勒比海的霸权,修筑了沟通大西洋、太平洋的中美地峡运河,夺取了夏威夷等太平洋岛屿,进而企图向远东扩张。马汉强调,美国应建立强大的海军和在加勒比海的霸权,开通中美洲运河,建立海外军事基地,确保美国的贸易和战略利益。参议员亨利·C.洛奇认为,美国已成为"世界性大国",带着"19世纪其他国家无法与之相比的征服、殖民化、领土扩张的记录",应参与角逐"地球上仍然荒芜的地方"[①]。他在国会演讲中说:列强正掀起兼并外国领土的殖民扩张运动,"作为世界上的伟大国家之一,合众国决不能在前进中落伍"[②]。在洛奇等人看来,美国沿袭军事征服和领土扩张的传统模式进行海外扩张是正常现象。西奥多·罗斯福是美国"大海军"政策及海外军事征服、领土扩张政策的重要代言人。美西战争前,罗斯福就是由美国扩张主义者组成的"首都俱乐部"的组织者和领导人。他借此平台宣扬立即吞并古巴、夏威夷等地的个人主张。该团体参与人还包括布鲁克斯·亚当斯、威廉·H.塔夫特、约翰·海、伦纳德·伍德、乔治·杜威等人。罗斯福宣称,"讲英语的民族的各个分支应尽可能地拥有世界上的地盘,这对世界乃是有益的事情"[③]。他的逻辑是:"支配的本能可以使一个种族变得伟大";"文明大国崇尚武力的干涉

---

① [美]迈克尔·H.亨特:《意识形态与美国外交政策》,褚律元译,世界知识出版社1999年版,第42页。
② 杨生茂等:《美西战争资料选辑》,第40页。
③ 李剑鸣:《伟大的历险——西奥多·罗斯福传》,世界知识出版社1994年版,第208页。

会直接对世界和平做出贡献";"一个伟大文明国家的每一步扩张都意味着法律、秩序和正义的胜利",世界和平只有通过"文明民族组成的崇尚武力的国家"才能实现。① 他公开宣扬对战争的偏爱。他相信:"一切杰出的种族都是好战的种族;一个种族一旦丧失了顽强战斗的美德,不管它还保留了其他什么东西,……那就等于丧失了跟最佳种族平起平坐的高贵权利;懦怯,无论对一个人还是对一个种族,都是难以饶恕的罪过";"和平中的胜利绝对不如战争中至高无上的胜利那么伟大"。② 这些观点中显然包含了社会达尔文主义的毒质。罗斯福曾参加了美西战争。他甚至叹息说:在美国,"唯一的麻烦是没有足够的战争来供人们参加"③。在谈到美国在美洲的地位和欧洲列强的威胁时,罗斯福说:"要将欧洲大国在美洲任何地方取得新立足点的一切努力都作为战争理由对待。"④ 美西战争爆发前夕,共和党主席马克·哈那曾讥讽说:如果罗斯福是助理国务卿,而不是助理海军部长,"我们会跟半个世界兵戎相见"⑤。

由于海外军事征服和领土扩张并不符合美国传统,孤立主义、和平主义在美国影响较大,因此海外军事征服和领土扩张的主张难以成为统治集团的共识,并屡遭抵制。在西华德的策划下,美国从沙俄手中廉价购得阿拉斯加,但这一行动同样备受非议。19世纪末,美国政局稳定,国家实力和竞争力空前强大,抛弃孤立传统以及加强海外扩张越来越成为统治集团的共识,但美西战争中麦金莱政府表现出的扩张意图,还是引起了广泛而激烈的争议。即便在狂热的扩张主义分子中,如"首都俱乐部"内部,同样有人持抵制态度。美西战争中

---

① Frank Ninkovich, *Modernity and Power*, *A History of the Domino Theory in the Twentieth Century*, p. 8.
② 李剑鸣:《伟大的历险——西奥多·罗斯福传》,第85页。
③ 李剑鸣:《伟大的历险——西奥多·罗斯福传》,第299页。
④ Frank Ninkovich, *Modernity and Power*, *A History of the Domino Theory in the Twentieth Century*, p. 10.
⑤ [美]罗伯特·A. 帕斯特编:《世纪之旅:七大国百年外交风云》,胡利平、杨韵琴译,上海人民出版社2001年版,第217页。

麦金莱政府的海外扩张政策，在美国引起了广泛不满，引发了轰轰烈烈的"反帝国主义运动"。

抢占殖民地和势力范围的殖民扩张主义在当时的西方世界被称为"帝国主义"。因此，主张通过海外军事征服和领土扩张建立"帝国"的美国扩张主义者，如罗斯福、洛奇、马汉以及麦金莱等人，就被人们称为"帝国主义者"；反对者成分比较复杂，但都被笼统地称为"反帝国主义者"。1898年，反帝国主义者在波士顿组建"反帝同盟"，发起反帝国主义运动。1899年10月，全国反帝同盟成立，运动被推向高潮。许多资产阶级民主人士和下层民众参加了斗争。反帝国主义者开展了反对批准《巴黎和约》和反对菲律宾殖民战争的斗争。他们广泛开展宣传，发起了联名签署抗议信活动，并征集到了1896年总统选举80%选民的签字。尽管《巴黎和约》以57票赞成对27票反对，勉强通过参议院表决，但洛奇事后承认，《巴黎和约》的批准是参议院中他所知道的"最势均力敌、最剧烈、最激动人心的斗争"①。可见，反帝国主义运动产生的实际影响是巨大的。

持反帝立场的上层精英分子在运动的舆论导向和组织领导中发挥了主导作用。民主党领袖威廉·詹宁斯·布莱恩、麦金莱政府前任国务卿约翰·谢尔曼、共和党领袖马克·哈那、众议院议长汤姆·里德、共和党元老乔治·鲍特威尔、前总统克利夫兰和本杰明·哈里森、参议员阿瑟·戈曼、劳工领袖塞缪尔·龚帕斯、马萨诸塞州参议员乔治·霍尔、"钢铁大王"安德鲁·卡内基、哈佛大学校长查尔斯·W.埃里奥特、著名作家马克·吐温、斯坦福大学校长戴维·斯塔尔·乔丹、著名学者威廉·格雷厄姆·萨姆纳、后来任陆军部长和总统的威廉·塔夫特、全国文官改革同盟主席卡尔·休斯等，都明确表明了他们的反帝立场。精英分子的广泛参与，使帝国主义者与反帝国主义者之间的分歧发展成为党派政治之争。尽管民主党中不乏帝国主义者，共和党中也有反帝国主义者，但"民主党人一般是反帝国主

---

① 托马斯·帕特森等：《美国外交政策》（上册），第269页。

义者，共和党人一般是帝国主义者"①。精英分子的广泛参与及其重要作用表明：不仅资产阶级民主派和人民群众反对海外军事征服和领土扩张活动，统治集团内部也有相当的抵制力量，反帝国主义运动同时是美国统治集团内部在海外扩张问题上政见分歧的反映。

（二）美国反帝国主义运动的实质

反帝国主义者强调尊重美国自由主义传统，提倡以理想主义"原则"对海外扩张适度施加自我约束。"反帝国主义同盟"在其纲领中宣示："我们坚持对任何人民的征服就是'犯罪性侵犯'，是对我国政府的著名原则的公开背叛。……一个自治的国家不能接受对一个不甘臣服的民族实行的统治，合众国不能按照古老的强权即公理的邪说行事。"② 由于此时国内社会问题相对突出，一些反帝国主义者认为，美国需要首先解决国内问题。他们担心殖民扩张会威胁到美国的民主自由制度，希望通过民主改革，优先把国内事情处理好。

然而，绝大多数反帝精英同样支持海外扩张，主张维护美国国家利益，一些人甚至不反对战争和领土兼并。克利夫兰对兼并菲律宾政策持有异议，但不反对军事征服和领土扩张。霍尔反对批准《巴黎和约》，但又强调门罗主义的合法性，并以此理由支持战争，赞成吞并夏威夷，主张把古巴变为美国保护国。他赞成吞并夏威夷和变古巴为保护国的另一理由，便是所谓"保护"不等于"殖民"。③ 霍尔反对立即兼并菲律宾，是因为担心美国自身实力不足，并担心过度介入远东事务会造成利于列强插足美洲的局面，担心由此造成"门罗主义的死亡"。④ 当时，相当一部分反帝精英都怀有与霍尔相同的担心。汤姆·里德反对领土扩张，但他的解释是：希望美国充分发展和地方分

---

① 托马斯·帕特森等：《美国外交政策》（上册），第 269 页。
② 杨生茂等编：《美西战争资料选辑》，第 322—323 页。
③ Albert G. Paterson, ed., *American Foreign Policy*, Lexington, 1988, Vol. 1, p. 191.
④ Julius W. Pratt, *Expansionists of 1898: The Acquisition of Hawaii and the Spanish Islands*, John Hopkinks University Press, 1936, p. 350.

歧进一步消弭，然后进行领土扩张。他说："过度喂食会引起消化不良……切勿操之过急……指日可待的帝国必须等待。"① 萨姆纳强调尊重美国民主传统，但同时信仰并传播社会达尔文主义，积极地为新时代美国全球扩张摇旗呐喊。卡内基强调尽量不动用武力，但支持领土扩张。他说："我不是小美国派。我们拥有整个西印度群岛的时刻正在到来。他们会自愿投入美国怀抱。"② 乔丹主张，以"贸易"而非"合并"，实现对墨西哥的"和平征服"。③ 布莱恩反对吞并菲律宾，也反对占领殖民地，但认为菲律宾有商业利用价值，不反对将菲律宾变为美国的海外"加煤站"。在批准《巴黎和约》投票的最后关头，布莱恩还投了赞成票。休斯、埃里奥特、塔夫特等人并不反对海外扩张，也不会一般性反对领土扩张。还有一些怀有强烈偏见的种族主义精英分子，之所以反对领土扩张，是担心菲律宾、波多黎各等民族加入美国后会败坏盎格鲁—撒克逊血统的纯正性。显然，反帝运动中的精英们都支持维护国家利益，争论的只是如何进行对外扩张问题。

反帝运动参与者成分十分复杂，他们始终没有形成统一的行动纲领。他们的共同特征在于，不同程度地反对海外军事征服和领土扩张，但在具体反对什么、如何抵制等问题上缺乏共识。美西战争期间，麦金莱政府不仅直接出兵从西班牙手中夺取了古巴和菲律宾，而且疯狂地把古巴和菲律宾民族解放运动镇压于血泊之中。美国占领古巴、波多黎各等地的意图显然是，建立加勒比海霸权，控制中美地峡战略要地，实现太平洋战略和大西洋战略的连接，并占据跨越太平洋进入远东的扩张通道。麦金莱政府占领菲律宾的企图，是反帝国主义者们最激烈抵制的。罗斯福等人认为，菲律宾是确保美国海军力量抵

---

① David Healy, *US Expansionism: The Imperialist Urge in the 1890s*, University of Wisconsin Press, 1976, pp. 55 – 56.

② David Healy, *U. S. Expansionism: The Imperialist Urge in the 1890s*, University of Wisconsin Press, 1970, p. 55.

③ 托马斯·帕特森等：《美国外交政策》（上册），第268页。

达远东的战略基地，占领菲律宾有助于建设一支强大海军和发挥军事力量的投送作用，强大海军对美国海外经济扩张和走向广阔的远东市场具有重要的战略价值。洛奇曾解释说："美国的政策不是像英国那样，动手夺取遍布全世界的遥远的领土。我国政府不宜采取这样的政策，我们不需要这样的政策。因为我们在国内有充足的土地，但同时还必须记住这一点：在合众国内，我们控制着我国力量的核心堡垒，并具有作为一个民族的高尚之处，对于保卫核心堡垒至关重要的外围工事，我们必须既不应忽略，也不应放弃。"① 他赞成从经济扩张角度考虑菲律宾问题。他说：如果美国放弃菲律宾，"那对我们的贸易、商业和我们的一切企业将是一个不可估计的巨大损失"②；"我们在太平洋那一边拥有的地盘，其价值对这个国家来说是无法估量的"③。

帝国主义者还从瓜分世界的竞争需要出发，论证了占领菲律宾的重要性。他们担心"危险的德国和正在扩张的日本可能会捡起美国放弃的东西"④。此外，他们还从社会达尔文主义立场出发，宣称一些民族比其他民族更适合生存，以此为美国兼并菲律宾的政策进行辩护。当反帝国主义者强调兼并菲律宾没有得到当地人民同意时，罗斯福反诘说：杰弗逊在取得路易斯安娜时也没有让那里的居民投票表决。帝国主义者更激烈地主张立即实现从大陆扩张向海外扩张的转变，并通过军事征服和领土扩张实现目标。他们把反帝国主义者视为"过时"的人或"乡巴佬"。但是，帝国主义者并不能说服反帝国主义者。

由于帝国主义者好战成性和热衷于扩张殖民地的倾向，他们的扩张主张显然包含了更多传统现实主义的权力政治印记。他们既沿袭了欧洲国家军事征服和殖民扩张的传统模式，也保留着大陆扩张时代倾

---

① 杨生茂等编：《美西战争资料选辑》，第39页。
② 杨生茂等编：《美西战争资料选辑》，第280—281页。
③ Julius W. Pratt, *Expansionists of 1898: The Acquisition of Hawaii and the Spanish Islands*, p. 267.
④ 托马斯·帕特森等：《美国外交政策》（上册），第268页。

向武力征服和领土扩张的痕迹,是美国从大陆扩张向全球扩张转变中的过渡性人物。菲律宾民族解放战争作为落后国家民族解放运动的一部分,有力地打击了美国帝国主义者,表明军事征服和兼并殖民地的传统扩张已经越来越不合时宜,落后国家人民民族意识觉醒和争取自身解放已成不可逆转之势。关于海外经济扩张与殖民地的关系,卡内基认为,"'殖民领地',或者说附属国,并不是贸易所必需的"①。萨姆纳认为,"以为一个国家在取得适当规模后,增加领土就等于增进财富和力量,这种观念乃是错觉"②。关于国际格局变化和世界秩序重建总是伴随着战争的说法,反帝国主义者也多持反对立场。在他们看来,武力建构世界新秩序乃是"时代错误"。③布莱恩在演讲中警告说:共和党人像正与布尔人作战的英国人一样信奉"君主制"原则,他们实际接受了"欧洲的思想观念",正在试图"仿效欧洲帝国"。④事实上,既标榜顺应世界变化,又宣扬维护美国民主传统,是帝国主义者与反帝国主义者的共同特征,但他们都把对方斥为"过时"的人。

显然,正是时代变化和相对特殊的美国国情、传统造就了世纪之交的美国反帝国主义运动和一种新的扩张主义倾向的兴起。美国内战以来始终存在着反对海外军事征服和领土扩张的斗争,反帝运动可视为这种斗争的延续和发展。但一些反帝国主义者提出的相对新颖的扩张理念,尤其关于"和平征服"和"非正式帝国"的设想,一定程度上反映了19世纪末20世纪初世界的变化和美国国家利益、价值理想的相对特殊性。当时美国已经在世界现代化进程中占据领先地位,国家综合实力和竞争力已占据优势地位,但军事力量相对弱小。跨洋越海的武力征服和领土扩张既不合传统,也非其优势所在。在占领殖

---

① Norman A. Graebuner, ed., *Ideals and Diplomacy*, New York, 1964, p. 361.
② William A. Williams, ed., *The Shaping of America Diplomacy*, Vol. 2, Chicago, 1972, p. 381.
③ 韦以希:《美国近代社会思想发展史》,台北联经出版事业公司1971年版,第127页。
④ [美]路易斯·哈茨:《美国的自由主义传统》,张敏谦译,中国社会科学出版社2003年版,第259页。

民地和势力范围方面，美国是后来者，列强已把世界瓜分完毕，继续以武力手段重新瓜分世界并非上上之策。美国拥有科技、经济、政治、文化等综合优势，最关心的莫过于充分发挥其综合竞争优势，尤其非军事优势。美国是参与世界霸权角逐的后来者，当它加入角逐场时，世界已经被列强瓜分完毕。保持世界的相对稳定、民族国家的民族自决以及"门户开放""机会均等"等，有利于打破已经形成的对世界市场的人为分割和画地为牢的排斥性竞争，有利于美国发挥自身非军事优势，有利于抵消老牌殖民大国在占领殖民地和势力范围方面的既得优势，有利于美国实现渐进式扩张和在国际舞台的顺利崛起。事实上，保持世界相对稳定，实行"门户开放"，突出和平的经济和文化扩张，对美国来说是最为有利的，正是世界变化背景下美国的国家利益之所在。可见，由于时代变化、国情和传统的相对特殊性，美国人已不再满足传统的国家利益观和价值观，需要对新的历史条件下美国的国家利益和价值追求做出重新界定。显然，反帝运动既是资产阶级民主运动，也是美国统治集团政见分歧的产物，它推动了美国对外扩张战略策略的广泛讨论和逐步调整，对于美国在新世纪逐步走上新扩张主义道路具有重要意义。

《巴黎和约》批准后，大规模的反帝国主义运动逐步消退。运动的失败表明：只要利益需要，美国在海外的武力征服和领土扩张活动便不可避免。美国占领的菲律宾、古巴、波多黎各、关岛、夏威夷等领土问题长期悬而未决，但最终或被正式吞并，或被持续占领。这一事实表明，随着美国自身实力的壮大和全球利益的发展，只要利益需要，美国的海外军事征服和建立军事基地活动便不会停止。反帝国主义者虽然强调维护民主政治理想，强调经济扩张与和平征服的意义，具有一定的合理性，但他们同样坚定地维护美国国家利益，支持海外扩张，甚至不会一般性地反对军事征服和领土扩张。从这种意义上说，帝国主义和反帝国主义都是美国扩张政策调整中出现的新扩张主义倾向，它们的争论适应了新的历史条件下美国重建国家利益与价值理想关系的需要，是20世纪美国一再发生的外交政策大辩论的前奏曲。

（三）美西战争后美国的新扩张主义

美西战争引发的"帝国主义"与"反帝国主义"之争具有重要意义。以此为契机，美国一定程度上告别了传统扩张模式，走上了新扩张主义道路。战后，反帝国主义运动便结束了，但争论仍在继续。在19世纪末和20世纪初美国对外扩张战略调整的大背景下，它一再警醒美国的政治家们：对外扩张既要顺应世界的变化，又要充分兼顾本国国情和传统。在对外扩张政策的认识上，此后的美国两党出现了趋同现象。两党都致力于海外扩张，并就此达成越来越多的共识，逐步走上了合力推进美国全球扩张的轨道。但与此同时，公开鼓吹军事征服和领土扩张在美国也越来越不得人心。两党都致力于维护国际社会的相对稳定开放，标榜"民族自决""门户开放"等美国式"原则"，努力克服对世界市场的人为分割。

受斯宾塞等人的影响，强调适应工业社会发展趋势的"文明史观"成为进步主义时代美国思想家和政治家们看待世界变化的理论依据。据同时代的一位英国外交官和历史学家说：美国舆论相信，"一个模范共和国要影响世界的唯一办法是避免过去的错误，并为和平的工业主义树立榜样"[1]。事实上，那些狂热的扩张主义者，包括帝国主义者或美西战争中的主战派分子，同样也在一定程度上认识到了世界的变化和反帝国主义的合理性。例如：马汉得出结论：殖民地的独立和解放已是大势所趋。参议员贝弗里治承认商业是美国的竞争优势，并宣称："共和国的商业优势意味着：这个国家将成为世界和平的决定性因素。"[2] 罗斯福强调美国具有"文明国家"的"道德优势"，把维持大国权力均势视为保持世界相对稳定开放的基本手段，呼吁实现所有"文明国家"的"和平"与"合作"，希望以此共同开发"非文明区域"。他在诺贝尔和平奖的获奖演说中，公开呼吁建立

---

[1] James Bryce, *The American Commonwealth*, New York, 1911, p. 566.
[2] 杨生茂等编：《美西战争资料选辑》第254页。

大国间的"和平联盟",以维持国际政治的相对稳定。尽管如此,在美国舆论中,罗斯福好战成性的个性特征以及作为"帝国主义者"的印记,还是使他的名字几乎成了"军国主义分子"的代名词。例如:在1917年的美国军官训练营中,一位成员在谈到其同伴们的精神面貌时说:"有那么多的罗斯福,你只要一转身就会被一个罗斯福绊倒。"① 罗斯福本人在晚年的自传中解释说:"我厌恶不正义的战争,……我厌恶暴力和流血。……我宣扬进行战争准备,为的是避免战争;我从不鼓动战争,除非战争是避免荣誉扫地的唯一选择。"②不论其真实想法如何,这番自我辩白表明,在20世纪初期的美国政治舞台上,公开鼓吹穷兵黩武是不得人心的。

罗斯福之后,塔夫特当选为美国总统。作为一位"反帝国主义者",他宣布摈弃罗斯福的强权政治原则和"大棒政策",转而以"金元外交"彰显反帝运动中提出的和平征服设想。塔夫特及其国务卿诺克斯都认为,国际商业联系将促成"一体化观念"和"人类利益团结起来"的现代意识,超越狭隘的民族主义观念,并"显然指向国际联合"。他们力图把国家间尤其大国之间的纷争纳入非战争渠道。尽管"金元外交"不可能脱离为美国华尔街垄断资本服务的干系,但塔夫特认为:"发展和平关系与发展贸易关系之间并没有什么不一致之处。"诺克斯宣称,金元外交只是利用了"过去几十年国际合作取得的显著进步和巨大成果"③。

反帝国主义者强调国内民主改革的优先地位,以此反对海外的过度扩张。但是,这一时期兴起的进步主义运动,正是以维护美国民主制度和自由主义原则为旗帜,通过对新时代美国国家利益与价值诉求的重新诠释,加速了美国新扩张主义时代的来临。进步主义改革派强

---

① [美]托马斯·帕特森等:《美国外交政策》(下册),李庆余等译,中国社会科学出版社1989年版,第395页。
② 李剑鸣:《伟大的历险——西奥多·罗斯福传》,第85页。
③ Frank Ninkovich, *Modernity and Power, A History of the Domino Theory in the Twentieth Century*, p. 22.

调对内实行社会改革，缓解社会矛盾，赋予美国民主制度新的生命力，但同时也宣扬对外扩张，并把对外扩张视为维护美国民主制度和价值理想的必要手段。他们都信奉"文明史观"，思想观念都带有"民主改造世界"的理想主义色彩，对国内舆论和政府外交决策都有很大影响。罗斯福、塔夫特和威尔逊都是进步主义改革的拥护者和活动家，都一定程度上致力于保持世界的稳定开放。可以说，大国联合与合作观念在当时美国的影响是较为广泛的。

美国新扩张主义冲击了国际关系传统体系和国际政治传统观念。美国国会在通过对西班牙宣战决议案的同时，通过了反帝国主义者提出的"特勒修正案"：西班牙必须撤离古巴，古巴应获得独立，美国也不得占领古巴领土。特勒修正案使美国的"帝国主义者"有所顾虑。麦金莱总统被迫承认，吞并古巴是"侵略罪行"。特勒修正案还在国际社会引起了反响。一些被压迫民族因此对美国心存幻想，欧洲大国统治者们则为此感到震惊。英国维多利亚女王愤怒地表示，希望所有大国"联合反对这种闻所未闻的举动"。她说："要是宣布古巴独立，我们必须抗议这种先例。他们干脆宣布爱尔兰也独立算了！"[①]美国不会轻易放弃古巴，但新扩张主义的革命性还是给人们留下了深刻的印象。美国占领了古巴和菲律宾，但一定程度上承认了"民族自决"的合理性。第一次世界大战期间，威尔逊政府决心以其"改造世界"方案推进国际社会革新，表明美国新扩张主义原则被引入了大国政治舞台。对此，欧洲各大国既难以容忍，也难以拒绝，这既是美国实力壮大使然，也是世界发展变化的结果。

美西战争是美国从传统扩张向新扩张转变的逻辑起点。美西战争和反帝国主义运动引发的争论，对于美国新扩张战略策略的确立具有重要意义。总体说来，强调运用国家综合竞争优势的"新扩张"，成了 20 世纪美国海外扩张的基本特征和符合国家利益的最佳选择。这也表明，作为世界现代化、全球化进程中处于相对领先地位的世界大

---

① Ernest R. May, *Imperial Democracy: The Emergence of American as a Great Power*, p. 218.

国，美国统治集团在转变国际政治观念和调整扩张战略策略方面，一定程度上走在了资本主义世界的前列。从本质上看，在资本主义进入垄断阶段后，与垄断资本相适应的对外政策，"归根到底是大国为了在经济上和政治上瓜分世界而斗争的国际政策"①。美国新扩张主义同样是美国垄断资本利益在对外政策上的反映，但这不应妨碍我们对其历史价值做出具体的分析。

三 "文明国家责任"说与"道德优越"论

从世纪之交美国关于对外政策的辩论可以看出，顺应世界变化和尊重美国民主传统是20世纪初期美国统治集团主张走新扩张主义道路的基本依据。在这一背景下，流行于西方世界的强调顺应世界变化的"文明史观"与经过重新阐释的、相对独特的自由主义观念的结合，为美国新扩张主义提供了一种相对实用的理论阐释和相对有利的舆论氛围。

（一）"文明史观"与"文明国家责任"说

19、20世纪之交世界深刻变化之际，正是"文明史观"在西方世界滥觞之时。"文明史观"深受启蒙时代理性史观和达尔文进化论的影响，在进步主义时代美国人的历史观念中居于十分重要的地位。当时的美国舆论普遍相信：人类从远古走向"现代"，经历了"蒙昧""野蛮"和"文明"三个依次递进的发展阶段；人类历史总是不断进步的，进步的趋势不可逆转；人性的弱点以及人类社会存在的所有问题，最终都可以通过文明进步得到合理的解决。这种"相信进步"的乐观主义历史观和社会观，就是当时流行于西方世界的"文明史观"，在美国，进步主义时代又被称为"进步主义史观"。这一时期美国出版的各类报刊、书籍和社会活动家们发表的言论中，都充

---

① 《列宁全集》（第27卷），人民出版社2017年版，第398页。

斥着这种标榜顺应世界变化的历史乐观主义信念。同时代的一位英国学者就此写道:"美国人对他们的联邦政府充满了信心,坚信未来一定成功。因此,多数美国人只接受正面的赞扬,而对其他言论充耳不闻。我们经常听到美国的公众演讲者质疑上帝与神是否真的存在,质疑基督教的历史性和真实性。然而,我们从未听到美国人质疑他们心中对美国未来的无比坚定的信念,也从未听到美国人称自己需要建立某种信念——因为对美国未来怀有无比坚定的信念是美国人最重要的信念。"① 毫无疑问,正是基于这种信念,美国人对国际社会革新也持乐观主义态度,对世界变化充满憧憬。他们相信,世界各国最终都将走向文明,"和平""合作""自由""繁荣"将成为文明社会的基本特征。

在进步主义时代的美国,文明史观被视为能够体现"现代性"的先进理念。美西战争前后,帝国主义者与反帝国主义者都自我标榜为现代主义者,并把对手的主张斥为落后观念。这成为一个典型的案例,表明美国的政治精英自我标榜为现代政治家已成为时尚,并常常把对手的主张贬斥为不能顺应时变的落后观念。20世纪初期的三位美国总统,老罗斯福、塔夫特和威尔逊,都自我标榜为现代政治家,都主张把握世界变化、顺应时代潮流、重新审视对外战略,倡导美国走出不同于欧洲传统和大陆扩张的新扩张主义道路。虽然他们的观念和主张各不相同并争论不休,但标榜"文明进步"和新扩张是他们的共性。

在文明史观视域下,"蒙昧""野蛮"和"文明"不仅是衡量历史阶段性变化的依据,还是衡量世界各国发展水平的标尺。舆论正是以此为标准,把世界各国区分为"蒙昧国家""野蛮国家"和"文明国家"。按此逻辑,现代化进程中的领先国家具备了"文明美德",美国成为站在"文明进步最前沿"的"文明国家",发展相对滞后的

---

① [ ] 伊米尔·雷奇:《国家的成功》,转引自赫伯特·D. 克罗利《美国生活的希望:政府在实现国家目标中的作用》,王军英等译,江苏人民出版社2006年版,第1页。

国家则因其"文明美德"有所"缺失"被归入另类,现代化尚未起步或刚起步成为"文明尚未开化"的表现,落后国家和地区人民被贬为"野蛮人"或"蒙昧"民族。如美国学者所述,美国舆论对国家关系的理解,"都基于对所讨论国家现代性程度的判断";那些受欢迎的国家几乎都具备了"文明美德",而"文明美德"有所"缺失"的国家在美国舆论中的地位下降了。[①] 这种文明发展阶段和国家类型划分理论,既适应了进步主义时代美国人相信进步、渴望推进国内外变革的需求,同时也为这一时期美国进行对外扩张和争夺世界霸权提供了重要的理论依据。

按照文明史观的阐释,资本主义列强都成了"文明国家",都肩负着开发"未开化"国家和区域的"责任"或"使命",列强对落后国家和区域的侵略和奴役被美化成了"传播文明""引领文明进步"的行为。显然,这种所谓"文明国家责任"说,与"白人负担"论等谬论具有异曲同工的效果,都服务于西方列强的侵略扩张活动。英国学者霍布森试图说服列强联合起来,共同和平地"开发"落后国家和地区,把大国之间的和平合作、避免武力决斗以及共同保持落后国家独立或自治等,视为"文明国家的责任"和国际社会走向"文明进步"的标志。在当时的国际社会,大国和平合作、避免武力决斗以及共同和平地"开发"落后国家和区域的设想,其实很难真正付诸实施。尽管如此,由于列强在奴役落后国家和民族方面客观上存在共同利益和追求,"文明国家"联合承担"开发责任"说还是受到了美国政治精英们的重视,为美国作为大国竞争舞台的后来者提供了与老牌殖民国家平起平坐"开发"落后国家和地区的依据,也为美国通过主导大国合作、建立美国式的新型霸权提供了方便适用的理论阐释。

西奥多·罗斯福是美国扩张政策调整过程中的过渡性角色,被称

---

① Frank Ninkovich, *Modernity and Power*, *A History of the Domino Theory in the Twentieth Century*, p. 1.

为"美国第一位现代总统和最后一位传统政治家"①。他崇信权力政治，认同以"权力""利益""势力均衡"等概念阐释的"传统均势现实主义"。如美国学者所述，他总是"按照权力观看待世界事务和政策，他谋划的是权力、权力问题和权力之争"②。从这种意义上说，他是"传统政治家"。但是，作为注重历史变化的政治家，他同时标榜"文明史观"，强调要顺应"现代性"要求，这又使他获得了"第一位现代总统"的称号。曾担任其陆军部长和国务卿的伊利休·鲁特认为，罗斯福总是按照文明发展趋势看待"所有国际问题"，以此衡量某种文明是在前进，还是在后退。③ 职业外交官刘易斯·爱因斯坦也认为：无论思想上，还是行动上，"文明信念"都是罗斯福"行为逻辑"的关键。④ 从文明史观中，罗斯福找到了美国主导"文明国家"合作以共同奴役落后国家的依据。他歌颂"帝国主义"，理由是，各种文明都很少自发地实现革新和进步，文明种族有义务在非文明区域播撒文明的"种子"。他说，"让那些生活在蒙昧中的人们摆脱锁链是我们对他们的义务，我们仅仅通过打破愚昧本身就可以使他们获得自由"；纵容民族解放运动以及对菲律宾之类的民族不加干涉将是"一种国际性的犯罪"⑤。罗斯福强调大国都是"文明国家"，都有义务承担"国际警察责任"。显然，罗斯福强调"文明国家"的共同"责任"，实际上是美化帝国主义列强的侵略扩张活动，试图推动列强按照美国的方案达成共识，共同奴役殖民地和半殖民地人民，服务于美国"领导世界"的目标。在接受诺贝尔和平奖的演说中，他

---

① Frank Ninkovich, *Modernity and Power*, *A History of the Domino Theory in the Twentieth Century*, p. 20.

② Howard K. Beale, *Theodore Roosevelt and the Rise of America to World Power*, New York, 1970, p. 383.

③ Frank Ninkovich, *Modernity and Power*, *A History of the Domino Theory in the Twentieth Century*, p. 2.

④ Frank Ninkovich, *Modernity and Power*, *A History of the Domino Theory in the Twentieth Century*, p. 2.

⑤ Frank Ninkovich, *Modernity and Power*, *A History of the Domino Theory in the Twentieth Century*, pp. 6–7.

公开呼吁"文明国家"建立"和平联盟",共同行使对落后国家人民的"国际警察责任"。他说:"如果中国和日本一样文明化,如果土耳其帝国解体,而所有尚未文明化的亚非地区都处于英国、法国、俄国或德国统治之下,那么,我相信我们就临近了这样一种时代:缔结普遍的国际协议,将陆海军减少到仅仅满足于维持国内和国际治安需要的限度。"① 可见,通过揭示资本主义列强的共同诉求,在"开发"落后国家和区域方面实现大国联合,这是西方社会早已有之的设想,也是 20 世纪初期美国政界精英竭力倡导的国际社会革新方案。当然,罗斯福任职总统期间对落后国家动辄挥舞的"大棒",已足以揭示其所谓"文明国家"和"文明责任"的帝国主义本性。

文明史观不仅强调列强都具备"文明美德",宣扬它们共同"开发"落后国家和区域的共同利益和"责任",为推进大国之间的和平合作提供了理论阐释,而且,还强调美国位于"文明进步最前沿"的"道德优势",为美国在新的历史条件下扮演"道义上的世界领袖"角色制造舆论。按照美国政治精英群体的阐释,同是"文明国家"的资本主义列强之间也存在着"文明进步"程度的差异,而美国则处于"文明进步的最前沿"。虽然列强在掠夺落后国家方面存在共同利益,但相互间的冲突不可避免,对殖民地和势力范围的争夺正是导致矛盾和冲突的基本因素。罗斯福清醒地意识到了列强相互冲突的不可避免性,但他把矛盾的根源归结为不同国家"文明"发展的不平衡。他在 1897 年给英国外交官的信中写道:"德国的发展程度低于我们,俄国低于德国";德国和俄国作为"军事专制主义"国家,只是处在"野蛮"与"文明"的中间地带;就德国而言,它"对待战争的态度"是一种"俾斯麦式的态度",尚处在"文明进步的英国和美国现在已经超越了的"阶段。② 罗斯福表示,他曾经希望"俄国

---

① Frank Ninkovich, *Modernity and Power*, *A History of the Domino Theory in the Twentieth Century*, p. 8.

② Frank Ninkovich, *Modernity and Power*, *A History of the Domino Theory in the Twentieth Century*, p. 14.

的文明得到迅速发展，以便有可能与它进行合作，并使其得以在亚洲地区逐步发展斯拉夫文明"，但他不久就产生了对俄国的恶感，担心俄国"沿着与我们通常所认为的进步方向完全相反的道路发展"①。罗斯福还曾经希望日本成为"文明大国"行列"理想的替补成员"。他曾经认为，如果受到公平对待，日本将"在20世纪世界中扮演一种出色的值得尊敬的角色"②。但是，他也清楚地感受到日本的"好战"特性。他认为："日本仍是一个令人生畏的军事强国，无论从实力方面看，还是从他们的动机与目的看，都可能做出种种人所不知的事情来。"③ 最终，他认为俄国和日本都不能成为东北亚的统治者。

由于"大棒政策"不得人心，罗斯福后继者们的扩张思路和策略有了进一步变化，而这些变化也是借助"文明进步"的名义完成的。塔夫特转而强调"以金元代替枪弹"，并以此推动大国间的和平与合作。塔夫特明确支持"文明国家"建立"和平联盟"的设想。同时，其国务卿则试图证明，金元外交只是利用了"过去几十年国际合作取得的显著进步和巨大成果"。在"文明史观"视域下，威尔逊关于国际关系尤其大国关系的表述，与罗斯福、塔夫特等人如出一辙，同样把资本主义国家美化为"文明国家"，标榜美国位于"文明进步的最前沿"，宣扬美国引领文明进步的"使命"，把落后国家和地区视为待"开发"区域。毫无疑问，威尔逊的大国合作构想绝非来自偶然的灵感，而是进步主义时代美国人借助"文明史观"和"文明国家责任"说主导大国合作和大国关系变化思想的继承和发展。

（二）美国自由主义传统与"道德优越"论

美国人因处于"文明进步的最前沿"而拥有所谓"道德优势"，

---

① Frank Ninkovich, *Modernity and Power, A History of the Domino Theory in the Twentieth Century*, pp. 11 - 12.

② Frank Ninkovich, *Modernity and Power, A History of the Domino Theory in the Twentieth Century*, p. 12.

③ 李剑鸣：《伟大的历险——西奥多·罗斯福传》，第237页。

这一论点为美国成为"世界领袖"提供了理论阐释，为美国主导大国合作和大国关系变化的构想提供了基本的理论依据。但是，为什么说美国始终站在文明进步的最前沿呢？按照他们的解释，这是因为美国人生而平等、具有爱好自由的"文明美德"，并肩负着引领全人类走向自由幸福的特殊使命。这就是说，美国人成为"道义上的世界领袖"，乃是美国独特的自由主义传统观念的产物。作为深自期许的特殊使命，"领导世界"是美国人自殖民地时代起世代相承的梦想。不同的是，与传统观念相比，20世纪初美国人的"世界领袖"梦又有了新的变化。

首先，18、19世纪的"世界领袖"梦主要强调美国为世界各国做爱好自由、民主的"榜样"，对于主动干预、推动世界民主化进程则态度消极，甚至持冷漠立场。这一时期美国人强调以自身的"孤立""自由""繁荣"等为世界"垂范"，标榜以此"引领"人类文明进步，这与当时美国自身实力相对薄弱和强调发展自身的基本国策是相适应的。但是，到19、20世纪之交，"领导世界"不仅成为统治集团政治精英们共同倡导的目标，而且实现目标的手段也不再局限于为世界"垂范"，而是更强调积极地"介入"和"干预"。显然，这与美国综合实力迅速膨胀和实现全球扩张的急切欲望是相适应的。至于如何"介入"和"干预"，统治集团政治精英们的观点各不相同，例如：西奥多·罗斯福多被视为权力政治的崇拜者和政治现实主义的代言人，而威尔逊则被视为反对权力政治的国际政治理想主义的代言人。西奥多·罗斯福标榜"文明进步"，但所宣扬的"文明国家的责任"具有更加露骨的崇尚强权政治的色彩，而威尔逊则更多地强调按照美国自由主义理想"改造世界"。尽管关于"介入"和"干预"的方式和手段等意见不一，但都注重"文明国家"的联合和美国的主导地位，这成为美国政治精英们的共识。罗斯福、塔夫特和威尔逊都倡导推进"文明国家"的联合，都无例外地竭力宣扬美国人的"道德优势"和美国的"世界领袖"使命。

其次，以自由主义阐释的美国理想主义国际政治观更为成熟、完善。这方面作出最大贡献者,莫过于伍德罗·威尔逊。西奥多·罗斯福标榜"文明进步"和美国的"道德优势",但对权力政治的迷恋、对战争的态度以及对落后国家动辄挥舞"大棒"的强权外交表明,其"新国家主义"的国际政治观念实际上并没有实质性地超越"传统均势现实主义"框架。换言之,罗斯福的国际政治观念和"改造世界"方案,没有从根本上超越欧洲政治家的传统认知。当美国崛起为世界头号强国并急需按照自身利益和价值观重塑世界秩序和确定自身定位时,这种缺乏"美国风格"的观念和方案,难以成为美国称霸世界和全球扩张的主流话语。因此,塔夫特"金元外交"论和威尔逊国际政治理想主义的出现,本身就意味着美国主流舆论对罗斯福"新国家主义"的否定。正是在否定欧洲经验形成的传统观念的基础上,威尔逊继承并发展了美国自由主义传统,创建了国际政治理想主义话语体系,按照新时代美国的国家利益和价值诉求,提出了美国"领导世界""改造世界"和推进"新扩张"的主张。

只要世界在政治上还是由国家构成,国际政治中的最后语言就只能是国家利益,汉斯·摩根索的这一著名论断反映了国际关系现实。关于威尔逊的国际政治理想主义,同样不能脱离国家利益的分析。但是,国家利益的概念从来都是具体的,因时空环境的变化而变化,从来就没有一成不变、任何情况下都适用的国家利益概念。我们对国际关系中任何问题的分析都不能简单地满足于一般抽象意义上的国家利益概念。关于20世纪初期美国人的国家利益观以及主流价值观的变化,我们都应将其置于当时特定的时空环境下做具体分析。只有全面理解世纪之交世界的巨大变化、美国国家利益和价值观的相对特殊性及其变化,我们才能客观理解威尔逊国际政治理想主义的形成背景及其本质特征。当回顾这一时期的世界历史变化时,我们既要看到资本主义矛盾激化和危机加深形成的逆流,如列强之间竞争和冲突的加剧,同时也要看到历史进步的基本趋势,如和平、民主、发展一定程度上成为国际社会革新的要求。这一时期世界发生了深刻变化,美国经济和科技快速发展,美国国家实力和影响力迅速提升,"文明史观"和美国自由主义观念有机结合,这些都使相信"进步"成为进步主义时代美国人的信念,他们更愿意以乐观主义态度对国内变革和国际社会革新有所期待。威尔逊国际政治理想主义就是这一特定时空环境的产物,体现着美国政界精英对新时代国家利益的重新界定,也在一定程度上反映着世界的变化和人们对国际社会革新的期待。

第二章 在革新中实现美国的全球扩张
——威尔逊国际政治理想主义特征分析

作为国际政治理想主义主要代言人，威尔逊对世界变化有着极其敏锐而深刻的感受。他对世界变化的相关认知走在了同时代资产阶级政治家的前列，但其局限性也十分明显。他对世界变化的阐释，本质上都是为了说服国内外舆论接受美国的"世界领导权"，认同其国际政治理想主义观念和美国式的国际社会革新方案。作为一种美国式的国际社会革新方案，威尔逊"改造世界"构想的出发点，必然是满足变化世界中美国相对特殊的国家利益和价值诉求，美国的"世界领导权"、按照美国"原则"重构世界秩序以及实现美国"新扩张"是其基本内涵。按照他的设想，美国理想化目标的实现，有赖于推进大国联合和美国对大国关系变化一定程度的掌控。第一次世界大战是列强争夺霸权的决斗，但也为威尔逊按照美国利益要求推进大国联合和主导大国关系变化提供了机遇。由于一定程度上理解并顺应了世界的变化，威尔逊成为更精致的扩张主义者，不仅成为20世纪美国全球扩张和争霸战略的设计师，同时也成为国际社会革新的倡导者和西方国际关系理论的奠基人。

一 威尔逊关于世界变化的认知

标榜顺应"文明进步"大势，是威尔逊历史观和社会观的显著特征。厘清威尔逊对世界变化的态度,是理解其国际政治理想主义的前提。威尔逊的相关认知主要经历了两个阶段:一是作为学者对世界变化的体认,二是在从政经历中对世界变化的感受。

(一)理论研究中对世界变化的体认

威尔逊是著名学者,进入政界前曾担任大学教授和校长,在政治学、历史学、社会学等诸多领域都颇有造诣。但由于早年就立志从政,他的学术研究选题主要是人们关心的政治问题。他把自己视为"政治中的外在力量",即先做"理论上的政治家",为从政积累知识和理论。① 在他看来,开展学术研究、成为执业律师以及从事大学教育,都是为从政服务的。因此,他从政前就对世人普遍关心的许多重大问题做过相对系统而深入的研究,在内政改革和美国外交等领域都做过大量理论阐述,形成了一整套相对新颖独到的政治主张和理论观点,这为其形成相对系统化、理论化的国际政治理想主义观念奠定了基础。经历过严格的学术训练,以学者眼光对诸多问题做过相对深入的思考,这是威尔逊与许多同时代政治活动家之间的显著差异,也为他成为国际政治理想主义最主要的代言人创造了条件。

美西战争前,威尔逊主要关注内政问题。内战后较长一个时期里,美国政界不把外交视为最重要的问题,总统不重视也不熟悉外交似乎属于常态。② 因此,威尔逊起初不重视外交,也被认为是那一时期美国政治时代特征的反映。但他早年从事学术研究时,就在进步主义社会史观指引下敏锐地注意到世界的变化,这是不容忽视的事实。当他在政治学研究中关注世界变化对加强总统权力的意义时,国际政治已越来越成为他关注的问题。

威尔逊早年受西方启蒙哲学关于"理性"思想的影响,对社会进

---

① Irish Dorreboom, *The Challenge of Our Time: Woodrow Wilson, Herbert Croly, Randolph and Modern America*, Amsterdam – Atlanta, 1991. p. 23.
② Daniel M. Smith, *The Great Departure*, *The United States and World War I*, 1914 – 1920, New York, 1965, p. 24.

步和世界的未来持高度乐观态度。他一再表示，人类能够不断自我调整，进而克服自身弱点，实现社会和谐。他在论著和演讲中频繁引用英国社会学家赫伯特·斯宾塞的论述，表明他赞成斯宾塞的观点。斯宾塞反对把人类社会与自然界完全混为一谈，强调社会进化"能以达到至高完善和最大繁荣而告终"。斯宾塞相信人类社会是"社会有机体"，有机体各部分可以形成"利益共同体"；战争与冲突是相对落后的"军事阶段"的表现，进入"工业化阶段"后，"最和谐一致的典型特征应是和平、独立、友好和诚实"①。威尔逊深受斯宾塞等人"文明史观"的影响，把"文明美德"视为看待国际政治和外交问题的依据。从乐观主义出发，他相信"文明进步"趋势不容逆转。他说："经过历史漫长尺度的检验，可以看出前进的线条相当平直。"②因此，威尔逊乐观地预言，第一次世界大战后，人类将迎接"新时代的曙光"③。他相信，自己正在"努力以超前十年的眼光看待这场战争，在作为参与者的同时，成为历史学家"④。

威尔逊早年还研究过"国际共同体"问题。他欣赏英国法学家梅恩的论述，但不完全认同其观点。梅恩认为，欧洲历史上曾经存在"国际共同体"，主要由"共同宗教信仰、生活方式、伦理道德、仁慈博爱、科学"促成，"商业利益的相互交流"等因素也起了作用。但是，威尔逊并不相信国际共同体在古代世界能够成为"事实"，他宁愿相信在高度相互依存的"近代世界"里，真正的国际共同体才能"部分地成为事实"⑤。可见，脱离了世界现代化、全球化背景，我们便难以完全理解威尔逊关于国际联合和国际共同体的观点。

威尔逊早年还从经济学角度关注过利益共同体问题，把经济领域的国际共同利益视为现代世界和平合作的动力。英国自由主义经济学

---

① Richard Hofstadter, ed., *Social Darwinism in American Thought*, Boston, 1964, p. 53.
② 韩莉：《新外交·旧世界：伍德罗·威尔逊与国际联盟》，同心出版社2002年版，第51页。
③ *Press Conference*, Sept. 29, 1916, PWW, 50, p. 745.
④ *An Interview by Ida Minerva Tarbell*, Oct. 3, 1916, PWW, 38, p. 327.
⑤ *Notes for a Classroom Lecture*, Mar. 8, 1892, PWW, 7, p. 455.

家论证过国际共同利益的存在和实行国际自由贸易的必要性。他们相信，各国作为个体在追求自私利益时，可以因"互通有无"形成利益共同体；"开放门户，并允许自由贸易的国家，都会因此而致富"①。这种以个人主义为基础的经济学理论曾经遭到德国国民经济学的批判。《政治经济学的国民体系》是德国经济学家弗里德里希·李斯特撰写的一部名著，奠定了国民经济学的理论基础。李斯特批评个体经济学研究侧重于个体（"个人"）和整体（"人类"），存在理论漏洞："在个人与整个人类之间还有一个中介者，这就是国家。"②以李斯特为代表的国民经济学派，强调以国家为核心概念，并认为尽可能大的国家疆域是国民经济充分发展的基本保障。李斯特的国民经济学理论强调国家在经济发展中的作用，弥补了古典经济学的不足，具有重大意义。但从国际社会发展看，国民经济学似乎同时为狭隘的国家"集团自私"观念的合理性找到了新的论据。李斯特还得出结论：地域辽阔和人口众多是国家生存和发展的必要条件，"一个小国是决不可能使生产各部门在它的国境内获得充分发展机会的"。因此，他强调，国家要发展，就必须"建立殖民地，缔造新国家"③。他认为，对现代化后发国家而言，"关税保护"和战争手段虽然狭隘、极端，但有利于后发赶超国家加速发展。他断言，战争造成的国际贸易停顿是落后国家后发赶超的机遇，因而战争对后发国家来说，"实在是一个福音"④。显然，德国的国民经济学理论适应了加强政府干预经济职能的趋势，也适应了近代民族主义潮流，但也在一定程度上抛弃了古典经济学提倡的国际和平合作的合理内涵，背离了现代世界的国际和平合作要求。1885 年出版的威尔逊撰写的《美国政治经济学史》，表明他受到美国经济学家弗朗西斯·鲍恩的影响。威尔逊在书

---

① ［英］亚当·斯密：《国民财富的性质和原因的研究》（下卷），郭大力、王亚南译，商务印书馆 1974 年版，第 67—68 页。
② 李斯特：《政治经济学的国民体系》，陈万煦译，商务印书馆 1961 年版，第 31 页。
③ 李斯特：《政治经济学的国民体系》，第 152 页。
④ 李斯特：《政治经济学的国民体系》，第 160 页。

中既接受了自由主义个体经济学的观点，也在一定程度上接受了国民经济学的观点。鲍恩既赞成国民经济学体系，同时也提倡遵守国际通行的"普遍原则"，试图把两种理论糅合起来。但鲍恩认为，"普遍原则比较少，比较不重要"，威尔逊对此感到难以接受。① 早年关于经济利益共同体的研究，是威尔逊关注国际共同利益的开端。

　　进步主义历史观相信"进步"的信念，自由主义经济学的相关论述，构成了威尔逊国际联合思想的理论源头。当然，与同时代的西方政客一样，威尔逊所谓的国际联合，强调的是"文明国家"的联合，即列强间的合作，那些落后国家和民族被划入等待"开化"的另类。他认为，既然各国经济上互相联系，客观上存在共同利益，使各国"认识到自己的共同利益"和"相互关系"，并一起"寻求建立共同秩序"，这就是美国的"使命"。② 按照这一逻辑，美国在推进大国联合中扮演"世界领袖"角色是自然而然的事情。威尔逊反对关税保护和国家垄断外贸，提出了促进世界范围"自由贸易"和"普遍繁荣"的主张，把"自由贸易""门户开放"视为实现"普遍繁荣"的前提。他说："成功的商业往来的基础是共同的利益，而不是自私的利益"；③"我们曾以为有利可图的商业意味着一个国家繁荣昌盛。然而，损害普遍利益获取的利润也许会增多，但对普遍繁荣却无所增益"④。他相信，"自由贸易"与"和平"是相互促进的，就像"主张关税保护会导致战争论"一样，"自由贸易必然导致和平论"。他在1907年的文章中认为，世界已"进入共同市场"，"和平正成为协商和国际联合的重要问题。合作是现代世界一切行为法则"⑤。他竭

---

① Wilson's Section for a "History of Political Economy in the United States", PWW, 4, pp. 637-638.

② A Presidential Address to the American Political Science Association, Dec. 27, 1910, PWW, 22, p. 264.

③ James B. Scott, ed., President Wilson's Foreign Policy, Message, Address, Papers. New York, 1918, p. 103.

④ An Advance Text of an Address in Chicago to the Illinois Manufacturers' Association, Dec. 12, 1910, PWW, 22, p. 178.

⑤ Education and Democracy, May 4, 1907, PWW, 17, p. 135.

力宣扬"自由贸易""门户开放"等原则,试图按照其原则重建世界秩序,避免大国之间的恶性经济竞争和武力决斗。

威尔逊还把"国际性"定义为"人性",以此宣扬国际联合的必要性和可能性。按照他的诠释,"国际性"就是"人性",不仅是"人类共有的思想和理想",也是不同国家间的"共同意识"和"共同精神",是实现"国际谅解"的基础。[①] 他说:"我们都是相同的人类。但是,我们以前还从来没有像现在这样强烈地感受到这一点。"[②]

可见,在早年治学经历中,威尔逊已就国际政治和外交问题提出了一系列理想化的原则和构想,其大国联合构想早已有之。这些原则和构想构成了其早期理想主义的基本内涵。

(二)从政经历中对世界变化的感受

威尔逊认为,现代化、全球化趋势的形成,决定了美国必须及时抛弃孤立主义传统。他说:"如今,每个人都知道,世界发生了变化。……整个世界都变成了单个的邻近地区,每个部分都已经成为其他部分的邻居。任何国家都不再能独居一隅,都肩负着邻居的责任和使命。"[③] 在威尔逊的论著、演讲稿、谈话录等文件中,有许多类似的表述。第一次世界大战造就的国际"共同利益"意识和"共同危险"的感受,使威尔逊对相互依存有了更为深切的理解,进一步坚定了他关于美国必须切实推进大国联合与和平合作的信念和决心。

威尔逊对20世纪世界变化和美国政策目标的认识,经历了一个逐步深化的过程。大约在1900年前后,威尔逊开始宣扬新世纪美国在海外的新目标。他敏锐地注意到,世界变化将人们"带进了必须对

[①] *Notes for Lectures in a Course on the Elements of Politics*, May. 7, 1898, PWW, 10, pp. 471-472.

[②] *An Adress to the Gridiron Club*, Dec. 8, 1917, PWW, 45, p. 239.

[③] *Democracy and Efficiency*, Oct. 1, 1900, PWW, 12, p. 18.

其加以阐释并要求最杰出政治才能的国际关系之中"①。他相信，回顾历史可以澄清对世界变化和美国新目标的认识，并找到解决办法。②同时，他认为，对于他本人及其同时代人来说，这是一种艰难而缓慢的探索。由于20世纪的世界正发生深刻的变化，他坦承一时不能确定，"我们将在这个巨大的转折点上发现什么"③。他说："我们目前还没有明确的目的和方案";④但可以提供"想象的观念的碎片，即美国在世界负有使命"⑤。他相信，历史可以通过为人们提供"洞察力和先见之明"，照亮现实，预示未来，但在很长一段时间里，他依然认为，现代世界的复杂性决定了美国对外政策的目标依然存在不确定性。1909年，他在试图解释各种令人困惑的发展变化时说："即使正确的意图也有待启蒙，正确的目标也有待认识。我们面前的社会结构尚未定型，处在变化之中，信念和规范的光芒对模糊不清板块的渗透是缓慢的。"⑥ 威尔逊承认："我们进入了这样一个世纪，其目标和任务还有待澄清。"⑦ 谈到17世纪、18世纪和19世纪各自的时代特色时，他把它们分别界定为"殖民化世纪""战争世纪"和"打造民族国家的世纪"。但在论及20世纪时，他写道："一个世纪的——?"⑧显然，20世纪的面目尚未完全显露，他一时填不了自己留存的空白。

威尔逊维护"国际共同利益"与推进大国合作的思想经历了一个发展变化的过程。例如：在应对帝国主义武力争夺殖民地和势力范围

---

① *A News Report of an Address to the University Club of St. Louis*, Apr. 29, 1903, PWW, 14, p. 434.

② *The Course of American History*, May. 16, 1895, PWW. 9, p. 267.

③ *A Newspaper Report of an Address on Americanism in Wilmington*, Delaware, Dec. 7, 1900, PWW, 12, p. 44.

④ Historical Essay, "Politics, 1857–1907", July 31, 1907, PWW, 17, p. 310.

⑤ *Address to the annual dinner of the Cleveland Chamber of Commerce*, Nov. 16, 1907, PWW, 17, p. 498.

⑥ *A Sermon: Baccalaureate Address*, June 11, 1905, PWW, 16, p. 125.

⑦ *A News Report of an Address in Montclair*, New Jersey, Jan. 23, 1904, PWW, 15, p. 138.

⑧ *Notes for an After-Dinner Speech*, Apr. 13, 1905, PWW. 16, p. 53.

问题上，威尔逊起初曾经坚定地支持美国在海外武力占领殖民地和势力范围，甚至以是否"爱国"来评判帝国主义与反帝国主义的争论，严厉斥责反帝国主义者。他说："由于我们的美国主义，我们不能容忍来自波士顿的反帝国主义哀鸣哭泣。"① 然而，当选总统后的威尔逊却反对继续兼并其他国家领土，主张给予菲律宾一定程度的自治，成了"民族自决"原则的鼓吹者。鉴于列强对殖民地和势力范围的争夺是导致战争的关键性因素之一，"民族自决"在威尔逊的"改造世界"方案和推进大国联合构想中具有十分重要的意义。如果说美西战争加速了威尔逊全球扩张思想的形成，那么，第一次世界大战则推动了威尔逊国际政治理想主义的臻于成熟。

在第一次世界大战初期，威尔逊似乎没有完全意识到战争可能对美国造成的影响。他起初反对大规模扩军备战，否定了关于欧洲局势对美国形成军事威胁的观点。欧洲战场形成僵局后，由于预料美国可能被迫卷入战争，威尔逊开始批评一些保守观念，并认为美国存在"陈旧的地方习气"。他说："世界政治曾经是地域性的，曾经有欧洲政治、美洲政治和亚洲政治之分，但如今的世界已经联为一体，以至于一种政治安排与另一种安排之间已经再不能按地域区分了。我们知道，当战争来临时，它是以巨大规模出现的。"② 此时，他更希望交战双方相互谅解："世界各国已经互为邻居。相互谅解符合它们的利益。为了能够相互谅解，它们必须在共同事业上同意合作，它们必须采取行动以便保证共同事业的指导原则成为公平和无偏袒的正义力量。"③ 威尔逊认为：大规模战争给人们带来了"共同危险"的感受，意味着在世界相互依存状态下，"今后任何地区的冲突都不再局限于世界的某个地区了"；④ "在最后的分析中"，全球化造成的相互依存

---

① *A News Report of an Address in Montclair*, New Jersey, Jan. 28, 1904, PWW, 15, p. 143.
② *A Nonpartisan Address in Cincinnati*, Oct. 26, 1916, PWW, 38, p. 541.
③ *An Address in Washington to the League to Enforce Peace*, May 27, 1916, PWW, 37, p. 115.
④ Frank Ninkovich, *Modernity and Power: A History of the Domino Theory in the Twentieth Century*, The University of Chicago Press, p. 51.

"正是每一个重要国家都注定要卷入最近这场战争的原因"①。他在致驻外使节的信件中说：由于世界已经发生深刻的变化，"任何争论，不论其涉及的问题是多么微不足道，多么有限，如果发展成战争，都可能再次点燃遍及世界的大火"②。可见，世界大战的经历对于威尔逊形成关于国际社会相互依存特征的认识十分重要，也为他进一步提出美国主导大国合作的国际社会革新方案提供了论据。

第一次世界大战深化了威尔逊关于大国间大规模战争的认识。他认为，列强间的武力决斗，除了造成灾难，对任何一方都没有实际意义。记者约翰·里德称颂威尔逊是"新一代的和平缔造者"。他与威尔逊会谈后得出结论，威尔逊之所以反对战争，"主要不是因为它是血腥的和残酷的，而是因为它不再能实现目标"③。威尔逊在奉劝交战双方妥协媾和时说："所有国家都要牢记的重大而突出的问题是，所做出的绝对牺牲都是没有价值的。"④ 他还进一步解释了自己的观点，他认为：战败者痛苦不堪，胜利者得不偿失。他以第一次世界大战为例说明了现代大规模战争的残酷和无益："世界历史上还从未出现过如此势均力敌的两支庞大军队，还从未出现过如此之大的损失和杀戮，而在军事上都了无收获。双方显然都对依靠武力结束冲突的前景越来越感到无望。不可避免的是，他们将被迫认识到，只有人员牺牲达到消耗殆尽时，战争才会结束，那时胜利者蒙受的损失几乎不会少于失败者。"⑤ 但是，德国一再顽固地拒绝美国的调停建议，协约国其实也不希望"妥协媾和"，并力求"惩罚"德国，这令威尔逊感到失望和厌恶。他笃信"妥协媾和"方案或"没有胜利的和平"的"公正"性。按照他的表述，只有"公平""正义"基础上的"和平"才是持久可靠的。他说："一场色当战役带来另一场色当战役，

---

① Frank Ninkovich, *Modernity and Power: A History of the Domino Theory in the Twentieth Century*, p. 51.
② *Wilson to John St. Loe Strachey*, Apr. 5, 1918, PWW, 47, p. 259.
③ *John Reed to Joseph P. Tumulty*, Jun. 30, 1914, PWW, 30, p. 236.
④ *An Unpublished Prolegomenon to a Peace Note*, Nov. 25, 1916, PWW, 40, p. 69.
⑤ *An Unpublished Prolegomenon to a Peace Note*, Nov. 25, 1916, PWW, 40, p. 69.

胜利令人陶醉，激发了民族激情，使其渴望更大的胜利。"① 但不公正的媾和方案将释放复仇主义情绪和新的战争恶魔，导致"更多的战争"②。他甚至预测说：第一次世界大战刚结束时，交战双方都精疲力竭，新的战争不会很快来临；但世界各国必须采取一致行动加以阻止"，否则，可以"绝对确定地预告，在下一代中将出现另一场世界大战"；"下一个时间里会爆发战争，会在这一代人还活着的时候爆发，现在的儿童将成为那场战争祭坛上的牺牲品"；"那将是最后一场战争，如果人类能生存下来，也不能再承受下一场了"；"德国人在战争中所使用的与下一场战争将要使用的相比，只是玩具"③。第一次世界大战中交战双方都以绝对化手段追求绝对化目标，展现了现代大规模战争的总体战特点及其残酷性。显然，正是基于对现代战争的无限化趋势及其影响的认识，威尔逊否定了列强武力决斗的意义。威尔逊用以结束和防止大规模战争的方案并不能令人信服，但否定列强武力决斗的意义，在一定程度上预见到了可能爆发的大规模战争并试图加以阻止，表明他相对敏锐地理解了世界的变化，一定程度上把握了20世纪国际社会改革发展的大势。

　　第一次世界大战还引发了世界范围的人民革命和威尔逊对人民革命的恐惧心理。威尔逊敌视人民革命，把人民革命诬蔑为"现代社会产生于绝望中的激进主义"。这一立场表明，作为垄断资本主义时代的美国总统，威尔逊本质上是垄断资本利益的维护者和代言人。他认为革命是战争的产物，因此提出，为避免革命，必须避免列强之间的大规模战争。他说："包括美国在内，到处都存在着对政府的有秩序进程的对抗。我们在大西洋的这边感受到了这种邪恶的影响，而在大西洋的另一边，所有政府官员们都知道，这种邪恶的影响正在敲击政

---

① *An Unpublished Prolegomenon to a Peace Note*, Nov. 25, 1916, PWW, 40, p. 68.
② *A Memorandum of a Conversation by Thomas William Lamont*, Oct. 4, 1918, PWW, 51, p. 223.
③ Frank Ninkovich, *Modernity and Power: A History of the Domino Theory in the Twentieth Century*, p. 55.

府的大门。"他认为,既然西方各国都是"文明国家","我们要么准备保护文明,否则就是放弃它"①。可见,所谓"文明国家"合作,也是为了适应列强共同应对人民革命的需要。

为避免大国之间以大规模战争进行竞争,威尔逊提出了以"普遍联合"实现"永久和平"的主张。他分析了实现永久和平的可能性:"实现永久和平的条件是什么呢?目前的战争,以其前所未有的人员消耗、苦难和物质资源损耗,为世界政治家们实现永久和平的可能性提供了前所未有的机遇。"②他认为,战争虽然造成了灾难,但也提供了警示,使人们普遍渴望国际和平合作。按照他的说法,正是大规模战争造就的灾难成为他设计"永久和平"方案的动力;正是战争产生了"共同意识",使人们普遍渴望遵从"人性的要求"。③他相信:拿破仑战争后出现过"理性和精神的巨大复兴",第一次世界大战也会产生同样的效果;经过第一次世界大战的洗礼,"沉默、无组织和缺乏自我表达方式"的广大民众"觉醒了";战后出现了从专制统治向"讨论时代"转变的迹象,这是"文明进步"的标志。④他认为:世界范围内出现了空前广泛的反对战争、渴望和平的舆论,这是"世界理想的潜在意识"的反映;"新的世界理想也许在整体人民尚未意识到的时候就已经产生了",但这是"尚未表达出来的意识",政治家们有责任加以表达。⑤他预言,一个变化了的世界,"将迫使每个人了解到,他是生活在新的时代,而且,必须不是按照过去的传统而是按照现在的需要和对未来的预示生活"⑥。政治活动家们"必须服从阐明的共同思想,否则就会被粉碎"⑦。他认为:"旧外交"的

---

① Ray S. Baker and William E. Dood, ed., *The public Papers of Woodrow Wilson*, Vol. VI, New York & London, 1926, p. 353.
② *An Unpublished Prolegomenon to a Peace Note*, Nov. 25, 1916, PWW, 40, p. 69.
③ *An Address in Free Trade Hall*, Dec. 30, 1918, PWW, 53, p. 551.
④ *Remarks to Foreign Correspondents*, Apr. 8, 1918, PWW, 47, p. 288.
⑤ Frank Ninkovich, *Modernity and Power: A History of the Domino Theory in the Twentieth Century*, p. 61.
⑥ *An Address to the Commercial Club of Omaha*, Oct. 5, 1916, PWW, 38, p. 337.
⑦ *An Address in the Metropolitan Opera House*, Sept. 27, 1918, PWW, 51, p. 132.

弊端就在于,"想到政府间关系而忘了人民间的关系";①"唯一能使世界保持稳定的就是上述这种无声的、持续的、全能的人类舆论"②。不仅重视"世界舆论",而且强调遵从"法律"和"原则",这是其个性风格。他把"法律""原则"与"集体良心"(或"社会良知")"世界舆论"联系起来,认为"法律""原则""舆论"是"集体良心"的体现。他强调社会革新"不是建立在法律的基础上,而是建立在良心基础上";③ 真正的社会革新,"从不建议将那些不代表普遍观点的东西作为法律",否则,就构成了"社会道德败坏",背离了"进步法则"。④ 他认为,国际联盟就体现了"世界舆论"和"集体良心",依托国际联盟便可望实现美国式的"改造世界"方案,重建世界秩序。

在谈到第一次世界大战时,威尔逊曾公开承认:"美国起初并没有看清这场刚刚结束的战争的全部含义。"⑤但是,在美国直接参战后,他宣布,可以"更清楚"地对"战争到底意味着什么"做出解释了:战争持续四年多,全世界都深陷战争的旋涡,其实质是人类共同愿望被单个国家追求的自私目标所绑架;"也许是个别政治家们挑起了战争,但无论是他们,还是他们的对手,都无法按照自己的意愿结束战争";"到我们参战时,战争性质已经完全清楚,任何国家显然都无法袖手旁观或对其结果漠不关心";世界面临的挑战,"不能通过利益的安排、妥协和调整实现,而是要通过毫不迟疑地、一劳永逸地、完全而毫不含糊地接受最弱小国家与最强大国家利益一样神圣不可侵犯原则";战后世界安排所需要的,"不仅是不偏不倚的公正,

---

① Frank Ninkovich, *Modernity and Power: A History of the Domino Theory in the Twentieth Century*, p. 57.
② *Remarks to the New York Press Club*, Jun. 3, 1916, PWW, 37, p. 334.
③ Frank Ninkovich, *Modernity and Power: A History of the Domino Theory in the Twentieth Century*, p. 59.
④ Frank Ninkovich, *Modernity and Power: A History of the Domino Theory in the Twentieth Century*, p. 59.
⑤ Frank Ninkovich, *Modernity and Power: A History of the Domino Theory in the Twentieth Century*, p. 51.

而且要让有关各国都感到满意";战后缔结"有效条约"时,必须建立国际联盟,并确保国联盟约成为和约"最根本的部分";"为维护和平赖以保持的共同条约和协议,美国准备为此完全承担其责任";"我们认识并接受了新时代的义务,这个时代允许我们对普遍结盟怀抱希望,普遍结盟将避免纠缠不清,并为达成共同协议和保持公共权利而净化世界空气"。① 总之,世界大战为他否定大规模战争的意义以及倡导大国合作提供了论据,造就了他寄望于美国主导大国联合与合作以便推进国际社会革新的构想。

显然,威尔逊国际政治理想主义思想和主张,既来源于学术研究,也来源于从政实践。威尔逊的从政实践尤其世界大战的经历在其国际政治理想形成中的重要作用表明,其国际政治理想具有来源于实践并指导实践的特性。威尔逊具有学者从政的个性特征,也因此被一些人视为"学究",他的思想主张被一些人归入"乌托邦主义"。但事实上,威尔逊绝不是一般的学者,也是一位实践型政治家。在谈到其重建世界秩序方案时,威尔逊强调,他是"致力于设计纯粹的关于'如何才能持久有效'的科学方案"②。威尔逊还注意到,自己"被指责为不可救药的空想主义者",但他自认为"从不接受没有实用价值的理想"③。他说:"我只尊重事实,所有政治问题的真正困难在于,你是否能够把理论转化为事实。"④ 把威尔逊的"理想"简单地归结为"幻想"或"幌子",或归结为宗教观念,显然是不合适的。

(三)关于威尔逊对待变化与革新的基本立场

美国著名史学家理查德·霍夫施塔特有过一段评论,人们常用以说明威尔逊政治立场的保守性。霍夫施塔特写道:"他从骨子里就是

---

① *An Address in the Metropolitan House*, Sept. 27, 1918, PWW, 51, pp. 127–133.
② *Remarks to Foreign Correspondents*, Apr. 8, 1918, PWW, 47, p. 288.
③ Frank Ninkovich, *Modernity and Power, A History of the Domino Theory in the Twentieth Century*. p. 45.
④ Frank Ninkovich, *Modernity and Power, A History of the Domino Theory in the Twentieth Century*. p. 45.

一位多愁善感的传统主义者。他的思想中最为突出的一点就是急于要获得某种归属感,将自己归属于某一传统,某种文化,或某种有历史意义的制度。作为一个知识分子,他最为突出的局限性就是不能超脱——并不是超脱自己,因为他常常能客观地估量自己,而是不能超脱他所生活的各种政治价值观念。……从本质上看他只不过是过去的代言人。即使是作为改革者,提出以争取赞成的与其说是他工作中革新的一面,不如说是他工作在维持传统的有机连续性方面的价值。"① 如果我们就此得出结论,认为威尔逊是一位抵制革新的政治保守主义者,则显然不符合霍夫施塔特的本意。

在英美文化圈中,"保守"一词多强调在进行社会革新时尊重传统、重视传承,作为政治术语实有"稳妥""稳健"之褒义,并无汉语中"抵制革新"的含义。细细品味霍夫施塔特的相关论述不难看出,他把老罗斯福视为"充当进步派的保守派",而把威尔逊视为"作为自由主义者的保守派",实际上同时把二人视为进步主义改革家。所谓"从骨子里就是一位多愁善感的传统主义者",主要强调威尔逊"作为一个知识分子",其话语体系"不能超脱他所生活的各种政治价值观念",这里其实并不包含贬低威尔逊作为政治改革家的意味。

任何时代的政治家都必然受到特定时空环境的影响。威尔逊不仅不会例外,而且,作为学者出身的政治家,更是自觉地、充分地继承发展了特定时空环境下形成的高度美国化的政治价值观念。受文明史观影响,威尔逊总是以乐观的态度支持社会革新,强调主动地理解、顺应变化,相信可以通过顺应变化解决未能解决的问题。同时,他也是极度推崇美国传统尤其自由主义传统的政治家。笃信文明史观,推崇美国传统,甚至使用宗教语言说明自己的观点,这些都表明威尔逊"不能超脱他所生活的各种政治价值观念"。但是,仔细分析不难发

---

① [美]理查德·霍夫施塔特:《美国政治传统及其缔造者》,崔永禄、王忠和译,商务印书馆2010年版,第286页。

现，对于威尔逊而言，与其说文明史观和美国传统是推动美国国内政治变革和国际社会革新的障碍，倒不如说，是他用以说服国内外舆论顺应变化、推进革新的方便实用的理论工具。

可以说，威尔逊终其一生都扮演着社会革新者的角色：作为学者，其学术观点表明，青年时代的威尔逊就充满着革新美国政治的憧憬；作为大学校长，他积极推动普林斯顿大学的教育管理改革，获得了进步主义教育改革家的声誉；作为新泽西州长，他在选举法、反贪污受贿、工人补偿规定、学校改革、公用事业条例等改革方面都取得显著进展，并因此获得进步主义改革派的支持，为他成功竞选总统奠定了基础；任职总统后，他积极扮演进步主义改革派领袖和旗手的角色，在建立联邦储备体系、反托拉斯立法、协调劳资纠纷等方面的改革都取得了令人瞩目的成就；在国际舞台上，他引领美国首次插足欧洲列强的争夺，全方位地参与世界霸权的角逐，并首次相对系统地阐述了20世纪美国式的"改造世界"方案。

威尔逊始终扮演着革新者的角色，这与他信奉的历史观和社会观是一致的。由于文明史观和宗教观念等的影响，他相信历史进步趋势不容逆转，因而总是标榜革新，强调主动顺应变化。他早年就立志从政，并对政治领袖角色形成了自己的理解。在谈到"人类领袖"时，他写道："伟大的改革者实际上并不在意时空环境。……他们并不考虑选择时机和保留妥协余地。他们是时代精神的早期载体。他们诞生在那些反对他们的非常时期中。"① 他谈起过知识分子从政的优势和不足。他认为，只想不做是"知识分子"的弱点，他决心克服这一弱点。他说："行政人员是行动的人……一个知识分子不是行政人员。对行政事务我们是危险人物。除非我们对自己的局限性有自知之明，并且采取措施去掉我们那种老是去想、去听而不去做的习惯。我很早以前便决定，只要我获得第一个行政工作，我便要有一段时间向每一

---

① Tony Smith, *America's Mission: The United States and the Worldwide Struggle for Democracy in the twentieth Century*. p. 109.

个给我提供意见和情况的人敞开我思想的大门。待到有朝一日我的想法决定后，我就不再听讲并开始行动。我的决定也许是对的，也许是错的，这无关紧要，我要冒险试一试——做些事情。"① 虽然承认知识分子从政具有一定的"弱点"，但美国学者罗伊·沃森·柯里经研究发现：威尔逊显然更重视"从学术界或文坛上选拔人才"："这位曾任大学校长的总统的看法是，一般有文化的头脑要比职业外交家的专长更重要"② 他的解释是："我们发现那些占据了公使馆和大使馆职位的人，都习惯于一种确实与目前政府所持有的完全不相同的观点。他们的头脑中考虑最多的是美国个人的物质利益，而不是道德和公众利益，这一点我们有责任控制。他们是受到不同的学校训练，我们从几个事例中发现，他们很难理解我们的观点和目的。我对于必须在一些情况或特殊情况下，采取有悖于考绩制度的行动感到真正的痛苦，但也有些情况，我认为在开创新秩序时，在一定程度上有必要这样做。"③

显然，威尔逊本人就是以"不在意时空环境"的改革家和"人类领袖"自居的，相信自己具有政治领袖的先见之明，是"时代精神的早期载体"，正在致力于"开创新秩序"。总之，无论从个性观念看，还是从社会经历看，威尔逊都是一位主张顺应时变、锐意革新的政治活动家，把他描述成固守传统乃至抵制革新的历史人物显然不符合事实。

当然，威尔逊绝不是激进的革命者，其政治立场和价值观的保守性是客观存在的，但这并不妨碍他在国内外政治舞台上扮演革新者角色。作为一位倡导改革的政治家，他不会无视客观现实，也不会脱离特定时空环境下形成的价值观念。他是一位重视传承、崇信盎格鲁—撒克逊保守传统的政治家，强调尊重"政治发展的连贯性与持续

---

① Roy Watson Curry, *Woodrow Wilson and Eastern Policy*, 1913 – 1921, New York, 1957, p. 14.
② Roy Watson Curry, Woodrow Wilson and Eastern Policy, 1913 – 1921, p. 35.
③ *Woodrow Wilson to Charles W. Eliot*, Sept. 17, PWW, 28, p. 280.

性"。他强调,"社会进步的法则就是改良的法则,现代民主国家的调整意味着使公众的意见和目标适应不断变化的社会和政治环境。革命永远不能成为政治的一个手段"①。他认为,"在政治上,试图推行任何激进的新东西都会有危险","除非通过缓慢的渐进的发展,悉心适应而且对发展进行合适的修改,否则不会达到任何有意义的结果"②。他对革命持公开的敌视态度,断言"伴随革命而来的总是反动,返回到比正常的政治进步速度更慢的水平上"③。他甚至公然宣布自己是"权宜信条"的"不加掩饰的信徒"。他说:"人们在推动世界时无法像一流人士所期望的那样迅速",领袖们必须满足于让自己"放慢脚步,以能够被人们跟上的速度前进";那些将成为领袖的人们不应该"坚持立刻得到他们知道自己还无法得到的东西";基督徒来到这个世界"并不仅仅是为了拯救世界……让弯曲变直:追求单一的终点和目标",他们应该满足于告诉世界什么是错误的,而不是"愚蠢到坚持要世界接受其纠正世界错误的方案";经常说出真理就够了,而"主题听起来将是熟悉的"④。作为历史学家出身的政治家,威尔逊崇信尊重传统的英美政治文化,坚信"从历史的清晨时刻到如今,政治发展的连贯性与持续性从未被打断过"⑤。因此,他反对任何激进的变革。在美国参议院否决国联盟约后,他不得不痛苦地承认:"人们不能摆脱过去束缚我们的社会习俗。就像我们不能立即摆脱个人习惯一样,我们也不能立即摆脱社会习俗。必须慢慢地消除这些习俗,或者说,必须慢慢地改变它们。"⑥ 显然,他虽然反对激进的社会变革,但其支持革新的立场是不容置疑的。

---

① 理查德·霍夫施塔特:《美国政治传统及其缔造者》,第211—212页。
② 理查德·霍夫施塔特:《美国政治传统及其缔造者》,第287页。
③ 理查德·霍夫施塔特:《美国政治传统及其缔造者》,第212页。
④ Sidney Bell, *Righteous Conquest*, *Woodrow Wilson and the Evolution of the New Diplomacy*. p. 46.
⑤ 韩莉:《新外交·旧世界:伍德罗·威尔逊与国际联盟》,第51页。
⑥ Frank Ninkovich, *Modernity and Power*, *A History of the Domino Theory in the Twentieth Century*. p. 59.

一方面主张理解变化、推动革新，另一方面强调尊重传统、反对激进的政治变革，这两种看似矛盾的思想倾向最终统一于威尔逊关于美国自由主义传统的认识，或者说，最终统一于他对美国式资本主义社会制度和价值观念的认同。他认为，美国的自由主义传统表明美国人天生爱好自由和理性，具有非同凡响的"道德优势"，这是美国人居于"文明进步最前沿"的证据，并使美国人肩负着上帝赋予的"道义使命"，成为"道义上的世界领袖"。这就是说，对于威尔逊来说，主动理解、顺应世界的变化与尊重美国传统之间不仅不存在矛盾，而且是相辅相成、缺一不可的关系。他强调顺应文明进步趋势，是为了在国内推行进步主义改革，并动员舆论参与世界事务，在国外说服国际社会接受美国式的"改造世界"的方案。强调美国自由主义传统的独特性，是为了说明美国的社会制度和价值观念就代表着人类的共同利益和价值认同，代表着所谓"文明进步"的方向，根本出发点还是为了动员国内外舆论支持"美国的世界领导权"和按照美国利益、价值观"改造世界"的革新方案。总之，从国际政治竞争看，无论推进革新，还是强调尊重传统，威尔逊的最终落脚点都是美国的世界霸权和全球扩张。威尔逊就是这样把推进国际社会革新的思想和主张"归属"美国的"传统""文化"和"制度"的。既然把美国自由主义传统视为指引国内外一切问题解决的原则，威尔逊宣称，"如果我不相信成为进步派就是要维护我国体制的基本原则的话，那么我就不能成为一个进步派成员"①。这就是说，无论在国际政治革新方面多么激进，威尔逊都不会偏离美国自由主义传统和美国人引以为豪的资本主义制度；同时，无论他多么保守和尊重传统，本质上还是为了按照美国的利益和价值观推进国际社会革新。霍夫施塔特曾经就此写道："罗斯福虽然多次表明希望政治纯洁，但改变的原则并未在思想中生根，而且他转向进步派的大转变，与其说是观点的转变，不如说是出于实现野心的需要而改用了积累的言辞"；相反，

---

① 理查德·霍夫施塔特：《美国政治传统及其缔造者》，第254页。

"从威尔逊那里，人们可以看到他真心愉快地为着新的东西进行探索，新旧之间有一种首尾一贯的联结"①。显然，这才是霍夫施塔特关于威尔逊对待政治革新的基本判断。

在威尔逊不能超脱的"所生活的各种政治价值观念"中，美国自由主义显然居于核心地位，这就解释了他把其各类政治革新主张全部纳入"新自由主义"竞选政纲的原因。他就是这样一个以美国自由主义传统捍卫者自居的政治家，试图把世界的变化和国内外一切变革的要求都纳入美国化的自由主义哲学解释范畴。但是，从国际社会革新要求看，世界的变化、人类的进步与美国自由主义理想之间的矛盾是不可避免的，事实上并不是像威尔逊所标榜的那样，美国的理想就代表着人类的愿望，美国的利益也代表着全人类的利益。在以国家为基本行为体的国际社会中，全人类以及不同国家在不同时期都拥有一定的共同利益和价值观，需要各国政府和人民共同维护，但与此同时，不同的国家或民族必然拥有自己的特殊利益和价值诉求，需要国际社会在维护人类共同利益和愿望时，充分尊重各国主权和人民的自主抉择。在现代社会，以一种绝对化的价值传统作为一国国民信守的信条本就极易走向偏执，而要求世界各国把某一特定国家的价值传统作为普世价值显然更为荒谬。威尔逊以美国自由主义做出的理论诠释，试图把美国打扮成"道义上的世界领袖"，妄称美国的国家利益和价值认同就代表着人类利益和普世价值，无视国际社会的多元性，动辄颐指气使地干预他国内政和国际冲突，显然是一种傲慢偏执的民族中心主义和国际霸权主义。美国著名学者路易斯·哈茨在论及威尔逊主义时曾提出质疑："美国何时曾较为深刻地估价过它自身提供给其他国家的文化范式的局限性？"② 显然，路易斯·哈茨的质疑值得我们肯定和深思。

世界变化与美国传统价值观的结合，造就了威尔逊的国际政治理

---

① 理查德·霍夫施塔特：《美国政治传统及其缔造者》，第291页。
② 路易斯·哈茨：《美国的自由主义传统》，第11页。

想主义，这是不争的事实。但是，关于威尔逊国际政治理想的形成原因，国内外学者并未形成共识。例如，一些人把宗教观念、家庭背景、个性心理等视为威尔逊国际政治理想主义观念和思想主张形成的重要原因。以宗教影响为例，一种观点认为，由于受家庭环境的影响，加尔文教长老派的宗教观念成为始终影响威尔逊个性化政治思想和社会实践活动的主要因素。基于这一认识，在冷战时代，威尔逊外交被称为"传教士外交"，威尔逊的国际政治理想主义被视为"乌托邦主义"，"思想简单、受长老派信念驱使而信奉救世主义的漫画形象"似乎也成了威尔逊在人们心目中的经典形象。就威尔逊的宗教观念、家庭背景等方面展开研究，对于全面客观地理解威尔逊国际政治理想主义的形成具有重要意义，但是，若过于夸大这些因素，忽视了世界变化与美国传统结合形成的主导作用，显然背离了历史事实。仍以宗教影响为例，威尔逊受家庭宗教氛围影响是不言而喻的，但是不论如何深受宗教影响，也不论是否对其构成终生影响，成年后的威尔逊并未混淆其宗教观念与现世生活的界限。他的父亲曾殷切希望威尔逊继承其衣钵，成为一位牧师，但遭到拒绝。威尔逊明确表示，他更关心的是现实中的政治。对于这样一位痴迷现实政治、拒绝从事宗教职业并在政治上多有建树的活动家，以"思想简单、受长老派信念驱使而信奉救世主义的漫画形象"概括其个性特征，显然是不可取的做法。威尔逊在早年治学经历中就说过："社会并不了解任何其他世界，它只需要在这个世界中拯救自己"；"所以，我相信社会道德规范是功利主义的，而不是抽象的，相信人们可以通过契约实现目标而不是什么对或错的抽象历程"。① 这或许也解释了他拒绝从事宗教职业的原因。

总之，威尔逊清醒地认识到，世界在变，美国自身也在变，按照欧洲传统的国际政治观念和扩张模式建构20世纪世界秩序，推进对

---

① Frank Ninkovich, *Modernity and Power, A History of the Domino Theory in the Twentieth Century*. p. 45.

外扩张，既不能适应世界变化，也不符合美国利益诉求。顺应变化对美国是有利的，美国必须依据变化了的世界形势、特殊的国情和传统，走出一条既不同于欧洲传统扩张模式，也不同于大陆扩张时代做法的新扩张主义道路。正是通过重新诠释美国传统，威尔逊重新界定了新时代美国的国家利益和价值诉求。他曾多次尖锐地批评政治保守主义者的冥顽不化。他强调："我们不只是而且根本不是保守民族，……我们克服困难赢得胜利，依靠的不只是坚贞不移，而是同时要依靠进步。"①

二 威尔逊式的"改造世界"方案

基于对世界变化的认知，并始终把世界变化视为依据，威尔逊相对系统地提出了美国式的"改造世界"方案。作为一种全新的国际社会革新方案，就其基本目标来看，它主要包括建立"美国的世界领导权"、按照美国的"原则"建构世界新秩序以及谋划美国的"新扩张"等相互联系的三个方面。其中，推进大国联合和美国主导大国关系变化，是实现其国际社会革新三大目标的关键。每一种目标及其思想主张的提出，都以世界变化的客观要求、美国自由主义观念视域下的"文明国家责任"说和"道德优越"论为基本依据。

（一）建立"美国的世界领导权"

在威尔逊的"改造世界"方案中，美国的"世界领导权"是第一要义。所谓美国的"世界领导权"，其实质就是要世界各国接受美国的世界主宰地位。美国主宰地位的确立，大国认可是关键。因此，在美国的主导下实现大国联合与合作十分重要。

1899年，威尔逊就曾写道："世界充满着期待。关于社会主义的梦想，关于民主的幻想，甚至是混乱的幻想，劳工们改善自身状况的

---

① *A Commemorative Address*, April 30, 1889, PWW, 6, p. 177.

焦躁不安行动，各种观念的撞击，给世界打上了充满期待和解决问题能量的印记。但是，这是没有节制的期待，没有可行纲领的期待，没有领导者的期待。因此，对于这个期待着梦想成真的世界来说，对领导者法律的阐述，一种真正意义上的阐述，才是最有意义的贡献。"① 结合其相关论述可以看出，他的基本意思是：世界需要"领导者"，美国就是世界所需要的"领导者"；所谓"可行纲领"和"领导者法律"，自然是美国人说了算，他的国际政治和外交主张就是"对领导者法律的阐述"。

威尔逊关于美国充当"世界领袖"的设想最初是相对模糊的。如其所述，他在早年理解世界最新变化和美国新外交"明确的目的和方案"之前，只能提供"想象的观念的碎片"。但他从那时起就坚信"美国在世界负有使命"。他相信，传统就是"力量的最初源泉"②。从中可以看出，所谓"美国使命"或"美国的世界领导权"，并非完全依据世界变化做出的理性判断，而是更多地受到他作为美国政治家立场和价值观的影响。他总是以世界变化的要求、人类的共同愿望，为"美国的世界领导权"进行辩护，其虚伪性是不言自明的。

美国传统观念认为，美国是民主国家的"榜样"，肩负着以其自身模式"改造世界"的"使命"。威尔逊继承了美国传统的自由主义观念，继承了传统的"道德优越"论和"使命观"，竭力标榜美国是世界"和平""自由""民主"和"繁荣"秩序的缔造者和引路人，但他非常关注世界变化，力图以20世纪初期世界现代化全球化趋势、国际格局的深刻变动和美国自身的崛起等深刻变化为美国成为"道义上的世界领袖"寻找依据。

他强调现代化潮流不可阻挡，同时强调美国是特殊的"现代国家"。他说："渗透进这一大陆的所有旧生活的因素都被完全吸收并

---

① Memoranda, Sept. 10, 1899, P WW, 11, p. 239.
② Sidney Bell, *Righteous Conquest*, *Woodrow Wilson and the Evolution of the New Diplomacy*, p. 18.

转化成了新生活的因素。正是这种转换形成了我们的历史"①;"从任何方面看,我们的国家制度都是现代世界的产物。在这里,在这个新大陆上,在这个公开而自由的地方,现代世界的力量在这里部署、演习、竞赛,赢得胜利并经历失败;那些旧式国家则急切地等待着,试图在这个伟大场面变化的动向中寻找自己的命运。"② 他得出结论,美国的命运就代表着世界的命运,美国的利益和价值诉求就代表着人类利益和理想,美国应该"领导世界",而且,只有美国具备"世界领袖"资质。他断言,只有美国在飞速发展的世界中,"有能力在这个时代为自己也为别的国家行动"③。

关于世界一体化,威尔逊认为,正是相互依存趋势的形成,确定了美国肩负"领导世界"的"使命"。他强调:"我们并没有特意选择这些将要交给我们的任务。……每个人现在都知道世界发生了变化,……整个世界都变成了单纯的邻里,世界的每个部分都成了其他部分的邻居。没有一个国家可以独立生存,他们都要承担邻居的责任和使命。"④

关于世界格局发生的变化,他认为,由于欧洲的衰落和美国的崛起,美国必须扮演世界"领导者"角色。他写道:"如今,我们已完全明白,美国已走出其青春期和准备阶段,在世界列强中占据一席之地,平静而充满活力,再不是世界各国中的陌生成员,——已经成为领导者和广泛事务领域的和平缔造者。"⑤ 为此,他重新解释了华盛顿的"告别演说",认为华盛顿的意思是说,"要等待,直到你们不必担心外国的影响,然后,你们便乐于参与世界事务"。他批评一些人过分拘泥于"告别演说"的字面意思,他说:"我不接受他们对华

---

① 韩莉:《新外交·旧世界:伍德罗·威尔逊与国际联盟》,第50页。
② Democracy, Dec. 5, 1891, PWW, 7, p. 348.
③ Iris Dorreboom, *The Challenge of Our Time: Woodrow Wilson*, p. 30.
④ Democracy and Efficiency, Oct. 1, 1900), PWW, 12, P. 18.
⑤ The Significance of American History, Princeton, New Jersey, Sept. 9, 1901, PWW, 12, P. 180.

盛顿'告别演说'的解释。"① 经过这番诠释，欧洲国家放弃主宰世界的地位，而美国抛弃孤立主义传统并扮演"道义上的世界领袖"角色，显得顺理成章了。基辛格曾就此感慨，威尔逊作为学者出身的政治家，"在崇尚吹毛求疵的学术殿堂中的时间没有白费"②。

威尔逊强调只有美国具备特殊的"道德优势"，其"开明律法"和"公正制度"为人类公认，美国是"理性及自决原则的代表，公共力量和个人自由协调一致的代表"，可以成为"道义上的世界领袖"和国际新秩序的倡导者。③ 他把美国吹捧为"世界上唯一的一个其领袖和控制地位将被接受的国家"，④ 国际舞台上"广泛事务领域的和平缔造者和领袖"⑤。他宣称："美国的命运和美国的领导权就是做世界之所想。"⑥ 他说："我确实相信天命。我相信上帝决定了这个国家的诞生；我相信上帝赋予了我们自由主义观念；我相信人们依据他们自己对天意和天命的追随而依次被解救，因而我不能剥夺自己的希望——不仅是对自己，而且是对这个国家充满信心的希望——我们已被选中，而且显然是被选中向世界各国显示走向自由的道路。"⑦ 威尔逊竭力标榜美国是民主自由国家的"榜样"，强调世界的希望和出路在于"皈依美国的原则"和遵从"美国的世界领导权"。威尔逊还公然提出了实现"美国主义"和"世界美国化"的目标。他说："外国政治家们已经谈论美国的威胁，谈到工业和社会的美国化。他们还害怕政治的美国化，他们模糊地但又强烈地为美国实力增长可能造就的显而易见的后果感到恐惧。……当我们审视自身并准备在更广泛的国际政治领域发挥作用时，我们更多地关注过去和人性而更少盲

---

① An After-dinner Speech to the New England Society in the City of New York, Dec. 22, 1900, PWW, 12, P. 57.
② 基辛格：《大外交》，第30页。
③ Democracy and Efficiency, Oct. 1, 1900, PWW, 12, pp. 10-11.
④ Frank Ninkovich, *Modernity and Power, A History of the Domino Theory in the Twentieth Century*, p. 65.
⑤ The Significance of American History, Sept. 9, 1901, PWW. 12, p. 180.
⑥ A Campaign Address in Atlantic City, New Jersey, Oct. 13, 1910, PWW, 21, p. 317.
⑦ A Campaign Address in Jersey City, New Jersey, May 25, 1912, PWW, 24, p. 443.

目地指望未来和免于不幸的时刻已经到来。"①

威尔逊不仅否定了欧洲传统观念，也否定了列宁的革命外交思想，所依据的也是所谓的"世界美国化"要求和美国自由主义传统。他十分注重借用美国自由主义传统的影响。

在威尔逊看来，美国在保持其理想和制度的先进性时，还要让世界愿意接受美国的"理想"和"世界领导权"，这样才能建立美国对世界的统治。1905年，他写道："美国并不是第一个感到自己应统治（rule）世界的国家，但是，如果她很好地统治了世界，那么，她将是第一个做到这一点的国家。我想，我们内心都清楚，我们将统治这个世界，而能否统治好，将取决于我们能否保持作为理想主义者的特性。美国的伟大，并不是因为她手中的拥有物，而是因为她胸中的拥有物，是因为她具有远见卓识。如果她的大多数过分世故而使她忘了年轻时的远见卓识，那么，她将失去其伟大。美国的伟大，并不是因为我们将拥有最快捷的舰船和最强大的军队，这是我们应该做并已经做的事情，而是因为我们将运用这些陆海军，去主持正义，服务人类。"② 按照他的逻辑，美国的"世界领导权"既符合世界潮流，也符合美国传统，既符合美国利益，也符合人类愿望。这样，美国实现目标的关键就在于世界是否接受美国的"领导"。为此，他煞有其事地告诫国人："不要总是首先考虑美国，应该首先考虑人类"；③ "美国使命不是用物质力量统治世界，美国领导权就是要做世界之所想"；④ "当所有人都知道美国把人类权利置于其他权利之上，知道美国旗帜不仅是美国旗帜时，美国才能达到

---

① A News Report of an Address in Montclair, New Jersey, Jan. 23, 1904, PWW, 15, p. 137 – 139.

② An Address at Swarthmore College, Dec. 15, 1905, PWW, 16, p. 268.

③ James B. Scott ed., President Wilson's Foreign Policy: Messages, Addresses, Papers, New York, 1918, P. 94.

④ A Campaign Address in Atlantic City, New Jersey, Oct. 13, 1910, PWW, 21, p. 317.

它最灿烂的时期"①。显然，他关注的是国际社会对美国"领导权"的承认。

威尔逊外交中充满着"道义"说教，美国成为"道义上的世界领袖"始终是其"道义"说教的关键因素。毫无疑问，这一切其实都是为了让世界接受美国的世界主宰地位。世界各国，尤其那些所谓的"文明国家"，一旦接受了美国的"世界领袖"地位，也就接受了美国的世界主宰地位。现实主义者认为，威尔逊的国际政治理想主义充满着"道德家和法学家"色彩，乃是试图把美国人描述得比现实中"更加崇高和明智"，这一批评无疑有其合理性。但是，那种把威尔逊外交视为"传教士外交"或乌托邦式"道义说教"的观点，则忽视了他在理想主义掩盖下追逐美国世界霸权地位和全球扩张利益的本质特征。

（二）按照美国"原则"重构世界秩序

与"世界领袖"主张相适应的是，按照美国的"原则"，即按照变化世界中美国的国家利益和价值诉求，重建世界秩序。威尔逊曾反复描述美国人心目中理想化的世界秩序，竭力标榜美国是世界"和平""自由""民主"和"繁荣"的秩序缔造者、引路人。他否定了按照历史经验重建世界秩序的传统均势现实主义观念，转而提倡按照现代性要求和美国自由主义原则重构世界秩序。毫无疑问，这种新秩序的本质只能是"美国治下的和平"。

关于"战争"与"和平"。他否定了现实主义把战争和冲突视为国际社会常态的观点，提倡国际联合尤其"文明国家"间的和平合作，断言通过"普遍结盟"可以实现"永久和平"。第一次世界大战前期，他强调，只有交战双方妥协媾和，才能实现"永久和平"。美国参战后，他强调，只有按照美国的"改造世界"方案停战媾和，

---

① James B. Scott ed., President Wilson's Foreign Policy: Messages, Addresses, Papers, P. 65.

才能实现"公正"和"理性"的和平,保持"永久和平"。总之,他认为,由于世界正在发生深刻变化,大国依靠战争实现目标已不合时宜,只有按照美国方案结束战争才能避免爆发新的大规模战争;"公开外交""世界舆论""国际联盟""集体安全""民族自决""自由贸易""航海自由""门户开放"等,都是顺应世界变化、避免新的大规模战争的救世良方。他宣称:"美国的精神不仅是独立的精神,而且是和平的精神";"美国的精神只能在和平中得到最好的表达"①。

关于"自由"与"民主"。他把权力、利益、势力均衡等视为"旧世界"专制背景下"自私利益""野心""阴谋"等的产物,视为不合时宜的旧观念和罪恶的根源,把战争、经济上门户封闭、漠视民族自决权利等,都归结为专制制度和旧观念的产物,把"民主"视为推进国际社会革新和遏止大规模战争爆发的万应良方。他以德国为例分析了权力政治的危害性。他认为:德国拥有工业和技术优势,可以走和平发展道路;专制制度下不受限制的"权力"造就了其军国主义特征和统治者对"权利"的无视,在国际竞争中采取了国家垄断外贸等不平等竞争形式,并醉心于掠夺领土、殖民地和势力范围。② 他也不认同一切从国家利益出发的观念:"利益并不能将人们团结在一起。利益使人们分裂,因为一旦利益调整稍有出入,嫉妒马上就会出现。"③ 他认为势力均衡之所以不可靠,原因就在于,势力均衡是"由相互竞争的利益的不稳定平衡所决定的"④。巴黎和会前夕,威尔逊在欧洲的演讲中宣称:"我们知道不能再出现又一个势力均衡";"必须有替代品代替势力均衡";"这种尝试做过,而且发现它不符合需要,因为在所有理由中最重要的是其内部不能保持平衡,而且,不团结的力量就不能够在人类事务中成为平衡力量。"⑤ 对

---

① R. S. Baker and W. E. Dodd, ed., *The Public Papers of Woodrow Wilson*, p. 375.
② An Address in Buffalo to the American Federation of Labor, Nov. 12, 1917, PWW. 45, pp. 11-17.
③ An Address in Free Trade Hall, Dec. 30, 1918, PWW, 53, p. 550.
④ An Address at Guildhall, Dec. 28, 1918, PWW, 53, p. 532.
⑤ An Address to the Italian Parliament, Jan. 3, 1919, PWW, 53, p. 599.

"权力""利益"和"势力均衡"等观念的批判表明,威尔逊拒绝接受欧洲传统国际政治观念的倾向是十分明显的。

他不仅否定了"权力""利益"和"势力均衡"等观念,对列宁倡导的革命外交思想也持敌视态度。他强调:"自由主义是唯一可以将文明从混乱中解救出来的力量……自由主义必须比以往任何时候都更加自由,要使文明避开飓风的袭击,它甚至必须是激进的。"[1]

受自由主义影响,威尔逊重视"世界舆论""国际法"和国际治理机制的建构。他强调,"世界舆论"是人类"理性"和"道义力量"的体现,单个国家决不能与人类有"理性"的舆论对抗。[2] 他试图说服世界大战中的交战双方实现停战媾和,"世界舆论"是他的重要依托。他说:"我看不出,他们如果表示拒绝,将如何面对世界舆论。"[3] 显然,他强调尊重世界舆论,是为了迫使交战双方接受美国的"世界领袖"地位和"改造世界"方案。他强调美国是"世界舆论"的关键,是"世界的希望"和"对世界和平的唯一有效保障"[4]。显然,按此解释,美国舆论就代表了"世界舆论",他本人就是"世界舆论"的代言人。

威尔逊的国际联盟和集体安全构想,如基辛格所述,本质上是"由民主程度高的国家集体担任'和平的信托人',取代老式的均势及同盟体系"[5]。换言之,按照威尔逊的逻辑,所谓"普遍联合"实际上主要是"文明国家"的联合,而"民主国家"更重要;在"民主国家"中,美国是"民主国家"的"标本",美国的地位和作用最重要。

关于"进步"与"反动"。受"文明史观"和自由主义影响,他

---

[1] Tony Smith, *America's Mission: The United States and the Worldwide Struggle for Democracy in the Twentieth Century*, Princeton University Press, 1994, p. 90.
[2] An Address in Free Trade Hall, Dec. 30, 1918, PWW, 53, p. 551.
[3] Wilson to Edward M. House, Dec. 24, 1915, PWW, 35, p. 387.
[4] Frank Ninkovich, *Modernity and Power, A History of the Domino Theory in the Twentieth Century*. p. 65.
[5] 基辛格:《大外交》,第34页。

不仅按照"蒙昧""野蛮"和"文明"三分法把世界各国分为"蒙昧国家""野蛮国家"和"文明国家",又把"文明国家"细分为"专制国家"和"民主国家"。他强调,"民主国家"在文明进步中处于领先地位,是世界"和平""自由""繁荣"的保障,而美国作为"民主国家"榜样,站在了"文明进步"的最前沿,要肩负起"领导世界"的责任。尽管民主国家之间同样可能发生战争,但他相信,民主国家已学会"自我控制"①。显然,威尔逊是"民主和平论"的重要倡导者和代言人。也正因为如此,第一次世界大战中,威尔逊明确宣布美国参战的目的是,"使世界对民主而言是安全的"。他承认,之所以"从内心深处同情协约国",是因为他相信"德国体制""与美国的一切都直接对立"②。他认为,德国政府"身上覆盖着那个时代的奇怪装饰和原始权威,其时代与我们背道而驰,完全相反"。同时,德国政治家们也生活在"一个死亡的逝去的世界里"。他断言:战争是"一小撮分子而非伟大的主体舆论控制的那些国家"阴谋和嫉妒的产物;③ "只要人们的命运仍然决定在那些常作自私选择的一小撮分子之手",和平就是不可能的。④ 相反,既然民主国家相对"理性",民主国家间可以避免战争,那么,消灭专制主义就可以造就"永久和平"。因此,他强调,对世界和平的主要威胁,不是指"对任何大国的侵略,而是指对制度的进攻";⑤ 美国人热爱和平,更珍视"他们的政治生活赖以建立的那些原则"⑥。总之,他认为,美国传统体现了时代精神,遵从了美国的传统和理想主义原则,便是顺应了"文明进步"大势,否则,便是落后乃至反动。

关于"公平"与"正义"。他在不同情况下有不同的诠释。例

---

① A Chance for the Democrats, Oct. 30, 1909, PWW, 19, p. 464.
② David M. Esposito, *The Legacy of Woodrow Wilson: American War Aims in World War I*, Westport, CT and London, 1996, p. 72.
③ An Interview with Henry Noble Hall, Oct. 31, 1916, PWW, 38, p. 569.
④ After-Dinner Remarks, Dec. 2, 1916, PWW, 40, p. 120.
⑤ An Address and a Reply, Jun. 19, 1917, PWW, 42, p. 537.
⑥ An Address in New York on Preparedness, Jan. 27, 1916, PWW, 36, p. 10.

如：第一次世界大战前期，他把交战双方不割地、不赔款的妥协媾和视为"公平"与"正义"，同时，也将其视为实现"永久和平"的基础和前提；美国参战后，他把国家权利平等并保证互不侵犯基础上的普遍结盟视为"公平"与"正义"的体现，同时也视为"永久和平"的保障。关于民族或国家权利平等问题，他在不同场合的阐释也是各不相同的。他把国家权利平等视为"公平"与"正义"的体现，但对不同国家之间的权利关系有不同的诠释。在反对交战国侵犯美国"中立权利"并试图取代欧洲霸权时，他强调"大小国家权利一律平等"，以此迫使交战国接受美国的诉求，但在他自认为能够掌控局面时，尤其在巴黎和会期间，他同样颐指气使地迫使弱小国家听命于大国的安排。谈及"文明国家"与落后国家的关系时，他更强调的是所谓"文明国家"的"责任"，其实质是为资本主义各国奴役和掠夺亚非拉落后国家和人民提供理论依据。以"民族自决"为例，他认为："只有那些建立了立宪政府的民族，才会有自由。"① 他强调了"民族自决"与"民主"的不可分割，一定程度上否定了相对落后民族及时实现自治和自决的权利。按照这一逻辑，他认为，西方国家，尤其英美两个民主国家，应成为落后国家和人民的"老师"，而落后国家和人民则是"学生"，只能被动地接受训示乃至统治。他说，"我们一直享有自由，现在我们将给予其他民族以自由"，但是，殖民地要等待，"直到我们感到，我们所给予的秩序和他们应达到的自我发展程度得到最好调节之时"②。他对美国菲律宾政策的解释是："我们占据这些岛屿是受那里人民的委托。……我们作为受托人的责任是使任何改革的安排最有助于他们的自由和发展。"③ 他强调，"菲律宾人只有经过漫长学徒期，才能保证他们获得宝贵的自治，这是既

---

① A News Report of a Lecture on Constitutional Government, Oct. 29, 1898, PWW, 11, p. 52.
② Liberty and It's Uses, Jan. 14, 1900, PWW. 11, p. 374.
③ A Speech Accepting the Democratic Nomination in Sea Girt, New Jersey, Aug. 7, 1912, PWW. 25, p. 15.

无法购买也无法授予的"①。因此，威尔逊"公平""正义"的内涵是变化的，但不变的是美国政治家偏颇的立场和价值观。

关于"繁荣"与"普遍繁荣"。威尔逊宣称，美国不仅要实现自身繁荣，还要推进世界"普遍繁荣"。他认为，既然各国在经济上存在"共同利益"，美国便肩负着特殊使命，引导各国"认识到自己的共同利益"，并"寻求建立共同秩序"②。他特别强调要放弃关税保护和国家垄断外贸行为，认为自由贸易和门户开放不仅是经济权利诉求，也事关世界和平、自由、民主和公正。他早年就把自由贸易界定为"自由"必不可少的内涵。③ 他把自由贸易视为"自由思想的伟大养育者"④。他认为，"自由贸易"与"和平"互为前提，就像"主张关税保护会导致战争论"一样，"自由贸易必然导致和平论"。他相信，倾向于"自由贸易"的"民主国家"同时具有爱好"和平"的特性，而"专制国家"则因倾向于建立垄断性的"关税保护"和贸易壁垒，易于成为战争与冲突的罪魁祸首。他以第一次世界大战的爆发为例，分析了不正当的工商业竞争的危害性。他说："这里的每一位先生或女士——我想说也包括孩子，谁不知道现代世界战争的根源在于工商业竞争？刚刚结束的战争爆发的真正原因是德国担心它的商业竞争对手从它那里获得更大好处，原因在于一些与德国作战的国家认为，德国可能从它们身上获得商业利益。成功的工商业之间的激烈竞争是嫉妒和深仇大恨的种子。这场战争自始就是工商业之争，而不是政治之争。"⑤ 按照威尔逊的逻辑，建立"门户开放"的世界秩序既是美国"和平而体面地"征服世界的需要，也是消除"嫉妒和

---

① Sidney Bell, *Righteous Conquest, Woodrow Wilson and the Evolution of the New Diplomacy*, p. 25.

② A presidential Address to the American Political Science Association, Dec. 27, 1910, PWW, 22, p. 264.

③ A Biographical Essay, Mar. 6, 1880, PWW, 1, p. 616.

④ Sidney Bell, *Righteous Conquest, Woodrow Wilson and the Evolution of the New Diplomacy*, p. 11.

⑤ Charles Seymour, *American Neutrality*, 1914–1917, New Haven, 1935, p. 92.

深仇大恨"的因素。威尔逊把"和平而体面地征服国外市场"视为美国"合理的雄心壮志"①。但与此同时，他又特别强调，美国决不能成为片面追求物质利益和物质力量的国家。他说，"美国的显定命运决不靠物质力量统治世界"②。他甚至说，"一个国家按照物质利益观念决定外交政策是十分危险的事情"③。他认为，问题并不在于要不要进行经济扩张，而在于目的是否正当。他强调美国进行经济扩张的目的是"为人类服务"。早在1910年，他就宣称："如果美国的目标是积聚这种物质力量，以致它能使世界其他地区处于其铁蹄下，或出于自己的利益而统治世界，在这方面就只有灾难和不幸，而没有任何进步可言。但是，如果美国希望积聚她的财富和增进她的力量为人类服务，只要它知道世界需要什么服务，就会有进步。"④ 按此说法，美国进行经济扩张是为尽"道义责任"积累力量，美国对一切物质利益的追逐都符合"道义"标准。

威尔逊竭力倡导各国要像遵守"体育道德"一样，共同遵守竞争规则，致力于建立相对稳定开放的国际竞争秩序。他说："我们应记住院校体育运动与未来世界战争和全球外交之间的关系，记住运动场上的体育道德就是……外交行为准则。"⑤ 他相信，世界的和平稳定、自由民主、普遍结盟、集体安全、民族自决等，都是实现"自由贸易"和"门户开放"、推进共同发展和"普遍繁荣"的基本保障。按照他的设想，如果其理想得以实现，20世纪就会成为商业和平扩张的世纪，就会出现"一个即便没有联合起来，也自始至终由武装巡逻

---

① An Address in Baltimore to the Grain Dealers' National Association, Sept. 25, 1916, PWW, 38, p. 269.
② A Campaign Address in Atlantic City, New Jersey, Oct. 13, 1910, PWW, 21, p. 317.
③ A Address on Latin American Policy in Mobile, Alabama, Oct. 27, 1913, PWW, 28, p. 450.
④ A Thanksgiving Day Address, Nov. 24, 1910, PWW, 22, pp. 91-92.
⑤ A News Report of Remarks in New York to the Alumni of the Lawrenceville School, Mar. 25, 1906, PWW, 16, p. 344.

舰队力量主宰的世界，用以维护和平利益，维护美国和欧洲的贸易利益"①。显然，他心目中理想化的"持久和平"秩序，是为美国"和平而体面地征服世界"服务的。

（三）谋划美国的"新扩张"

20世纪美国的全球扩张不仅依赖于美国的世界主宰地位的确立，对美国相对有利的世界秩序的建构，也需要美国自身与时俱进地重新谋划扩张战略和策略。就像历史上西方列强的扩张模式有不同的时代特征一样，威尔逊关于美国新扩张的构想也具备了新时代的特征。

威尔逊高度肯定历史上的美国对外扩张活动，但同时认为，由于世界的变化，美国对外扩张的基本战略和策略必须做出相应的调整。美西战争爆发后，威尔逊曾竭力为麦金莱政府的战争和殖民掠夺政策进行辩护，并严厉斥责"反帝国主义分子"，但时隔不久，他的思想就发生了变化，开始转而谈论"新扩张"。1903年，他指出，美国在菲律宾和波多黎各等地的扩张不过是传统扩张的延续，因而并不完美；新扩张将人们"带进了必须对其加以阐释并要求最杰出政治才能的国际关系之中"；与历史上的旧扩张相比，"新扩张"虽然一样地"自然""不可避免"，具有许多相同"特性"，但毕竟还是"在性质上表现出了极大的差异"，"似乎要使人们重新审视已经做过的一切"②。于是，他转而批评帝国主义者，认为充满激情的帝国主义不过是一种"原始冲动"，很大程度上只是一种展示"体力和勇气"的行为，并不能成为国家政策。他强调，需要"一项理性得多的外交和治国术"来确定国家政策。③

从威尔逊的"新扩张"构想中，我们可以概括出20世纪上半期

---

① A Preface to an Historical Encyclopedia, "The Significance of American History", Sept 9, 1901, PWW 12, p. 180.

② A News Report of Address to the University Club of St. Louis, Apr. 29, 1903, PWW, 14, PP. 433-434.

③ A News Report of an Address on Americanism at Oberlin College, Mar. 22, 1906, PWW, 16, p. 340.

美国对外扩张的一些时代特征。从扩张目标看，新扩张以世界变化和"美国使命"观为依据，强调美国通过积极干涉世界事务扮演"道义上的世界领袖"角色，其实质是更积极主动地谋求美国的世界霸权，实现美国势力在全球范围的扩张。从扩张重点看，新扩张改变了19世纪以美洲大陆扩张为主、海外扩张为辅的战略布局，在继续视美洲为美国独占势力范围的情况下，加强了在海洋和欧亚大陆的扩张，体现了以海外扩张为主和更加关注世界格局变动的基本特性。从扩张策略和手段看，新扩张更注重国家自身综合实力的提升和经济、政治、军事、文化等各领域的综合竞争。到20世纪初，关于新时代美国对外扩张目标和扩张重点的调整，事实上已经逐步成为统治阶级的基本共识，对于新扩张的争论主要是围绕扩张策略和手段展开的。

  威尔逊关于改变扩张策略和手段的构想值得关注。他并没有真正否定战争和军事力量的意义。从理论上说，他强调"世界舆论"是人类"理性"和"道义力量"的体现，单个国家决不能与人类有"理性"的舆论对抗，但同时又强调"武力"和"威权"可以用来"服务于共同的秩序、共同的正义和共同的和平"①。他甚至认为，由于美国占据"道义"优势，美国外交和军事力量就是"道义力量"的体现。② 从外交实践看，在他任职总统期间，美国连续经历了几场战争，包括卷入第一次世界大战中列强间的决斗和对墨西哥、苏俄、海地、圣多明各的武装干涉。但是，威尔逊对战争与和平问题做了大量论述，所提出的避免大国间武力决斗和实现"持久和平"的构想仍具有一定的理论和实践意义。他在第一次世界大战爆发初期就提出，国际问题的"最终解决"依靠的并不是"武力"，而是"随之而来的谈判"；未来的国际关系应符合四项基本原则：放弃领土侵略、

---

① An Address in Washington to the League to Enforce Peace, May 27, 1916, PWW, 37, p.116.

② Frederick S. Calhoun, *Power and Principle: Armed Intervention in Wilsonian Foreign Policy*, the Kent State University Press, 1986, pp. 19–21.

大小国家权利平等、军工生产国有化和某种形式的国际大联合。① 第一次世界大战使他认识到，大国之间的武力决斗对于战争各方而言都代价太大，得不偿失。他的解释是：他反对战争，"主要不是因为它是血腥的和残酷的，而是因为它不再能实现目标"；② "所有国家都要牢记的重大而突出的问题是，所做出的绝对牺牲都是没有价值的"③。从扩张效果看，他相信，"使用武力的征服只是暂时的征服，而靠着赢得尊重的对世界的征服，将是永久征服"④。联系他为避免战争、维护世界和平提出的一系列政策主张看，威尔逊的战争与和平观，尤其关于避免大国之间武力决斗的构想，与西方政治家们的传统观念和执行的传统政策是有所不同的。

在传统扩张中，领土扩张是大国扩张的重要内涵，也是导致大国间不断冲突乃至武力决斗的重要因素。美西战争期间，威尔逊也曾把麦金莱政府的殖民扩张企图视为一种"明智的看法"，但在任职总统后，他代表美国政府做出了正式承诺：美国再不以征服手段谋求一英尺领土的扩张。⑤ 世界大战期间，他反复重申："我们不需要别人的一英尺领土。……我们不需要那些不属于我们的东西"⑥；美国与协约国的战争目标不一致，"我们对它们的领土要求不感兴趣"⑦。既然传统的以大规模战争决定胜负的争霸模式并不理想，领土扩张也不再成为目标，依靠国家综合实力逐步实现目标的渐进式扩张和放弃领土征服、建立"非正式帝国"的方案便成了美国的最佳选择。显然，在这种新扩张中，经济、政治、文化等领域的扩张更重要了，成为美

---

① Arthur S. Link, ed., *Woodrow Wilson and a Revolutionary World*, 1913 – 1921, The University of North Carolina Press, 1982, p. 150.

② John Reed to Joseph P. Tumulty, Jun. 30, 1914, PWW, 30, P. 236.

③ An Unpublished Prolegomenon to a Peace Note, Nov. 25, 1916, PWW, 40, P. 69.

④ An Address to a Joint Session of Congress, Nov. 11, 1918, PWW, 53, p. 42.

⑤ R. S. Baker and W. E. Dodd, ed., *The Public Papers of Woodrow Wilson*, Vol. 1, New York & London, 1926, p. 65.

⑥ Remarks to the Associated Press in New York, April 20, 1915, PWW, 33, pp. 37 – 41.

⑦ David M. Espositio, *The Legacy of Woodrow Wilson: American War Aims in World War I*, CT and London, 1996, pp. 120 – 121.

国主宰世界和建立"非正式帝国"的竞争优势。

关于经济扩张。威尔逊说,"我们并不妒忌商业领域竞争或和平取得的其他成就"①。他关注美国的经济扩张。他说:"没有人比我更关心把美国商人的企业带到地球上每一个地区。当我想使自己成为政治家前很久,我就关心这件事。我曾经年复一年地鼓吹把在世界上每一个国家中显示智慧、技能、进取心和影响作为美国未来的伟大事业。"②威尔逊支持"反托拉斯"立法,但赞成西奥多·罗斯福和一些进步主义者保护大公司的观点。进步主义理论家克拉克认为,美国可以通过大公司建立自己在世界范围的领导地位,用自由竞争的"自然方法"实现在全球范围的扩张。③ 西奥多·罗斯福强调,势力膨胀的大公司是世界范围内"工业竞争场上的武器"④。威尔逊也一再表示,他和任何有头脑的人都不反对大企业,不会因为大企业"大"而反对它。第一次世界大战前期,美国企业竭力利用美国的中立立场,在"和平中立"旗帜下同时保持与交战双方的贸易联系,获得了丰厚的战争利润。威尔逊不仅将其视为当然,而且竭力鼓励和保护。在谈到美国因战争而导致经济实力迅速膨胀的事实时,他说:"只要我们使这个伟大国家保持和平,摆在美国面前的就是幸福繁荣的前景,这不是因为其他国家受苦受难,而是因为美国以其资源为世界其他地方服务。我相信,她将以漂亮而慷慨的方式为世界其他地方服务,不是利用它们的困难,而是利用形势造就的合法机会。"⑤ 如前所述,按照威尔逊的逻辑,美国的问题并不在于要不要进行经济扩张,而在于其目的是否正当。既然他把美国大发战争财吹嘘为"以漂亮而慷慨的方

---

① WW and balance of power, p110.

② A Fourth of July Address, July, 4, 1914, PWW, 30, p. 251.

③ Lloyd E. Ambrosius, Wilsonian Statecraft: Theory and Practice of Liberal Internationalism during World War I, New York, 1991, p. 15.

④ Sidney Bell, *Righteous Conquest*, *Woodrow Wilson and the Evolution of the New Diplomacy*. pp. 37 – 38.

⑤ An Address to the Chamber of Commerce of the United States, Feb. 10, 1916, PWW, 36, p. 158.

式为世界其他地方提供服务",那么,美国无论如何从欧洲灾难中牟利,自然都是正当的。

随着美国经济实力的迅速膨胀,威尔逊政府变得更为颐指气使。他说:"不管我们是否愿意,我们必须在世界上扮演重要角色。你们是否曾理解仅仅这样一个事实的意义:不客气地说,在过去一两年间,我们不再是债务国,而变为债权国了。现在,属于我们的世界黄金盈余,在数量方面大于我们过去任何时期所拥有的。从这时起,贷放借款,支援巨大的国际企业,把它们向前推进,就成为我们的事业了。我们必须在财政上大量支援全世界,但谁支援的,谁就应认识它,了解它,并应善于依照自己的知识和见解来管理它。"① 显然,威尔逊所谓的美国成为国际社会的"管理者",其实就是美国充当世界霸主的另一种表述。战争临近结束时,美国与协约国围绕战争目标的分歧和冲突越来越明显。威尔逊说:"无论如何,英国和法国关于和平的观点同我们是两样的。战争结束后,我们可以迫使他们接受我们的想法,因为到那时,除其他事情外,它们在金融上将唯我们之命是从。"② 其逻辑关系是,协约国接受美国的"援助",就必须接受美国的"管理"。重视经济扩张以及利用欧洲战争发灾难财是美国的传统,但历史上赋予经济扩张如此重大战略意义的美国政治家还相对较少。既然经济扩张兼具重大政治意义,威尔逊希望企业界人士善于从政治角度看待经济扩张。他说:在这个时代,"如果你不能做政治家,那么,你也不能成为银行家"③。他甚至得出结论:在美国,"最具政治家风度的职业就是商业"④;"具有特色的美国人就是美国商人"⑤。

关于政治和文化扩张。只要自由主义观念和美国民主政治制度还

---

① An Address in Detroit to Businessmen, July 10, 1916, PWW, 37, p.384.
② David M. Espositio, *The Legacy of Woodrow Wilson: American War Aims in World War I*, CT and London, 1996, p.107.
③ Sidney Bell, *Righteous Conquest, Woodrow Wilson and the Evolution of the New Diplomacy*. p.35.
④ The Relation of University Education to Commerce, Nov.29, 1902, PWW, 14, p.230.
⑤ 王晓德:《梦想与现实:威尔逊"理想主义"外交研究》,第57页。

具有一定的历史价值和合理性,威尔逊就决不会放弃以美国民主制度和价值观念"改造世界"的道义说教,自由主义和美国民主制度将始终成为用来加强美国国际地位和实现全球扩张的竞争工具。

威尔逊为美国"大陆边疆"的消失感到遗憾,同时也感到兴奋。他认为,边疆消失并没有影响到美国人寻找新的"边疆":"无论边疆在哪里,他们都将坚持不懈地去寻找,现在它是菲律宾和阿拉斯加,很快就是亚洲海岸,然后专制的欧洲国家将听到我们敲击它们后门的声音,要求美国的思想、习惯和艺术进入。"① 值得关注的是,寻求"新边疆"的直接目的,似乎只是为了让世界接受"美国的思想、习惯和艺术",这是颇为耐人寻味的表述。威尔逊以美国人的"文明进步"观念衡量所有国际政治观念和外交主张,一切背离美国国家利益和价值观念的思想都被斥为"落后""野蛮"。为了让世界接受"美国的思想、习惯和艺术",他不断地对外兜售美国的"理想"和"原则",同时,也竭力推动在世界相对落后国家和区域的宗教传播、兴资办学、文化交流等活动。以宗教传播为例,他不仅支持美国传教士的传教活动,甚至任命传教士担任驻外官员。他相信,通过传教活动,就可以把美国人的思想传播到落后国家和地区,而接受美国人思想观念的地方,就能够接受美国的商品和美国对世界的安排。显然,威尔逊是把宗教和文化传播纳入新扩张战略之中考虑的。

威尔逊对经济、政治、文化等领域扩张的高度重视,曾经招致许多非议。威尔逊的中立贸易政策,在其任职总统时就受到部分政界人士的反对,20世纪30年代又被视为受"死亡商人和银行家"影响。二战后,乔治·凯南曾尖锐地批评其中立贸易政策:"今天回顾我们的政府和交战国之间关于中立权利的无休止的争论,似乎很难理解我们怎么能把中立权看得这么重要。中立权的争论激怒了双方交战国,使我们和它们的关系背上了沉重的负担,而我们感到很难相信中立权

---

① A News Report of an Address on Americanism at Oberlin College, PWW, 16, p. 341.

涉及我们国家的荣誉。保护我国公民乘坐交战国船只旅行的权利可以算是我们的一种特权，但那几乎不是一种责任，除非我自己愿意确定那是一种责任。"① 同样，威尔逊把美国外交视为履行拯救"世界民主"的使命，把国际问题与国内政治制度简单挂钩，以及他对美国思想文化扩张的态度，都受到时人以及后人的批评。他对美国思想文化扩张的态度，甚至连同他关于美国新扩张的所有观点，都曾经被视为受基督教长老派观念影响而脱离现实的"传教士外交"。这些批评性的声音中不乏真知灼见，但冷战后美国人几乎一边倒地转而为威尔逊主义高唱赞歌。即便如乔治·凯南、亨利·基辛格等以现实主义著称的人物，不仅给了威尔逊主义极高的评价，而且不同程度地放弃了批评立场。从这种意义上说，重新估价威尔逊的新扩张思想和主张，具有十分重要的理论和现实意义。

总之，20世纪美国新扩张是一种国家综合实力和影响力的扩张，只有把威尔逊关于经济、政治、文化、军事等不同领域扩张的观点联系起来进行考虑，并统一置于世界变化和美国扩张战略策略调整的背景下加以考察，我们才能把握其新扩张的本质特征。威尔逊的理想主义言论都是在特定条件下发表的，我们当然不能简单地依据其只语片言做出判断。但是，如果我们把他在不同场合发表的各类言行联系起来分析，似乎不难看出，一种威尔逊式的、理想化的国际社会革新方案是客观存在的。从某种意义上说，一定程度上推动大国合作、避免大国间武力决斗的渐进式扩张和放弃领土征服、致力于利用自身优势建立"非正式帝国"的构想，正是美国新扩张主义的基本内涵，是20世纪初期美国全球扩张的最佳战略策略选择。

三 一位更为精致的扩张主义者

如一位研究威尔逊外交的美国学者所述，"凡有理想的地方，都

---

① 乔治·凯南：《美国外交》，第52页。

必然有自身利益"①。唯物史观的绝对要求是把问题提到一定的时空范围内加以考察。对于威尔逊的国际政治理想主义，也要结合特定时代、特殊国情和特殊政治家的个性，做出具体而深入的分析，而不能停留在某种抽象意义的国家利益概念上。为此，我们应首先关注的是，作为学者出身的西方政治家，在国际政治领域，威尔逊是否提供了前人未提供的东西，以及对美国和世界产生了哪些实际影响。从这一角度看，与美国或欧洲的同时代政治家相比，威尔逊显然是一位更精致的扩张主义者，同时也是一位作出一定历史贡献的资产阶级政治家和思想家。

（一）美国全球扩张与争霸战略的设计师

美国以理想主义实现其世界霸权和全球扩张，这是威尔逊为20世纪美国做出的总体规划。他结合世界变化和美国特殊国情、特殊传统提出的理想主义原则，一定程度上否定了欧洲经验基础上形成的国际政治传统观念、旧式的国际秩序、传统的列强扩张和霸权模式，为美国式的新扩张和世界霸权提供了理论依据，在美国和世界都产生了广泛而深刻的影响。威尔逊曾不无得意地吹嘘说，美国将成为"吹过世界政治的、打破幻想的、扫清病态毒气的一股清新空气"②。然而，作为美国称霸世界和全球扩张的构想，威尔逊的国际政治理想并不能为当时世界各国尤其列强所接受。如亨利·基辛格所述："美国的领袖总是把自身的理想视为当然，很少认清这些价值对旁人而言是多么离经叛道，多么令人寝食不安。"③

无论世界各国尤其资本主义列强如何试图抵制美国的影响，"美国的威胁"还是以"理想主义"形式出现了。在"十四点"及相关演说发表后，威尔逊受到了世界进步舆论的欢迎和支持。在资本主义

---

① David M. Espositio, *The Legacy of Woodrow Wilson: American War Aims in World War I*, p. 5.
② A News Report of Address in Montclair, New Jersey, Jan. 28, 1904, PWW, 15, p. 143.
③ 亨利·基辛格：《大外交》，第6页。

世界，威尔逊俨然以西方自由主义代言人自居，其他大国领袖虽然不希望美国在欧洲战争和战后安排方面插足太多，但他们事实上已难以完全抗拒美国的影响。在美国与协约国关于结束战争的谈判中，美国总统特使豪斯曾以单独媾和逼迫协约国就范。据豪斯说，他敢于以单独媾和相威胁的理由就在于，"他（威尔逊）总体上成了西方自由主义舆论的代言人，他与协约国领导人关系的破裂将最直接地影响到后者的政治命运"。豪斯相信，"那时，威尔逊提出的那些原则在英国、法国和意大利享有的声望如此之高，以至于他们不敢公开拒绝接受"①。威尔逊的陆军部长雷·贝克说："威尔逊被各国人民视为名副其实的先知，他的话充满了生机。"据雷·贝克说，奥地利的康特·切尔宁也认为："在数以百万计的人民眼中，威尔逊的计划展现出了世界的希望。"② 在意大利，威尔逊的肖像被贴在窗户上，一些人对他顶礼膜拜。③ 当威尔逊赴欧洲参加巴黎和会时，一些国家的首都几乎出现了万人空巷的场面，这是国际关系史上罕见的现象。对于弱小国家而言，威尔逊的方案似乎也为它们的生存和发展带来了生机。在欧洲，波兰大学生相互见面时甚至以"威尔逊"作为问候语。朝鲜的一位外交官说："刚刚结束的战争永远解决了民主与专制之间的争夺。威尔逊总统非常诚恳地说，所有具有独特语言、文明和文化的同质民族应该被允许独立。"④ 威尔逊的"十四点"以及相关演说，也曾给中国人带来"公理战胜强权"的希望。一批进步知识分子都热情赞颂威尔逊和美国。陈独秀写道："美国大总统威尔逊的屡次演说，都是光明正大，可算是现在世界上第一个好人。他的话很多，顶要紧的是两个主义：第一不许各国拿强权来侵害他们的平等自由。第二不许各国政府拿强权来侵害百姓的平等自由，这两个主义，不正是讲公

---

① Charles Seymour, The Intimate Papers of Colonel House, Vol. 4, Boston and New York, 1928, p. 166.
② Ray S. Baker, Woodrow Wilson and World Settlement, Vol. 1, New York, 1922, p. 2.
③ 王晓德：《梦想与现实：威尔逊理想主义外交研究》，中国社会科学出版社1995年版，第265页。
④ Ray S. Baker, Woodrow Wilson and World Settlement, Vol. 1, New York, 1922, p. 6.

理不讲强权吗？我所以说他是世界上第一个好人。"① 许多宣传新思潮的刊物撰文称颂威尔逊、美国民主和"十四点"，中译本的"十四点宣言"成了中国青年学生争相阅读的畅销书。尽管其中显然掺杂了诸多误解，威尔逊外交并不能真正为人类带来"公理战胜强权"的新时代，但在那一特殊年代，其国际政治理想主义还是一定程度上反映了世界变化背景下国际社会对和平、民主和正义等"公理"的渴望，这是毫无疑问的。

由于威尔逊国际政治理想主义本质上是美国国家利益和价值诉求的反映，是为美国垄断资本代言的理论工具，上述国际社会尤其弱小国家民众对威尔逊国际政治理想主义外交的美好期待，注定是要落空的。在巴黎和会上，由于英、法、意、日等国代表的竭力抵制，也由于威尔逊及其率领的美国代表团始终以实现美国的扩张目标和维护美国自身的国家利益为使命，因此威尔逊宣扬的"理想"是不可能实现的。但是，有一点不容否认，正是在威尔逊国际政治理想主义的旗帜下，美国不仅首次直接介入了欧洲大规模的战争，而且，直接参与了对战后欧洲和世界的安排，这就进一步突破了美国的孤立主义传统，把美国争夺世界霸权和全球扩张的进程向前推进了一大步。可以说，虽然威尔逊时代的美国理想主义外交遭遇挫折，但由于美国综合国力的不断增强以及第一次世界大战前后威尔逊理想主义外交对世界事务的直接介入，美国对欧洲和世界影响力的不断提升已成不可逆转之势。在威尔逊反复倡导的理想主义旗帜下，通过对世界事务积极而全面的介入，追求"道义上的世界领袖"地位，力图按照美国原则建构世界新秩序，从此成了美国历代政治家们挥之不去的梦想。不论当时以及后来的美国政界和学界精英如何激烈地批评威尔逊国际政治理想主义及其外交实践，但他们对威尔逊倡导的基本目标以及价值追求，总体上都是认同的。

20世纪美国对外扩张方式和手段的变化，使美国新扩张主义与

---

① 陈独秀：《独秀文存》，安徽人民出版社1987年版，第388页。

第二章 在革新中实现美国的全球扩张

德国、日本等军国主义国家热衷于战争征服和掠夺领土的扩张模式区别开来。威尔逊对经济、政治、文化等领域扩张的高度重视，曾招致许多非议，尤其遭到国际政治现实主义者的批判。但是，威尔逊强调综合国力的全面竞争，高度重视经济、政治和文化等领域的扩张，一定程度上否定了片面强调战争征服和掠夺领土的传统扩张模式，其基本观念和主张在美国社会有一定的市场。显然，这不是偶然的，是20世纪初期世界变化和美国国家利益相对特殊性的反映。

仔细研究威尔逊和美国政治精英们"文明史观"视域下的国家利益和价值观，我们不难发现：那一时期的美国与其他大国相比，既有相同点，也有不同点。从相同方面看，它们都是世界现代化进程中的垄断资本主义国家（所谓"文明国家"），都谋求对外扩张，在奴役殖民地和半殖民地人民方面具有共同的利益和价值观，彼此虽存在尖锐的矛盾和冲突，但一定程度的联合和协作有利于它们共同实现对落后国家和地区的控制和掠夺，有利于化解它们彼此之间的矛盾和冲突。从不同方面看，作为世界现代化、全球化进程中相对领先的国家，美国的国家利益和价值追求，既不同于英、法等现代化进程中的先发国家，也不同于德、日、俄等后发国家。美国与英、法等国同样拥有现代化、全球化先发优势和诸多既得利益，这使它们愿意通过相互妥协和联合，共同遏制德、日、俄等国对世界秩序的挑战，更愿意保持相对稳定的世界秩序和国际竞争中的既得利益。美国与英法存在着挑战霸权和保持霸权的矛盾，但矛盾和冲突主要表现在非军事领域，彼此相对容易忍受。对待德、日、俄等具有军国主义倾向的国家，美国既要遏制它们以战争手段和领土扩张方式破坏国际社会的相对稳定，损害美国既得利益，同时还因同属霸权挑战者而相互冲突，彼此之间存在着更多的利益和价值观冲突。世纪之交的美国在国际政治舞台上已经拥有显著的科技、经济、政治和文化等优势和既得利益。世界的变化、理想主义传统、军事实力的相对薄弱、非军事领域的竞争优势和既得利益都使它愿意保持国际政治的相对稳定，更愿意以非武力决斗和非领土扩张的方式实现自身的目标。可见，世纪之交各大国的国家利益差异与各国在现代化、全球化进程中发展不平衡相关,正是这种不平衡和美国在现代化、全球化进程中的特殊地位造就了美国相对特殊的国家利益和价值诉求,造就了美国亲英、扶法和抑制德、日、俄的基本立场,也造就了美国理想主义观念与国家利益间的相对协调。威尔逊的"和平""自由""民主""进步""普遍繁荣"等道义说教和理想主义高调,其实都有着非常现实的利益基础。

在20世纪美国走向全球扩张和争霸的进程中,西奥多·罗斯福和伍德罗·威尔逊被认为是两位重要的战略设计师,但两人的思想观念截然不同,形成了鲜明的对比,前者倾向于现实主义,后者则是理想主义代言人。他们在确定美国全球战略中的地位孰轻孰重方面,一直争吵不休。冷战时期,威尔逊的理想主义被视为"乌托邦主义",受到现实主义者们的严厉批判,威尔逊的形象也成了"思想简单、受长老派信念驱使而信奉救世主义的漫画形象",但威尔逊倡导的理想主义原则,却从未被美国政界领袖们抛弃。如亨利·基辛格所述,即便在冷战时期,"威尔逊的理想主义使得美国领袖能以传教士般的活力去扮演世界领袖角色"①。冷战后,即便现实主义者们,也几乎一边倒地转而肯定威尔逊国际政治理想主义的价值。基辛格写道:经过威尔逊的渲染,美国具有了理想主义的"崇高情操"。"但在美国理想主义的熏陶下,这种情操变成国家外交政策的一贯思想。自威尔逊以后每位美国总统均提出过大同小异的主张,但都不脱离威尔逊的主题。……近百年来批评者对威尔逊的分析及结论大肆抨击,然而此期间他的原则始终是美国外交政策思想的基石。"② 乔治·凯南放弃了对威尔逊主义的批评态度,转而认为:威尔逊"像许多视野开阔、感觉敏锐的人们一样,走在时代的前列";"他的许多思想主张是多么的伟大、高屋建瓴而恰如其分"。③ 如前所述,由于美国外交对20世

---

① 亨利·基辛格:《大外交》,第650页。
② 亨利·基辛格:《大外交》,第34页。
③ Tony Smith, America's Mission: The United States and the Worldwide Struggle for Democracy in the Twentieth Century, pp. 379—380, Note 50.

纪世界的巨大影响，而威尔逊主义又深刻地影响着美国外交，美国学者甚至得出结论，20世纪与其说是"美国世纪"，不如说是"威尔逊世纪"。

总之，威尔逊对美国"世界领导权"的渴望、按照美国"原则"重构世界秩序的构想以及关于"新扩张"的规划，在美国社会有较高的认同度。无论如何评价威尔逊主义和威尔逊外交，威尔逊作为"现代美国国际主义之父"的地位，在美国社会都获得了认同。

（二）现代国际社会秩序的重要倡导者

国际社会秩序不断地发生变化，逐步实现由传统向现代的转变，原先不被认可的现象往往会缓慢地成为国际社会常态或共同追求的目标，体现着世界历史的进步趋势。例如：国际自由贸易原则的确立、民族自决原则的施行、基于规则和国际法的多边治理机制（如联合国组织）的运行、国际法的有效实施和不断完善、国际社会治理理念的更新发展等，都是世界历史进步和国际社会发展变化的结果。从这些变化看，威尔逊的国际政治理想主义对于推动20世纪国际社会革新和现代国际社会秩序的形成具有一定的历史价值。

国际自由贸易是相对于贸易保护主义而言的。由重商主义向自由贸易过渡，是世界历史进步和现代国际社会秩序形成的重要标志。尽管国际贸易保护主义始终存在，世界走向自由贸易的道路充满曲折和坎坷，但自由贸易始终代表着世界进步开放的基本方向，这是不言而喻的。对于威尔逊而言，自由贸易不仅是实现国家"繁荣"和世界"普遍繁荣"的经济问题，还是实现各国人民之间友好交往、避免战争和激烈冲突的有效路径。威尔逊倡导的"门户开放"原则和消除关税壁垒、贸易壁垒的主张，显然是从美国自身利益出发的，符合美国作为现代化、全球化进程中先进国家的利益诉求，但也在一定程度上契合了现代国际社会秩序形成和发展的方向，有利于推动自由贸易的发展和世界的和平稳定。

民族自决意识和民族自决原则是随现代民族国家体系的形成而形

成的，是现代民族国家自由决定自身事务的依据和规范现代国际社会秩序运行的基本原则。威尔逊积极倡导实施"民族自决"，并直接推动了一批新兴民族国家的建立，这是不容忽视的历史事实。威尔逊的民族自决思想，既是美国自由主义价值传统的产物，也符合美国相对特殊的国家利益诉求。威尔逊所谓的"民族自决"是在"民主"基础上实现的。他公开宣布："民族自决不仅是一个术语，还是行动必须遵守的准则，以后的政治家们将不得冒忽视它的危险。"① 从标榜维护民族和国家权利的立场出发，威尔逊在第一次世界大战参战演说中声称，"权利比和平重要"，"权利"才是美国人"素来最关切之事"，美国参战乃是"为世界自由而战"②。

威尔逊提出的民族自决原则，符合美国相对特殊的国家利益诉求。从民族自决出发，他提出了瓦解俄罗斯、奥匈、奥斯曼土耳其等大帝国的主张，支持东欧一些民族的自治或独立，也在一定程度上支持部分亚、非、拉民族实现自治或独立。一定程度上支持民族自决和被压迫民族解放，有利于打破列强对殖民地、势力范围的垄断性占领，有利于美国按照"门户开放"原则实现"利益均沾"，有利于美国利用综合国力尤其非军事竞争优势实现自身的目标。从现代化、全球化先进国家共同利益出发，威尔逊也十分注重维护西方殖民国家的既得利益。他认为，在实现民主和自决的问题上，殖民地人民还只是"孩子"，并自我标榜说，"我们是成人"。以菲律宾为例，他强调，美国人，"必须像老师们那样建立统治，而他们（指菲律宾人）必须像学生那样服从统治"③。由于维护、扩展美国相对特殊的国家利益始终是其基本出发点，威尔逊的民族自决原则与处于同时代列宁的民族自决思想有本质的区别。尽管威尔逊的民族自决思想具有明显的局限性，但是，直到第二次世界大战结束前，民族自决还只是一种愿望

---

① Tony Smith, *America's Mission: The United States and the Worldwide Struggle for Democracy in the Twentieth Century*, p. 88.
② An Address to a Jiont Session of Congress, 2 April, 1917, PWW. 41. pp. 526 – 527.
③ Democracy and Efficiency, Oct. 1, 1900, PWW. 12. p18.

第二章　在革新中实现美国的全球扩张

和政治原则，而不是各国基本的法律权利。从这种意义上说，作为20世纪初的资产阶级政治家，威尔逊一定程度上倡导民族自决，其历史价值依然不容忽视。

为防止战争并维护各国基本权利，威尔逊提出了普遍结盟和集体安全的构想，以此为基础提出了建立"国际联盟"的方案，并把建立国际联盟视为其最重要的目标。威尔逊集体安全构想的显著特征，是不相信势力均衡对于维护世界和平与国家安全的作用，强调"普遍结盟"可以避免为维持势力均衡而缔结"纠缠不清"的同盟关系，依靠普遍结盟形成具有广泛参与性的国际联合组织，可以达到推进联合、防止战争、维护和平的目的。威尔逊深信：除非改变制度，另一场战争将不可避免；一旦改变制度，和平合作就可能成为国家间的共识，战争与冲突将不再成为国际社会的常态，"持久和平"就可望成为现实。他所谓"改变制度"，就是要放弃维持势力均衡的习惯做法，转而建立"国际联盟"。按照他的设想，在国际联盟的合作框架下，贸易自由、航海自由、门户开放、民族自决、国际裁军、大小国家权利平等、持久和平与集体安全等，都将获得保障。从实际效果看，威尔逊倡导建立的国际联盟，并没有带来世界和平与集体安全，以"权力""利益""势力均衡"为核心概念的现实主义观念也不会就此退出国际舞台。但是，普遍结盟和集体安全思想还是在美国和世界产生了深远影响。国际联盟虽然作用有限，但一定程度上反映了当时世界各国人民对国际社会革新的美好愿望，也是历史上多边共同维护世界和平和国家安全的一次有益尝试，为此后进一步建立联合国组织积累了历史经验和教训。可以说，联合国的建立，正是威尔逊关于普遍结盟和集体安全构想的进一步实践。虽然人类实现持久和平的道路还很漫长，但提倡多边联合与合作的观念依然值得重视。联合国在当代世界发挥的越来越重要的作用表明，威尔逊倡导的普遍结盟、集体安全主张，对于当代世界倡导多边主义的和平发展具有一定的历史借鉴意义。

著名国际关系学者约瑟夫·奈指出："国家利益的重新定义实际

上是由国际通用的规范和价值决定的。这些规范和价值构成国际生活并赋予其意义。简言之，国际体系的制度化和普遍化给国家带来了新的利益层面。"① 威尔逊阐释的一系列国际规范和价值观念，尽管首先是新的历史条件下美国相对特殊的国家利益和价值观的体现，但对于建立健全现代国际社会规范和形成现代国际社会秩序，客观上和一定程度上形成了一定的积极影响。

（三）现代西方国际关系理论的奠基人

伍德罗·威尔逊不仅是美国著名总统，也是颇有成就的学者。人们在较多关注其政治活动的同时，一定程度上忽视了其学术成就。他在政治学、社会学、历史学、法学和经济学等领域都有所建树。在所涉及学科中，他在国际关系学领域的影响最为引人注目，也最易引发争议。虽是著作等身的学者，他却始终没有撰写过一部系统阐述其国际政治思想和主张的论著，这或许也是人们对其国际政治理想始终难以达成共识的重要原因。之所以没有撰写系统的国际政治学论著，与他起初相对忽视国际政治和外交的态度有一定的关联。直到当选总统后，威尔逊仍然主要以推进国内"新自由"改革为己任，并没有打算在外交方面投入过多精力。1913年3月，他在前往华盛顿就任总统前，曾对一位好友说："如果我的政府将主要应付外交事务，那将是命运对我的嘲弄。"② 显然，他不仅在任职总统前对国际政治和外交问题缺乏专门研究，而且没有打算在此后给予太多关注。因此，威尔逊的许多重要的国际政治思想和主张，实际上都是在实践中逐步加以阐释的。后人要想全面了解其基本思想和主张，只能依据其相关论著、演讲稿、往来书信、公文之类的文献资料。这些文献资料，尤其是他任职总统后的文献资料，又不免带有政治宣传和操弄色彩，常令人感到难以准确把握其真实想法。但总体说来，威尔逊对西方国际关

---

① Nye J S, Jr. Refining the National Interest. Foreign Affairs, 1999. 78 (4): 2.
② Ray S. Baker, *Woodrow Wilson Life and Letters*, 1913–1914, New York, 1931, p. 55.

系学的历史贡献是毋庸置疑的。

通过阅读威尔逊撰写的各类文献资料以及分析其外交实践活动，我们可以看出，其相对系统化、理论化而独具特色的国际政治思想和主张是客观存在的。他的一系列思想和主张，事实上都成了国际政治理想主义的经典观念和基本的理论主张，至今也不能被完全否定。例如：历史是不断进步的，人性和世界是可以逐步改造的，国际社会可以通过革新而不断得到完善；国际社会中的利益冲突可以调和、可以缓和，国家间的战争和冲突可以避免；权力、利益和势力均衡等不能保证世界和平，人类可以不断找寻避免战争、推进国际和平合作的新路径；世界舆论、国际组织、国际法、国际调停或仲裁、民族自决、自由贸易等都是避免战争和推进国际和平合作的有效途径；自由、民主事业的发展有利于世界的和平与进步；等等。到目前为止，这些观点依然对国际政治和国际外交，尤其对美国外交，具有极大的影响力。因此，尽管一个多世纪过去了，但威尔逊作为举世公认的国际政治理想主义主要代言人的地位依然屹立不倒。人们普遍承认，在理想主义学派中，"伍德罗·威尔逊是最雄辩和最有影响的代言人"，该学派也因此被称为"威尔逊主义"或"威尔逊学派"。

理想主义和现实主义是现代西方国际关系学的两大主流学派。威尔逊不仅是理想主义的主要代言人，也是国际政治现实主义的催生者。读过摩根索所著《国家间政治》一书的人们，大概都不会忘记，这部宣告国际政治现实主义学派诞生的理论著作，通篇都以威尔逊主义即国际政治理想主义作为论战的靶标。该书开篇就明确地提出了政治现实主义六原则，但其中的每项原则无不是针对威尔逊主义的基本观念和主张。从这种意义上说，国际政治理想主义与国际政治现实主义自始就是相互区别而存在的，同时，也是相互补充、相辅相成的。摩根索等现实主义者对国际政治理想主义的批判无疑具有重大的理论贡献，推动着现代国际关系学逐步走向成熟，使人们对国际关系的本质和战争、和平等问题的认识得到显著的提升和深化，但迄今为止，他们依然不可能说服理想主义者放弃自己的思想观念和基本主张。在当今的美国和西方世界，不仅理想主义始终保持着强大的影响力，而且，现实主义、理想主义两种观念事实上形成了一定程度的融合互鉴之势。新自由主义、新现实主义和建构主义被视为当代西方国际关系学的三大门派。其中，新自由主义就是理想主义的传承者；同时，建构主义学派创始人其实也自视为理想主义的传人。建构主义理论奠基人亚历山大·温特在回顾建构主义思想源流时，明确承认："建构主义世界观……在两次世界大战期间很短的一段时期内，以常常被当今国际关系理论学者贬义地称为理想主义的形式占据了主导地位。"①

尽管缺乏系统阐述其国际政治思想和主张的学术论著，其思想观念和基本主张又颇为引发争议，一再受到批判，但威尔逊作为国际政治理想主义主要代言人的地位从未动摇。鉴于此前并无相对系统化的现代国际政治理论，人们主要依靠"权力""利益""势力均衡"等传统理念（即所谓"传统的均势现实主义"）来阐释国际政治的变化。然而，从威尔逊时代起，正是由于威尔逊主义的出现，现代西方国际关系学才加快形成，威尔逊作为现代西方国际关系理论开宗者或奠基人的地位是不容置疑的。威尔逊的国际政治理想主义作为一种理论并不完善，充满着偏见、矛盾和谬误，但现代国际关系学的出现，毕竟首次把人类对现代国际关系的认识建立在了相对现代、系统的理论基础之上。如我国国际政治学者所述：威尔逊的国际政治理想主义，代表着"学术视野对国际事务的第一次聚焦，使国际问题真正成为专业的而不是非专业的探讨领域；不管这种探讨是如何不深入，它是一种学科性的推进"②。威尔逊国际政治主义备受批评和诟病，但它对世界的影响是显著的。

总之，国际关系现实中的国家利益从来都是具体的、变动的，并不存在一成不变、放之四海而皆准的抽象意义上的国家利益和国家利益观念。从这种意义上说，对威尔逊的国际政治理想主义做出具体而

---

① [美] 亚历山大·温特：《国际政治的社会理论》，秦亚青译，上海人民出版社2000年版，第3页。

② 王逸舟：《西方国际政治学：历史与理论》，上海人民出版社1998年版，第60页。

深入的分析，有利于揭示20世纪上半期美国国家利益和价值诉求的相对特殊性，对于我们进一步深刻认识20世纪美国全球战略和国际社会变革的基本趋势具有重要的历史借鉴意义。从国家利益观念角度看，威尔逊国际政治理想主义的重要意义就在于，通过一定程度上主动顺应世界变化，并结合美国自身的特殊国情和传统，对20世纪美国国家利益及时做出了具有一定创新意义的重新界定，并以此为基础规划了美国的全球扩张战略，成为一位更精致的扩张主义者。换言之，从维护美国国家利益角度看，通过主动顺应变化更好地维护美国的国家利益，正是威尔逊主义最为显著的基本特征。

作为美国全球扩张和争霸战略的设计师、现代国际社会秩序的倡导者和现代西方国际关系学的重要创始人，威尔逊的历史贡献是不容否认的。虽然既无系统论述其国际政治思想和主张的学术论著，又未为美国和世界做出经久不变的重大决策或制定出重要的法律制度，但威尔逊还是获得了国际政治理想主义主要代言人和"现代美国国际主义之父"的历史地位，这曾经令人大惑不解。但是，客观分析威尔逊国际政治理想主义的形成背景、过程及其基本内涵，我们不得不承认，相对敏锐而深刻地认识到世界历史的变化，并愿意在一定程度上顺应变化，正是威尔逊的精明之处。美国学者在分析威尔逊"现代美国国际主义之父"地位时写道："正是威尔逊的历史理解，而不是他的现实政策认识，为他提供了元老地位的基础。"① 这一分析视角对于我们客观认识威尔逊在美国和世界历史上的地位，有一定的参考价值。作为美国总统和政治家，威尔逊一切以美国自身利益为圭臬的立场和价值观是不言自明的，但这不应成为我们全盘否定其历史贡献和国际政治理想主义历史价值的依据。

---

① Frank Ninkovich, *Modernity and Power, A History of the Domino Theory in the Twentieth Century*. p. 38.

第三章 世界大战与美国中立
——威尔逊国际政治理想主义案例分析之一

第一次世界大战是一场规模空前、异常残酷的战争，是大国关系调整的关节点，是世界格局和各领域深刻变化的重大转折点。这对于急欲通过主导大国关系变化实现美国自身霸权和扩张目标的威尔逊政府而言，无疑是千载难逢的历史机遇。主要资本主义大国都卷入第一次世界大战，意味着，威尔逊政府只要调节好交战双方主要大国之间的冲突，就可以实现美国主导大国关系变化的目标。为实践其"改造世界"方案，威尔逊政府在宣布美国保持中立的前提下，积极调停交战双方的矛盾和冲突，力图通过推动妥协媾和，把主要大国之间的力量对比和关系变化纳入美国主导的战略轨道，并视之为理想的战争结局。威尔逊对美国中立政策的诠释和竭力扮演的劝和促谈角色，体现了他关于大国合作构想的基本诉求：美国保持中立，但要积极扮演推进大国联合和主导大国合作的角色，服务于"美国的世界领导权"、按照美国"原则"建构世界新秩序、推进美国"新扩张"等基本目标。

一　"积极的、建设性的中立政策"

（一）战争爆发初期威尔逊政府的反应

威尔逊任职总统后，首先把主要精力用于推进国内的"新自由"改革，俨然成为国内进步主义改革的旗手。在对外政策方面，他首先关注的是拉丁美洲和远东地区；但由于欧洲特殊的战略地位，他也十分关注欧洲政治的变化。欧洲战争爆发前夕，基于对日益临近的战争危机的感受，威尔逊曾派亲信顾问爱德华·M. 豪斯上校赴欧洲进行外交斡旋——豪斯称之为"伟大的探险"。按照豪斯的记述，此行的使命就是为了推动英、德、美三国的联合，"共同保证和平和推动落后地区的发展"，"保证门户开放和机会均等"①。在此之前，在威尔逊的支持下，国务卿威廉·J. 布莱恩积极致力于建构国际调停和仲裁机制，先后与其他国家签署了30多项仲裁条约，希望在出现战争危机时通过搁置、调停和仲裁等方式阻止战争爆发。尽管豪斯的"伟大探险"和布莱恩的仲裁条约没有取得预期效果，但威尔逊却对其寄予过很高的期望。据豪斯日记所载，欧洲战争爆发后，威尔逊曾经万分惋惜地认为：战争哪怕稍微多耽搁一些时间爆发，如果各国之间再多一些交流，各国就可能按照美国的设想联合起来，战争灾难也许就不会发生；如果豪斯早点出面斡旋，也许就能够阻止欧洲战争的爆发。②

战争爆发后，威尔逊在宣布中立政策的演讲中呼吁："每一位真正热爱美国的人的言行都要符合真正的中立精神，即对一切国家都保持不偏不倚、公允和友好"；"必须对我们的感情以及一切可能被解释为偏袒交战一方的交往加以抑制。"③ 在1914年8月4日到11月6日间，威尔逊政府连续发出10份内容大致相同的文件，用以调停冲突。④ 豪斯上校往来穿梭于各国驻华盛顿使馆，竭力推动停战媾和。威尔逊在给驻交战国使节的电文中要求："不要表现出任何非中立的感情，语言文字都不行，甚至国务院也不能这样做。"⑤ 威尔逊亲自写信给陆军部长加里森，要求所有在职或退役军官都不对欧洲军事和

---

① Charles Seymour, ed., *The Intimate Papers of Colonel House*, I, p. 240.
② The Diary of Colonel House, Aug. 30, 1914, PWW, 30, pp. 461–467.
③ An Appeal to the American people, Aug. 18, 1914, PWW, pp. 393–394.
④ *Papers Relating to the Foreign Relations of the United States*, 1914, Supplement, pp. 547–551.
⑤ Josephus Daniels, *The Wilson Era: Years of Peace, 1910–1917*, New York, 1940, pp. 569–570.

政治形势发表公开评论；否则，将被视为"非常不明智和不得体的"行为。① 威尔逊政府还在美国公众中进行了广泛的中立宣传活动，动用了报纸杂志、巡回演讲等多种手段和途径。鉴于美国是一个特殊的移民国家，移民多为来自交战国的欧洲人后裔，威尔逊在演讲中强调："美国并不是由各个集团组成的，一个人只要他还认为自己属于美国某个特殊的民族集团，那他就不可能成为美国人。"② 在经济和贸易领域，威尔逊政府同时允许并鼓励与交战双方开展中立贸易，还授权国务院颁布"布莱恩禁令"，禁止向交战国任何一方提供任何性质的贷款。

威尔逊政府的中立政策在国内获得普遍支持和拥护。在民主党内，作为相对保守的党内大佬和进步主义领袖，国务卿布莱恩对威尔逊的立场和以"中立"劝和促谈的设想给予了高度评价。他以圣经语言赞颂威尔逊的和平调停政策："他已经从方舟派出和平使者去找寻陆地——愿神灵保佑它带着橄榄枝早日归来。"③ 在民主党外，威尔逊的"不偏不倚"立场得到了共和党领袖们的一致拥护。豪斯上校在致威尔逊的信中说："你的中立演说是你所做的事情中最漂亮的一桩，它得到了普遍的赞许。共和党报刊上的社论每天谈到您的时候，仿佛都把您当成了他们党的人，而不是我们崇拜的领袖。"④ 连同西奥多·罗斯福等共和党内顽固的好战分子和反对派成员，起初也对中立政策普遍表示赞许。战争初期，罗斯福在《瞭望》杂志撰文指出："我们保持中立当然是非常理想的，只有紧急情况才使我们有必要放弃中立，支持这一方或另一方。我们的首要任务是时刻准备做情况变化要求我们做的一切，以便在现在和将来维护我们的利益。……我们对比利时灾难降临毫无责任，我肯定我国对比利时男女

---

① Wilson to Lindley M. Garrison, Aug. 6, 1914, PWW, 30, P. 352.
② An Address in Philadelphia to Newly Naturalize Citizens, May 10, 1915, PWW, 33, p. 148.
③ Daniel M. Smith, *The Great Departure: the United States and World War I, 1914–1920*, p. 17.
④ Charles Seymour, ed., *The Intimate Papers of Colonel House*, I, p. 284.

老少所遭受灾难的同情是真诚的。然而，这种同情与我们发出只言片语的官方抗议是一致的……只有最明确和最急迫的国家义务，才使我们有理由背离中立和不干涉原则。"①

（二）"不偏不倚"符合美国国家利益

美国是以"生意人共和国"著称的国家，只符合"理想"而不符合利益的国家政策在这里是不可思议的。威尔逊政府的"不偏不倚"立场和相关政策，之所以在国内获得了普遍支持和拥护，无疑是因为其契合那一特定时空环境下美国新扩张主义的国家利益需求。

首先，美国与列强错综复杂的矛盾是战争初期美国保持"不偏不倚"的基本原因。

战争初期，威尔逊公开宣布，欧洲战争"原因与我们无关"。这表明，美国长期以来主要致力于在西半球的扩张，海外扩张主要表现为经济和文化扩张，美国与第一次世界大战的交战双方客观上没有太多直接的利益纠葛，与欧洲列强的矛盾没有发展到需要直接对抗的地步，这使美国可以保持相对超脱的姿态。更重要的是，到20世纪初，随着美国逐步由孤立主义走向全球扩张，美国与欧洲列强的矛盾也变得异常的错综复杂、扑朔迷离，同盟国和协约国任何一方获胜都不符合美国国家利益和统治集团的愿望。如前所述，亲英、扶法并抑制德、日、俄三国是西奥多·罗斯福、伍德罗·威尔逊等美国政界精英的共识。20世纪初期，作为两个新兴的世界大国，美德两国在19、20世纪之交不时发生摩擦和冲突，美国统治集团普遍把德国视为美国的最主要竞争对手，但在他们看来，德国也是一股在欧洲制约协约国的力量，美国并不希望德国遭到毁灭性的打击。因此，据德国驻华盛顿大使伯恩斯托夫说："美德两国政府间的正式关系，从来还没有像1909年至1913年期间那样的亲热……"② 素以亲英著称的西奥

---

① Edward H. Buehrig, *Woodrow Wilson and the Balance of Power*, pp. 157–159.
② ［苏］沃斯兰斯基：《美国对德国问题政策史略，1918—1919》，世界知识出版社1957年版，第58页。

多·罗斯福也认为,"摧毁德国是一场世界性的灾难"①。

虽然美国政界精英多持亲近英、法两国的立场,但美国是霸权挑战者,而英、法是两个老牌的霸权护持者,二者之间的矛盾是不言自明的。而且,美俄矛盾也是制约美国与协约国关系的重大因素。沙皇俄国保留着浓厚的封建残余和军国主义传统,其好战本性和热衷于侵吞他国领土的做法令美国新扩张主义者十分厌恶,也妨碍着美国在全球各地的"新扩张"。美国曾先后支持英国、日本等国遏制沙皇俄国的对外扩张。更重要的是,美国把俄国也视为重要的潜在对手,而且从发展潜力看,德国的威胁具有暂时性,而俄国的威胁似乎更为长远。俄国人口众多、领土辽阔、资源富足,就潜在实力而言,完全可能成为比德国更可怕的竞争对手。俄国走上资本主义发展道路相对较晚,但发展速度较快。战前的西方世界就流传着一种所谓"托克维尔神话":受法国学者阿历克西·德·托克维尔的影响,人们预言美国和俄国是未来的两个世界大国,将"出现一个由俄国皮鞭和美国大老板控制的20世纪世界秩序"②。总之,所谓美国自第一次世界大战伊始就持亲协约国态度,这一说法其实并不准确。美国与协约国尤其与沙皇俄国的矛盾十分尖锐,一定程度上亲近英、法,并不等于亲协约国,也不等于希望出现协约国获胜的战争结局。与此同时,敌视德国也不等于希望德国战败。

对于威尔逊而言,利用欧洲战争机会,把大国关系纳入美国设想的轨道,借此确立美国的世界主宰地位,才是最重要的。为此,美国必须保持中立。

其次,利用欧洲战争坐收渔利,既是美国传统,也是新时代美国加速扩张和发展的机遇。

美国在维护列强之间相互牵制的均势格局时,也要充分获取这种格局战时给美国带来的巨大利益。两大军事集团的相互厮杀是美国坐

---

① Edward H. Buehrig, *Woodrow Wilson and the Balance of Power*, p. 154.
② 保罗·肯尼迪:《大国的兴衰》,第 227 页。

收渔利的大好时机。保持中立是威尔逊政府充分坐收渔利的必要前提。美国人历史上就认为，欧洲列强相互之间战争不断乃是愚蠢至极，恰好给了美国加速自身发展和加速走向繁荣的机会。

按照传统，欧洲爆发战争时，美国保持中立是利用战争大发灾难财的有利时机。在第一次世界大战初期，中立贸易使美国各大公司获得了巨额的战争利润，也为美国因势乘便谋取世界霸权积累了"资本"和"实力"。战争爆发后，美国正经历经济危机，这使威尔逊政府和美国资本家们更加迫切地盼望能够同时与交战双方保持联系。大战初期，关于中立贸易的争论主要发生在英美两国之间，原因是英国实施了海上封锁，挑战了美国的"中立权利"，而德国并没有立即实施海上封锁，美国与同盟国之间并没有发生严重冲突。威尔逊政府与英国形成了尖锐的矛盾和冲突，美国的重要目标就是为了保持与同盟国的贸易联系。总之，只有保持不偏不倚，才能同时保持与交战双方的贸易联系，实现利益最大化。

如列宁所述，帝国主义争夺霸权，"其目的与其说是直接为了自己，不如说是为了削弱对方，破坏对方的霸权"[①]。从削弱竞争对手的角度看，在欧洲列强激烈厮杀和决斗之际，隔岸观火对美国才是最有利的，有利于加快美国称霸世界的步伐。若过早地介入纷争，反而不利于美国实现利益的最大化。战争初期，美国驻英大使佩奇在写回国内的信中，就表现出幸灾乐祸、兴奋不已的心态。他对豪斯说："几乎所有欧洲国家都快要破产了，海上将不再有德国。而十年以后，人们将难以想象十年前的欧洲是个什么样子。那时，世界的整个前途就将比任何时候都更多地落在我们的手中，这是一个非常难得的机会。"[②]

此外，欧洲列强在忙于第一次世界大战欧洲主战场决斗之时，都无暇顾及拉美、远东和太平洋等地，而美国保持中立，便可置身欧洲

---

① 《列宁全集》（第27卷），人民出版社2017年版，第403页。
② 阿·伊·莫洛克等编：《世界近代史文献》（卷二），第667页。

战场之外,乘机加强在欧洲以外区域的扩张。

再次,战争初期战局变化前景不明朗也是美国保持"不偏不倚"的原因。

第一次世界大战实际持续时间达4年多,但在战争爆发时,人们似乎普遍相信战争不会持续太久。德国执行"斯里芬计划",准备在6周内实现闪击获胜。德皇威廉二世公然把德军将士"凯旋"的时间定在"叶落之前"。协约国方面相信,德国的闪击计划一旦受挫,就会停战媾和。在美国,人们也普遍相信,战争不会持续太久。1914年8月,美国达拉斯《新闻》、底特律《新闻》等登载的文章认为:"战争必定是暂时的,因为欧洲承受不了如此规模的毁灭性战争";战争不会持续到"棉花收获季节到来前"①。一些外交官在私下交流中,也认为战争会在几个月内结束。例如:威尔逊提名任命了一位名叫乔治·C.马耶的银行家担任驻俄大使,而当时的俄国驻美大使却建议马耶推迟赴俄行程,理由是,那里很危险,而且战争几个月内就将结束,那时再动身也无妨。② 既然人们普遍认为战争可能很快结束,交战双方可能实现妥协媾和,只要美国袖手一旁,欧洲现存的均势格局就会继续保持相对稳定。这样,美国既不需要付出代价,又可以利用战争坐收渔利,还可以按照威尔逊的理想化构想,通过美国居间"调停"主导大国的战后合作,为美国谋求"道义上的世界领袖"地位创造条件。这样一来,美国对欧洲战争的政策似乎也变得相对简单了。美国学者欧内斯特·R.梅就此写道:"总统不仅未能预料到中立问题的重要性,而且仍然全神贯注于内政问题。……他多半把外交决策问题交给了国务院。布莱恩于是便能够设法使美国成为和平主义的榜样……"③ 布莱恩具有一定的和平主义倾向,有"传教士外交家"

---

① Josephus Daniels, *The Wilson Era: Years of Peace*, 1910 – 1917, p. 565.

② [美] 唐纳德·E. 戴维德斯、尤金·P. 特兰尼:《第一次冷战:伍德罗·威尔逊对美苏关系的遗产》,徐以骅等译,北京大学出版社2007年版,第19页。

③ Ernest R. May, *The World War and American Isolation*, 1914 – 1917, Harvard University Press, 1963, p. 42.

之称。他严格执行了"不偏不倚"的外交政策，后来也是因为不满威尔逊政府的亲协约国立场愤然辞职。

事实上，威尔逊政府后来之所以加大对欧洲战争的干预力度，并逐步走上偏袒协约国的道路，欧洲战场形成僵局正是其中一个重要原因。为了维护美国自身的中立权益，也为了保持美国的国际影响力，僵局必然迫使威尔逊政府进一步深度介入冲突。

（三）威尔逊关于中立政策的诠释

威尔逊政府宣布美国保持"不偏不倚"的中立，不仅获得两党领袖的共同支持，也深得民众拥护。但是，在这些支持者中，不同的人们对欧洲战争和美国中立政策的理解是各不相同的。长期的孤立主义传统和隔大西洋天堑远离欧洲战火的事实，使许多美国民众习惯性地认为，战争与己无关，美国可以像历史上对待欧洲战争一样，继续袖手旁观，并坐收渔利。与此同时，一些激进的扩张主义者则竭力推动威尔逊政府更加积极地插足欧洲战争。

威尔逊宣布战争"原因与我们无关"，但没有按照惯性和传统考虑问题，也否认了以惯性心理和保守态度对中立政策的诠释。同时，他虽反对以传统观念和立场应对欧洲战争，但也不愿过早或过度干预欧洲战争，而是主要致力于居间调停。他在演讲中说，美国保持中立是要表明：美国是这样"一个国家，与其他国家相比，它更能展示其独立判断的优雅风度、自尊和冷静处事的能力；既不依赖于其他国家的判断，也不受内部分歧的干扰，保持自身行动的恰如其分，自由从事诚实无私的事业，真正服务于世界和平"[①]。他的解释是："美国远离目前这场冲突，而世界其他地区则战火蔓延，不是因为它不感兴趣，也不是因为它冷漠无情，而是因为它想要扮演一种不同的角色。"[②] 他说，"美国将成为居中调停国，……我对美国中立感兴趣并

[①] An Appeal to the American People, Aug. 18, 1914, PWW, 30, p. 394.

[②] An Address in Omaha, Oct. 5, 1916, PWW, 38, p. 347.

非想回避事端，而是觉得这比打仗更有意义"①。他反对武力干涉欧洲战争。他说："美国有比参战更重要的事情要做"；② 美国保持中立就是保持了"有影响的地位"③。他的进一步解释是："如果我们过分卷入这场冲突，以此消除了对解决争端的全部无私影响，这对整个世界来说将是一场大灾难。"④ 他说："我们是和平与和谐一致的拥护者。我们非常在意我们力图获得的这种特性。此刻，我们应特别珍视这种特性，因为它是我们最宝贵的希望。在上帝的眷顾下，这种特性或声望可以很快给我们带来机遇，……建议并获得世界和平，使诸多疏远和妨碍国家间友谊的问题得到治愈性解决。"⑤ 显然，世界大战为威尔逊通过主导大国和平合作实现其"改造世界"梦想提供了机遇。他非常重视这一机遇，但他认为，美国唯有保持中立，才能昭示美国作为"和平""民主""进步"力量的"道德优势"，有效发挥美国作为"道义上的世界领袖"的作用，保持对交战双方的影响，推动妥协媾和，恢复欧洲和世界的相对稳定，为实现美国式的国际社会革新方案创造条件。因此，如美国学者所述，"美国在战争中的中立，……其目的是为总统服务的。威尔逊赞成积极的、建设性的中立政策，这会扩大美国即威尔逊在国际事务中的作用"⑥。

据威尔逊的内弟斯托克顿·阿克森说，威尔逊在1914年8月就对未来的国际社会革新有过一些设想。他强调各国放弃领土侵略，实现国家权利平等，国家控制军工生产，建立国际大联合。⑦ 这就是说，从战争爆发时起，威尔逊就在考虑按照其"改造世界"的构想推进大国和平合作和国际社会革新，并把保持国际社会的相对稳定视为其理想化的目标。

---

① Robert E. Osgood, *Ideals and Self-Interest in American Foreign Relations: the Great Transformation of the Twentieth Century*. Chicago, 1964, p. 181.
② Remarks to the Associated Press in New York, Apr. 20, 1915, PWW, 33, p. 40.
③ Willard Saulsbury to Wilson, Aug. 14, 1914, PWW, 30, p. 380。
④ Wilson to Edward M. House, Aug. 21, 1915, PWW, 34, p. 271.
⑤ Edward H. Buehrig, *Woodrow Wilson and the Balance of Power*, p. 110.
⑥ David M. Esposito, *The Legacy of Woodrow Wilson: American War Aims in World War I*, p. 15.
⑦ Arthur S. Link, ed., *Woodrow Wilson and a Revolutionary World*, 1913–1921, p. 150.

在强调美国推动大国和平合作重要性的同时,威尔逊并不讳言美国的"自身利益",但他极不愿意按照"权力""利益"和"势力均衡"等传统观念思考问题。关于美国与主要大国之间错综复杂的矛盾纠葛,威尔逊更愿意以"民主"与"专制"、"军国主义"与"世界和平"等二分对立的概念加以诠释。豪斯的一番话说出了威尔逊关于大国关系的真实想法:"无疑,战争仍是一个最令人担心和不确定的因素。我感到遗憾,日本加入了总混战,这对于我们不卷入战争又增添了新的麻烦。我认为,看不出有任何好结果才是最可悲的。如果协约国战胜,那主要意味着,俄国统治欧洲大陆;如果德国战胜,那就不言而喻地意味着,未来几代是军国主义专制。"① 威尔逊完全赞同豪斯的观点。按照这一逻辑,德国固然是专制主义、军国主义国家,是美国要重点遏制的对象,因而不能允许德国获胜,但在协约国中,俄国和日本也是专制主义和军国主义国家,因此,美国同时也不希望协约国获胜。

针对"德国威胁论",他在1914年度的国情咨文中宣布:"我们与整个世界都保持和平。没有一个基于事实或客观公正分析现实形势的人会认为,我们有理由担心我们的独立和领土完整受到任何威胁。……我们不会把美国变成军营。"② 他认为,即便德国获胜,也不会立即进攻美国。直到1916年1月,尽管实际采取了有限的备战措施,但他仍然表示:"我们没有考虑美国领土被侵略问题。我们并不为此感到担心。"③ 此外,威尔逊同样重视潜在的竞争对手。据豪斯1914年8月30日的日记所载,威尔逊与他仔细讨论过未来世界格局的变化趋势。展望未来,威尔逊相信世界上可能最终只剩下两个大国:"一方是俄国,而另一方则是我国。"豪斯不完全同意威尔逊的看法。他认为,未来世界格局可能是三足鼎立:"中国统治亚洲,俄国统治欧洲和亚洲部分地区,美国统治西半球,或许还有那些说英语

---

① Charles Seymour, ed., *The Intimate Papers of Colonel House*, I, p. 285.
② An Annual Message to Congress, Dec. 8, 1914, PWW, 31, pp. 414-424.
③ An Address in Chicago on Preparedness, Jan. 31, 1916, PWW, 36, p. 71.

的地区。"① 但不管怎么说,把俄国而不是德国视为美国未来的主要竞争对手,把德国视为牵制俄国的重要因素,这是他们的共识。1914年12月14日,威尔逊在接受记者访谈时说:"不久就可以看出,并不只是德国对战争负责,在我们看来,其他国家也得承担部分罪责。其他国家可能也有责任,没有惩戒性的胜利或处罚也许更好。我完全相信,这样的解决办法对被当作民族的那些欧洲国家有利,而对任何把本国政府意志强加于外国人民的国家不利。"② 据比利时驻德大使兰德·惠特拉克说:在密谈中,威尔逊说他本人并不是德国不共戴天的敌人,"威尔逊认为,德国的毁灭,甚或仅仅是严重的政治削弱都不符合美国利益"③。1916年3月31日,法国驻美大使朱塞朗向国内汇报时也说:豪斯在与他的谈话中吐露,德国和协约国的胜利对美国无一有利,都应该加以避免。④ 不管怎么说,威尔逊与罗斯福等人都认为:尽管德国是对美国安全、利益和理想的最大威胁,但交战双方妥协媾和最符合美国利益和愿望。显然,威尔逊与罗斯福对大国关系的看法一致,差异主要在于所持观念不同而已。

利用欧洲战争坐收渔利是美国的传统,也是威尔逊政府在第一次世界大战前期的既定政策,但威尔逊却把这一政策解释成"为人类服务"。威尔逊反对片面追求"单纯的物质利益",但与其他美国政治家相比,他在支持利用欧洲战争坐收渔利方面其实有过之而无不及。如前所述,威尔逊从"文明"进步角度赋予了"自由贸易"极其丰富的理想化意义,并赋予了美国贸易扩张特别重要的战略意义。他强调,美国经济扩张和积累物质力量的目的是"为人类服务",美国的经济扩张从来都是按照美国理想"改造世界"的手段,而不是"单纯的物质利益"问题。按此逻辑,他在战争期间竭力维护"海上自

---

① The Diary of Colonel House, Aug. 30, 1914, PWW, 30, pp. 461 – 462.
② A Memorandum by Herbert Bruce Brougham, Dec. 14, 1914, PWW, 31, p. 459.
③ The Translation of "Baron Oscar Von der Lancken Wakenitz to Count Adolf von Montgelas", Jan. 16, 1916, PWW, 35, p. 490.
④ The Diary of Colonel House, Mar. 30, 1916, PWW, Vol. 36, p. 390.

由"和"中立权利"当然不是为了追求"单纯的物质利益"。因此,他说:"在可能的情况下避免卷入战争是我们承担的道德责任,使我们的贸易方针与我们的金融方针不受限制,也是我们承担的道德责任。"①

战争使欧洲列强遭到了严重削弱,这将更加凸显美国在世界上的作用。威尔逊敏锐地意识到了这一变化趋势。1915年4月20日,针对德国无限制潜艇战在美国引发的激动情绪,威尔逊在新闻界的集会上说:美国人必须保持"理性"和"克制",不要认为自己属于某个政党或民族,而要牢记"美国第一"的原则;"现在不要去同情这一方或另一方,而是要等到战争结束后为双方提供帮助";"我之所以对中立感兴趣,是因为有比战争更重要的事情要做"。他所谓的"更重要的事情"是什么呢?他说:"将来的某一天,我们得帮助重建和平进程。我们的资源没有受到影响;在环境的作用下,就其金融状况而言,我们正日益成为世界上的中介国。我们必须决定什么是最需要我们做的事情,怎样才能做到最好。我们必须在这些方面付出我们的金钱,我们的力量,我们的热情和善意。我们必须深思熟虑,磨炼意志,准备那一天的到来。……我们不需要别人的一英尺领土。……我们不需要那些不属于我们的东西。"② 他在对国内商界的演讲中说:"只要我们使这个伟大国家保持和平,摆在美国面前的就是幸福繁荣的前景,这不是因为其他国家受苦受难,而是因为美国以其资源为世界其他地方服务。我相信,她将以漂亮而慷慨的方式为世界其他地方提供服务,不是利用它们的困难,而是利用形势造就的合法机会。"③"不管我们是否愿意,我们必须在世界上扮演重要角色。你们是否理解这样一个事实的意义:不客气地说,在过去一两年间,我们不再是债务国而变为债权国了。现在,属于我们的世界黄金盈余,在数量方

---

① An Address on Preparedness in Topeka, Feb. 2, 1916, PWW, 36, p. 36.
② Remarks to the Associated Press in New York, April 20, 1915, PWW, 33, pp. 37–41.
③ An Address to the Chamber of Commerce of the United States, Feb. 10, 1916, PWW, 36, p. 158.

面大于我们过去任何时期所拥有的。从这时起，贷放借款，提供帮助，在世界范围内发展和平的大企业，就成了我们的事业。我们必须为世界提供大量的财政支持，但谁支持的，谁就应认识它，并按照自己的思想观念和价值追求来管理它。"① 显然，在威尔逊看来，美国的经济扩张不只是物质利益问题，还涉及战后世界秩序的重建、美国霸权的实现等战略性问题；单纯从具体的物质利益看问题，忽视其"改造世界"方案的意义，我们便难以真正理解其理想主义外交。

欧洲战争和美国中立不仅给美国带来了巨大的物质利益和加速发展的机遇，还可以使美国乘机加强对欧洲和世界的影响，加强在拉美和亚太等地的扩张。他在1914年10月4日致国会的信中写道："机会不是我们自己提供的。我们在这一过程中并没有做过什么。但机会来了。它直接而又不难让人察觉地影响着我们，似乎我们在创造机会的条件方面介入过。……尽管我们并非刻意如此，但我们要面对它们。"② 无论当时，还是战后，许多人都把"海上自由"和"中立权利"视为影响威尔逊政府中立政策的主要因素，但威尔逊本人并不这么认为。1915年1月29日，威尔逊指示准备出访欧洲的豪斯上校："我们唯一可行的目标，如果可以的话，是初步造就作为走向讨论和确定和平条件第一步的谈判愿望。如果我们能够在探知战争各方的真实意向、真实愿望和与结束战争相关的其他真实目标方面有所帮助，那么，在这一问题上，您的使命就完成了，我的愿望也满足了。……我们只是希望扮演无私朋友的角色，除了从世界和平中获得的利益，我们没有其他得失攸关的要求。"③ 12月24日，他在致豪斯的信中写道："我同意你的看法，当地诸如领土、赔款等问题的解决与我们没有关系，我们要关心的仅仅是未来的国际和平和为此提供的保证。唯一可能的保证，也是理性的人们可能接受的唯一保证，就是（1）裁减陆海军，（2）建立保证每个国家反对侵略和维持公海绝对自由的

---

① An Address in Detroit to Businessmen, July 10, 1916, PWW, 37, p. 384.
② An Address to a Joint Session of Congress, Sept. 4, 1914, PWW, 30, p. 473.
③ A Letter and a Telegram to Edward M. House, Jan. 29, 1915, PWW, 32, p. 158.

国际联盟。如果目前战争中的某一方愿意让我告诉另一方，愿意就这些和平条件展开讨论，我们显然有责任，使用我们的全部道义力量迫使另一方进行谈判。我看不出，他们如果表示拒绝，将如何面对世界舆论。"① 在后来的讲话中，威尔逊还明确说明了美国把维护"和平"作为主要目标的原因。他说："和平是美国人的主要愿望，这有两点理由。一是他们热爱和平并与当前的争执没有牵连。另外，也是因为他们相信：目前的争执已经使那些置身其间的国家难以承担其正常责任；这样，正如有人对我所说的那样，当世界其他地方都处于疯狂状态时，我们为什么不用通常的办法简单地拒绝与世界其他地区发生联系呢？为什么不听任风暴成为过去，然后，当一切都结束的时候再来算账呢？因此，从这两种观点可以看出，美国人的热情在于和平，但我还意识到，美国不仅是世界各国中的一员，而且还是主要世界大国中的一员——一个不由自主地越来越壮大的国家；其道义上的影响力甚至在她还没有意识到的时候已经变得越来越大；如果她想扮演她极度渴望扮演的角色，那么，无论如何必须或多或少地按照世界其他地方观点来采取行动。"② 显然，透过威尔逊的理想主义言论可以看出：美国已成为世界大国，不可能继续对大国竞争抱持无所作为的态度，但国际社会的相对稳定开放对美国有利；利用战争削弱列强、谋取利润、加强在世界其他区域的扩张等，都是战争造就的后果，并非美国刻意追求的目标；美国的主要目标在于，通过"或多或少"兼顾"世界其他地方观点"，推进交战双方妥协媾和，主导大国合作和战后秩序重建。

他在1914年12月与记者赫伯特·B.布鲁海姆的会谈中说：在所有与战争相关的利益中，包括与中立国相关的利益中，"最重要的利益"将从"僵局"中产生，僵持局面"将向他们表明，武力解决他们试图解决的分歧是没有意义的"；"如果哪个国家都不能以武力

---

① Wilson to Edward M. House, Dec. 24, 1915, PWW, 35, p. 387.
② Remarks to the National Press Club, May. 15, 1916, PWW, 37, pp. 48–49.

决定胜负,公平和正义和平的机会,唯一可能永久保持和平的机会,才是最令人满意的;如果某国或国家集团在把自己的意志强加给其他国家方面取得成功,那么,结果出现的将是不公正和平的危险,将注定造成进一步灾难。"① 这就是说,战争以"僵局"和"妥协媾和"告终是美国"最重要利益",是美国按自身愿望"改造世界"的必要前提。交战双方都意识到了威尔逊政府对欧洲战争政策的重点所在。斯普林·赖斯告诉格雷:"这种公正调停是美国总统最希望得到的。"② 1916 年,伯恩斯托夫给国内的电报中也说:"威尔逊的唯一希望是保持中立和帮助结束战争——在重新当选总统后,他将真诚地发出和平倡议。"③

美国保持中立绝非如威尔逊所述,具有"无私"的特性。在处理大国矛盾、利用战争坐收渔利等方面,威尔逊与罗斯福等人的观点具有根本的一致性,这表明他们在竭力维护和拓展美国国家利益方面并无不同,两者的差异主要是理想主义和现实主义价值观念的不同。此外,在大国和平合作问题上,罗斯福提倡"文明国家"联合显然具有更多的虚伪性,而威尔逊则更看重美国主导下大国合作的重要性和现实可能性,视之为战时美国利益所在,并试图通过实践实现这一利益,这正是威尔逊与罗斯福在中立政策主张上的差异所在。

二 美国中立天平的倾斜

威尔逊政府在战争初期的政策是,保持"不偏不倚"的中立立场,努力通过居间调停推动交战双方妥协媾和,同时,积极谋取渔翁之利。但是,美国的"不偏不倚"立场并未维持太久。随着战场形势形成僵局,威尔逊政府不得不调整政策。

---

① A Memorandum by Herbert Bruce Brougham, Dec. 14, 1914, PWW, 31, pp. 458–459.
② David M. Esposito, *The Legacy of Woodrow Wilson: American War Aims in World War I*, p. 22.
③ The Translation of "Count Johann Heinrich von Bernstorff to the German Foreign Office", Oct. 10, 1916, PWW, 38, p. 391.

（一）把德国确定为美国的主要敌人

美国的"不偏不倚"立场十分脆弱。威尔逊及其所有阁员、主要官员，其实都具有一定的亲协约国倾向。所谓"不偏不倚"，只是战争初期美国国家利益的反映。

如豪斯所述，尽管威尔逊反复呼吁要保持"克制"和"公正"的态度，但他本人似乎从来没有保持过这种立场。他对英国立宪政治、文化传统的赞赏态度，对"民主国家"的特殊偏爱，对德国独裁政治和文化传统的厌恶心理，英法相对衰落及其试图保持国际政治相对稳定的倾向，德国试图挑战霸权和改变现状的激烈姿态，都造就了威尔逊的亲协约国倾向。豪斯在1914年8月30日的日记中记载：威尔逊担心战争严重影响到人类文明的进步，"使世界倒退3到4个世纪"；从美国安全考虑，他认为，德国获胜后未必立即进攻美国，但"如果德国获胜，就会改变我们的文明进程，使美国成为一个军事国家"，从而影响到美国的民主自由制度；他认为，德国获胜不仅可能影响到美国国内的民主自由制度，还将妨碍国际社会革新，即妨碍他"建立更完善的国际道义法规的政策"。豪斯写道，"在谴责德国在战争中的作用时，他甚至走得比我还要远，几乎允许他的情绪包括整个德国民众，而不单纯是针对统治者。他认为，德国哲学本质上是自私的，缺乏精神性"。因此，威尔逊认为，德国应承担发动战争的主要责任。他批评德皇说："制造火药库并冒扔进火花的风险，这是多么愚蠢的事情啊！"他也厌恶德国无视条约义务的态度，因德国把比利时条约视同"一张废纸"感到特别恼火。[①] 显然，在威尔逊看来，德国就是对美国利益和理想的最大威胁，威胁着世界稳定和美国的安全、利益，威胁着美国自由民主制度和价值理想，成了美国按自身愿望重塑世界秩序的主要障碍。威尔逊后来承认，当战争开始时，他和他遇到的每个人几乎都"从内心深处同情协约国"；同时，他们

---

① The Diary of Colonel House, Aug. 30, 1914, PWW, 30, p. 463.

相信,"德国体制""与美国的一切都直接对立"①。

威尔逊没有对协约国隐瞒他仇视德国和"专制国家"的立场,并试图以此争取协约国配合美国的调停行动。9月3日,英国大使塞西尔·斯普林·赖斯向外交大臣爱德华·格雷报告说:"总统向您致以最热情的问候,并表达了他至诚的同情。他说:'世上我所最珍爱的一切都处在危险之中,'此后不久,'如果他们(德国人)获胜,我们将被迫在我国采取防卫措施,而这对我们政府形式和美国理想将是致命的'。"②格雷答复说:他对"总统传达的信息和同情深表谢意";与美国发生争吵是"最大的不幸","可能对我们取胜的概率构成决定性影响"③。9月8日,斯普林·赖斯在致格雷的信中报告说:总体说来,他接触的美国人在感情上都同情英国;"总统以最严肃的态度说,如果德国的事业在目前的斗争中获得成功,美国将被迫放弃现在的理想,全力以赴地进行防卫,这将意味着其政府体制的终结"。斯普林·赖斯的结论是:"我相信,在恰当的时候,我们可望在这里得到一份理解。"④ 在12月14日与著名记者布鲁海姆的谈话中,威尔逊认为:"不久可以看出,不只是德国要对战争负责,在我们看来,其他国家也得承担部分罪责。其他国家可能也要受谴责,没有惩戒性的胜利或处罚也许更好。"⑤ 但是,他并没有对战争双方同等看待,他认为,如果最终完全依靠武力而不是以"公正"和"理性"的方式解决问题,美国就必须在交战双方中做出选择。他对交战双方做出比较后得出的结论是:"德国政府必须做出深刻改变,奥匈将完全瓦解——为了欧洲之福祉,应该瓦解";"我现在看不出,如果法国或俄国或英国最终决定了结果,这会严重损害到美国的利益"。为什么说英、法、俄获胜不会严重损害美国利益呢?他的解释是:"英国已把

---

① David M. Esposito, *The Legacy of Woodrow Wilson*: *American War Aims in World War I*, p. 72.
② Sir Cecil Arthur Spring Rice to Sir Edward Grey, Sept. 3, 1914, PWW, 30, p. 472.
③ Sir Edward Grey to Sir Cecil Arthur Spring Rice, Sept. 3, 1914, PWW, 30, p. 473.
④ Sir Cecil Arthur Spring Rice to Sir Edward Grey, Sept. 8, 1914, PWW, 31, p. 14.
⑤ A Memorandum by Herbert Bruce Brougham, Dec. 14, 1914, PWW, 31, p. 459.

帝国扩张到想扩张的地步——事实上，它得到的比期望的多——如今，它希望采取放任政策，以便能够集中所有精力于巩固其帝国组成部分的使命。俄国的雄心具有合理性，当它获得需要的出海口时，将获得继续发展，世界将因此而获益。"① 这就是说：英美战略利益和基本价值观相通；英国、法国已经老朽，成了倾向于守成的大国；俄国是后发国家，并具有专制主义和军国主义特性，但主要是未来的威胁，俄国的适度发展对美国和世界有利。换言之，英、法、俄当时都不构成对美国安全和利益的主要威胁，德国是世界稳定和当时美国实现自身目标的主要障碍。因此，威尔逊虽把"妥协媾和"视为理想结局，但愿意适度支持英法两国，并决心"改变"德国，至少不能允许德国在战争中获胜。

在威尔逊身边，除国务卿布莱恩外，所有内阁成员和主要官员都同情协约国。他们与威尔逊相互影响，共同推动了战时美国亲协约国政策的确立。豪斯是深受威尔逊信任的亲信顾问。威尔逊曾公开宣布："豪斯先生是我的第二个性。他就是我独立的自我。他的想法与我一样。如果我处在他的位置上，我要做的就是他建议做的。……无论是谁，如果他认为豪斯采取的行动都代表了我的意见，我欢迎他得出这样的结论。"② 威尔逊还私下称赞豪斯，是"世界上唯一我什么事情都可以与之讨论的人"③。与威尔逊相比，豪斯在亲协约国方面有过之而无不及。虽然豪斯同样赞成美国采取"居间公正调停"立场，但他更积极地主张美国及早介入战争，及早采取措施支持或加入协约国一方。作为原国务院顾问和国务卿布莱恩的接任者，蓝辛起初也支持对英国的封锁政策做出强硬反应，但他很快就转而强调支持协约国和打败德国的重要性，并力图劝说威尔逊及早接受这一观点。豪斯也承认美国中立和战争双方"妥协媾和"对美国最为有利，但其亲协约国立场是显而易见的，并与蓝辛基本保持合拍。在美国1915

---

① A Memorandum by Herbert Bruce Brougham, Dec. 14, 1914, PWW, 31, p. 459.
② Charles Seymour, ed., *The Intimate Papers of Colonel House*, I, p. 114.
③ Charles Seymour, ed., *The Intimate Papers of Colonel House*, I, p. 116.

年确立亲协约国政策和1917年决定参战的过程中，豪斯与蓝辛紧密合作，在共同支持威尔逊采取强硬立场方面发挥了重要作用。在威尔逊身边的主要顾问中，只有国务卿布莱恩始终不相信"德国威胁论"。如斯普林·赖斯所说："除了对政党政治以外任何问题都不能做出决定性结论的布莱恩，整个国务院都站在我们这一边。从出身和教养来看，总统也将和我们在一起……"① 1915年，围绕"卢西塔尼亚危机"的争论，威尔逊与布莱恩发生了激烈冲突，布莱恩辞去了国务卿职务。豪斯曾以德国获胜可能造成的危险说服布莱恩改变观点，但布莱恩不以为然。豪斯事后揶揄说：国务卿"不相信这个国家有任何外来入侵的危险，即便德国获胜也无所谓。……他说起话来就像我的小孙儿简·塔克一样天真。"② 布莱恩辞职后，蓝辛接任国务卿，威尔逊政府成了更为纯粹的亲协约国班子。

威尔逊政府密切关注欧洲战局的变化，并不失时机地一再主动扮演居间调停人的角色。1914年9月，即马恩河战役期间，由于担心"法国在军事上行将崩溃"，美国驻柏林大使杰勒德奉威尔逊之命，向德国建议：只要能在保持欧洲领土"原状"基础上实现妥协媾和，德国可以向法国索取赔款和殖民地。德国拒绝了杰勒德的建议。③ 1914年11月，第一次伊普尔战役行将结束之际，由于西线战场陷入僵局，德军闪击战破产，豪斯上校受命与奥匈驻华盛顿大使接触，再次主动商讨调停媾和方案。11月11日，奥匈将豪斯与其驻美大使接触情况告知德国，建议两国原则上不要拒绝调停媾和，以"避免似要进行通常的征服战争的印象"，并在答复前适当明确两国所谋求的战争目标。德国再次拒绝了美国的调停尝试。④

战场形成僵局后，威尔逊和豪斯一度认为，该是美国发挥"居间

---

① Alexander DeCond, *A History of American Foreign Policy*, p. 443.
② The Diary of Colonel House, Nov. 8, 1914, PWW, 31, p. 281.
③ ［联邦德国］费里茨·费舍尔：《争雄世界》（上册），何江、李世隆等译，商务印书馆1987年版，第118页。
④ 费里茨·费舍尔：《争雄世界》（上册），第206页。

公正调停人"作用的时候了。1915年春，威尔逊再次派豪斯远赴欧洲各大国进行斡旋。豪斯在遍访巴黎、柏林和伦敦等地后，调停活动毫无进展，但他由此得出结论：英国似乎愿意妥协媾和，而德国根本不愿讨论这一问题，因此，德国是美国的最大威胁，美国最终可能被迫参战。①

欧洲战场形势变化和德国的战争政策，强化了威尔逊固有的对"专制德国"的不信任心理，强化了他对"民主国家"相对"理性"的信赖和期盼。英国虽然也拒绝了美国的调停，但温和有礼的态度，还是让威尔逊和豪斯认为，英国与德国有所不同。英国方面一定程度上意识到了"公正调停"对威尔逊的重要性，不但热情有礼地接待豪斯，耐心听取豪斯的建议，而且提出了英国的议和条件，似乎对美国扮演的劝谈促和角色表示赞赏，似乎鼓励美国要在世界事务中发挥大国作用。相反，德国对美国调停所持轻蔑态度，严重地刺激了威尔逊和豪斯等人。德国宰相贝特曼嘲笑威尔逊的"和平狂热"与德国人理解的"现实谈判"政策背道而驰，认为德国感兴趣的是"完全胜利"，而不是以"恢复原状"为特征的"过早的和平"，因而明确地拒绝了美国召开国际和平会议的建议。② 威尔逊和豪斯对此极其反感。

总之，1914年底和1915年春，欧洲战场陷入僵局，但交战双方没有出现妥协媾和迹象。相反，双方都把战争视为生死决斗，决心彻底击败对手。随着战场僵局的出现，威尔逊政府不得不适度调整战争初期的中立立场，美国中立的天平出现对协约国有利的一面倾斜。威尔逊政府的亲协约国政策，突出地表现在两个方面：一是试图联手协约国，迫使德国坐到谈判桌上来，并接受美国提出的妥协媾和方案；二是"中立权利"的诉求明显对协约国有利，为协约国提供了大量军需物资和巨额的战时贷款，实际充当了协约国战争物资和信贷的"供应库"。当

---

① Josephus Daniels, The Wilson Era: Years of Peace, 1910–1917, p. 67.
② David M. Esposito, *The Legacy of Woodrow Wilson: American War Aims in World War I*, p. 18.

然，所谓的亲协约国，并非简单地维护协约国利益，其目的还是服务于美国的目标。

（二）以居间调停胁迫德国妥协媾和

英法对美国调停活动的谨慎应对，似乎验证了威尔逊关于民主国家"相对理性"的信念。针对美国的调停活动，格雷在1914年12月特训令斯普林·赖斯做出答复："大国之间在这次战争结束后签订旨在相互保证安全和未来和平的协定，只有在美国成为成员国并将用武力对付任何破坏条约的国家时才是可靠的。"① 即对美国介入欧洲事务持欢迎态度，迎合了威尔逊对欧洲战争和大国关系加强干预的急切心理，但也给威尔逊制造了难题。随着综合国力和竞争力的显著增强，美国需要介入欧洲的军事和政治冲突，需要一定程度上掌控欧洲局面，这使威尔逊政府十分在意交战各国对美国插足大国关系的态度，迫切希望得到交战双方对美国插足的认可和配合。但是，与此同时，由于长期奉行孤立主义政策，美国又不愿过多介入欧洲的军事和政治纷争。国内始终存在着反对干预欧洲事务的力量，过早或过度介入欧洲事务，必然受到反对派的抵制。历史传统和地缘政治的特殊地位决定了美国可以一定程度上超越欧洲国家间的决斗，以离岸平衡手角色操控欧洲局面才是最为方便的。因此，对于英国希望美国战后通过签约保证欧洲安全与和平的表态，威尔逊政府不免犹豫不决。对于威尔逊而言，最理想的方案是，美国既能掌控局面，又能够尽量避免介入太深或付出代价。

1915年2月9日，豪斯写信给威尔逊："格雷坚持一点：我们应加入某种对世界和平的普遍保证，我们回避该问题，建议中立国与现在的交战国分开参加会议，由会议达成一些能够指导未来文明社会中的战争的原则。……他不接受我们的全部责任仅限于这些，我改变了

---

① The Diary of Colonel House, Dec. 23, 1914, PWW, 31, p. 520.

话题。"① 格雷明知美国不会轻易放弃相对远离欧洲政治和军事冲突的立场,却要求美国全面参与战后为保证欧洲和世界稳定建立的国际组织,这在实质上同样拒绝了美国的调停建议。但是,他始终强调,英国希望保持世界稳定,并竭力利用威尔逊的理想主义倾向,对美国插足欧洲和世界政治似乎始终持欢迎态度。英国的虚与委蛇使威尔逊和豪斯仍然相信,作为"民主国家"的政治领袖,英法领导人愿意在一定程度上配合美国的调停活动,可以成为美国实现理想化战争结局和推动国际社会革新的有利因素。经过酝酿,威尔逊和豪斯提出了旨在依赖协约国配合、共同遏制德国的"调停—干涉"计划,即所谓"豪斯—格雷备忘录"。1915 年 10 月,豪斯向威尔逊建议:由美国出面召开和会,如果德国拒绝与会,或会议遭到失败,美国就参加对德作战。乍看豪斯建议,威尔逊不免感到惊讶不已,但他还是接受了该建议。于是,豪斯写信给格雷,提出了这一设想,并明确表示,美国的力量将用于支持接受美国建议的一方。按照威尔逊和豪斯的设想,不能让德国事先知道美国"与协约国达成的任何谅解",而是要让德国认为协约国将拒绝美国的建议;"如果中欧大国继续固执己见,我们就有必要加入协约国以推动问题的解决"。威尔逊读了这封信,表示赞同豪斯的意见,但在有必要加入协约国的一段文字前加了"可能"二字。② 威尔逊对豪斯解释说:"我对它做了一两处微不足道的文字上的改动,但并没有改变其意义。我不想使我们参与强迫德国接受条件成为完全不可避免的事情,因为这类危机中的确切情况是无法预知的。"③ 实际上,威尔逊的改动使美国的承诺显得更加空泛了,但该计划的出笼表明:威尔逊愿意采取更积极主动的政策,美国在向协约国立场靠拢方面迈出了重要一步;豪斯的行动完全反映了威尔逊的观点,体现了威尔逊关于推动交战双方妥协媾和与重建世界秩序的构想。

---

① House to Wilson, Feb. 9, 1915, PWW, 32, p. 205.
② Charles Seymour, ed., *The Intimate Papers of Colonel House*, II, p. 91.
③ Wilson to House, Oct. 18, 1915, PWW, 35, p. 80.

"豪斯—格雷备忘录"签署前后,豪斯在威尔逊、蓝辛等人面前一再宣扬其反德观点,强调不能允许德国获胜和协约国战败。他对威尔逊说:"我们应采取断然措施——要么以消灭军国主义方式结束战争,要么让我们站在协约国一边支持他们做到这一点"。①

"豪斯—格雷备忘录"签署后,豪斯满怀喜悦,威尔逊也视之为美国外交上的胜利。但是,交战双方的进一步反应再次让他们感到失望。在德国,任何妥协媾和倾向都被军方视为"软弱",军方只允许外交服务于军事需要。德国政府给伯恩斯托夫的训令,要求他阻止美国提出新的调停建议:"一旦威尔逊的和平意图有演变为更具体形式之虞,并且能看出英国会接受这种形式的倾向时,阁下的任务就是立即阻止威尔逊总统向我们提出积极的建议。"②

与此同时,英国真正在乎的是美国愿否参战。从美国方面看,威尔逊政府虽然表示同情并支持协约国,但真正关心的也是欧洲各国接受美国做出的安排,尽早结束战争,实现妥协媾和,为战后美国主导世界秩序重建创造条件。1916年春夏之交,英国外交大臣格雷公开宣称,协约国只要有获胜的希望,就不欢迎美国的调停。

"豪斯—格雷备忘录"最终成为一纸空文。但是,威尔逊政府试图联手协约国,胁迫德国接受妥协媾和的倾向十分明显,这是美国中立政策发生变化的一个重要标志。

(三) 充当协约国战争物资和信贷的"供应库"

战争初期,围绕"中立权利"和"海上自由"问题,争执主要发生在美英之间,美德关系相对平静、缓和。德国因寄望于速战速决的闪击战,不重视海上封锁问题,没有按照现代战争属于整体战、实力消耗战的思维考虑问题。为最大限度攫取战争利润,拓展海外市场,美国政府主要致力于阻止英国限制中立贸易。在这种情况下,保

---

① Josephus Daniels, The Wilson Era: Years of Peace, 1910 – 1917, pp. 68 – 69.
② 弗里茨·费舍尔:《争雄世界》(上册),第347页。

持"不偏不倚"完全符合美国最大限度谋取战争利润的国家利益。但是，马恩河战役后，战场形成僵局，战争演变成综合实力的拼搏，交战双方都竭力加强海上封锁，力图切断中立国与敌方的贸易联系，这意味着美国难以继续同时保持与交战双方的贸易关系。1915年2月初，德国宣布实施无限制潜艇战，不仅直接损害了美国的中立权利，而且损及美国国际地位和声望，妨碍了威尔逊利用战争强化美国国际地位和推进国际社会革新目标的实现，美德关系因此急剧恶化。

在德国宣布无限制潜艇战后，威尔逊把与英国的矛盾置于一旁，立即于2月10日向德国提出警告：如果"摧毁美国商船或导致美国公民死亡"，美国将要求德国为其"对中立权利的无礼侵犯"承担"严重责任"；美国要求德国采取一切必要措施，"保护美国人的生命财产，保证美国公民在公海完全享有已经得到确认的权利"①。这里没有明说将承担什么样的"严重责任"，但其态度之严厉显而易见。此后，美国政府事实上便难以从这种立场后退了。

3月28日，英国邮轮"法拉巴"号在爱尔兰附近海域被德国潜艇击沉，美国工程师利昂·C. 特莱舍因此身亡。"法拉巴"号事件立即在美国引起轩然大波，也暴露了美国政府内部的分歧。5月7日，英国邮轮"卢西塔尼亚"号被潜艇击沉，船上1201人死亡，128名美国人丧生。"卢西塔尼亚"事件更是在美国引起了歇斯底里的战争狂热。著名记者沃尔特·李普曼写道："如果威尔逊想与德国打仗，他就可以开战了。"李普曼认为：因为情绪如此激昂，召开议会必然表决开战，指望和平的人们都希望议员待在家里。他甚至说："对于我们这些宁愿相信民主制度带来和平的人来说，是感到矛盾的。"②

虽然英德双方都妨碍了美国的公海自由航行和中立贸易，但威尔逊认为两国政策的后果不同。他强调，两者的区别在于：一是英国只妨碍了美德中立贸易关系，没有妨碍美国因战争而出现的繁荣，而德

---

① David M. Esposito, *The Legacy of Woodrow Wilson: American War Aims in World War I*, p. 30.
② David M. Esposito, *The Legacy of Woodrow Wilson: American War Aims in World War I*, p. 32.

国潜艇战则完全扼杀了美国的中立贸易,成了"一种毁灭商业的特别计划";① 二是英国人对中立权利的侵犯,"与德国人对人权的侵犯不同",德国严重地侵犯了"人权",威胁到了美国与所有中立国公民的人身安全。② 于是,威尔逊把抗议德国潜艇战的理由主要建立在了维护"人权"的基础上。美国人有权获得"海上自由",美国政府维护本国公民乘坐交战国商船的权利,就成了"人权"问题和"民主""专制"之争的突出表现。由于事关以"民主"改造世界的"原则"问题,也就成了不能妥协的问题。

在"海上自由"和"中立权利"问题上,威尔逊等人曾有过犹豫。潜艇具有形状细小、外壳较薄、行动迟缓等特征,极易受到武装商船攻击或撞击。威尔逊和蓝辛意识到:要求潜艇在进攻前,像巡洋舰一样先派人搜查商船,并保证人员安全,然后予以捕获或击沉,这似乎太过危险。1916年初,蓝辛与德国就"卢西塔尼亚"危机问题的谈判接近成功:德国同意对美国人的死亡承担责任,并予以赔偿。威尔逊和蓝辛认为,既然民众不可能愿意为潜艇问题卷入战争,美国就应该尽可能寻求与德国政府的谅解。1916年1月18日,蓝辛向各协约国政府提出一项建议,希望重新制定新海战法规,把武装商船列为辅助巡洋舰,要求协约国解除商船武装。此时,豪斯正与协约国商讨"调停—干涉"计划。美国关于解除商船武装的建议使协约国方面深感震惊。格雷激烈地批评说,美国的建议将毁灭全部英国商船。豪斯则认为,美国在威胁采纳一项可能导致英国战败的政策时,却提议与英国缔结秘密协议,未免太过荒唐。因此,他竭力要求国内收回上述建议。蓝辛尚未收回建议,德国于1916年2月10日宣布,德国潜艇将从2月29日起不发任何警告,击沉所有武装商船。蓝辛于2月15日宣布:美国不会对乘坐武装商船的本国公民提出任何警告,不会认可德国对武装商船的攻击。威尔逊政府政策上的反复,导致一些

---

① Wilson to House, Feb. 13, 1915, PWW, 32, p. 231.
② David M. Esposito, *The Legacy of Woodrow Wilson: American War Aims in World War I*, p. 33.

民主党领袖的不满。他们到白宫表示抗议，但威尔逊表态，如果德国攻击武装商船造成美国人的生命财产遭到损失，他不会向德国妥协。政策上的反复进一步表明：亲英抑德是威尔逊政府的既定立场，威尔逊等人并不希望出现协约国战败和德国获胜的战争结局；"海上自由"和"中立权利"本身并不是威尔逊政府考虑的首要问题，只有与威尔逊的结束战争和国际社会革新方案联系起来，它们才具有重要意义。

当时，政府和国会中都有人反对在中立权利问题上采取强硬立场，反对冒战争风险。国务卿布莱恩和国务院法律顾问钱德勒·P. 安德森等人认为，船只是国家领土的延伸，美国政府不能保证美国人乘坐交战国商船的权利。他们的对策是通过组织调查，延搁危机处置，同时实行军火禁运，并警告美国人不要乘坐交战国船只。安德森说："这里所说的问题并不构成对美国的侮辱，因为特莱舍之死只是伴随船只毁灭而来的问题，而不是潜艇战要实现的特定目标。在美国舆论中，攻击航行船只是非法的，但我们只是通过它造成的间接后果与这一问题发生联系，我认为我们似乎应该立足于要求赔偿由非法行动产生的经济损失。"① 布莱恩的建议是："应禁止装有违禁品的船只搭乘旅客。……德国有权阻止违禁品运往协约国，装有违禁品的船只也不应借助乘客使它免受攻击——这就像把妇女和儿童放在军队的前面一样。"② 他说："我看不出他（特莱舍）的处境同那些由于仍然留在交战国而有被伤害危险的人有什么区别。"③ 按照他的意见，美国不仅要回避与德国关于潜艇问题的争论，而且连同美国赔偿要求的合理性都是令人怀疑的。④ 在国会和舆论界，关于美国人乘坐交战国商船的问题也引起广泛争论。尽管一些人希望威尔逊政府采取强硬对策，但国会和报界同时也有许多人主张妥协。国会参议院外交委员会

---

① Edward H. Buehrig, *Woodrow Wilson and the Balance of Power*, p. 25.
② 托马斯·帕特森等：《美国外交政策》（下册），第372页。
③ 托马斯·帕特森等：《美国外交政策》（下册），第386页。
④ *William J. Bryan to Wilson*, Apr. 2, 1915, PWW, 32, p. 464.

主席威廉·J. 斯通说:"他们(指乘坐交战国商船的美国人)的地位难道实际上不等于是处在一方设防城市的城墙里面吗?"① 斯通认为:"在我看来,号召反抗任何规模的入侵或派遣大批军队到国外参战,连万分之一的可能性都没有。"② 斯通等人专门会晤了威尔逊,要求他做出解释。威尔逊对国会议员们的答复进一步引起了人们的恐慌,并直接导致参众两院提出了反对政府强硬政策的决议案。众议院议员杰夫·麦克莱摩尔和参议院议员托马斯·P. 戈尔建议国会采取行动,警告美国人不要乘坐交战国武装船只,并主张实施武器禁运。国会准备就他们提出的议案进行表决。这不仅牵制了威尔逊政府,而且构成了对威尔逊倡导的总统外交决策权的挑战。为争取议员们对政府强硬立场的支持,威尔逊亲自致信斯通,详细说明了自己的观点,并亲自会晤了一些重要议员。

威尔逊在致斯通的信中解释说:"无论如何,我们的责任是明确的。当战争正在进行时,没有哪个国家,没有哪个国家集团,有权改变或漠视各国在缓和战争带来的恐惧和痛苦方面公认的准则;一旦美国公民确切的权利不幸受到这类行为损害或否定,我认为,似乎我们对于该怎么做,在道义上并没有选择余地。在我看来,不能允许对美国公民权利有任何损害。这里涉及国家的荣誉和尊严问题。我们期盼和平,我们将不惜一切代价保持和平,但我们的荣誉不容损害。我们可能被迫维护这些权利,因为害怕这样做而禁止我国人民行使他们的权利,这确实构成了一种极大的耻辱。这实际上是默许了,几近公开承认了,对所有地方人权、所有国家权利和所有忠诚义务的冒犯。这将是对迄今为止我国引为自豪的地位的背弃,因为我国即便在战争波澜中都是法律和权利的代言人。这将使本政府在这场可怕的国际斗争中试图实现和已经实现的一切都变得毫无价值和徒劳无益。如果我们在这一问题上允许实用行为代替原则,那么,进一步妥协之门将由此

---

① 托马斯·帕特森等:《美国外交政策》(下册),第386页。
② David M. Esposito, *The Legacy of Woodrow Wilson: American War Aims in World War I*, p. 39.

而洞开。只要有一次放弃权利的行为，其他许多耻辱就一定会随之而来，整个国际法网络就会在我们手中揉成碎片。我们在这一事件中所要求的极具实质性的是美国的国家主权。她做出这些妥协，就是承认了她作为一个国家的软弱无力，就是在世界民族之林中，在其独立地位问题上做出了实质性的屈服。"①

　　威尔逊强调美国是战争期间"法律和权利代言人"，"中立权利"和"海上自由"问题事关"荣誉"和"尊严"，事关美国"试图实现和已经实现的一切"。显然，美国的权利、尊严、荣誉、"法律和权利代言人"的特殊地位都是不容藐视的，这是他坚持不妥协立场的基本原因。但这么一来，威尔逊似乎就把战略目标建立在了"海上自由"和"中立权利"的基础上，好比把高楼大厦建立在了狭小的地基上。这不仅令当时的斯通等人大感不解，而且使后来许多学者和政治家们感到不可思议。如乔治·凯南在二战结束后所述，"今天回顾我们的政府和交战国之间关于中立权的无休止的争论，似乎很难理解我们怎么能把中立权看得这么重要"②。但是，威尔逊当时并不觉得有什么不妥，他是这样说的，也是这样做的。

　　既然明确表态要求德国对攻击商船造成的美国生命财产损失承担"严重责任"，威尔逊便失去了退路。事实上，他也不需要退路，他需要的乃是美国积极而适度出面干预的时机。在"法拉巴"号事件后，由于布莱恩等人的反对，他曾经一度保持沉默。到1915年4月3日，他写信给布莱恩说："在我看来，这位美国公民（特莱舍）之死的原因就在于，德国海军军官的行动，毫无疑问地违反了关于海上非武装船只问题的公正的国际法规则；必须让德国政府明白，我们坚持认为，不能根据国际法制定过程中尚未认可的法律采取行动，把我国公民的生命安全置于危险境地，这可能就是我们的责任。"③ 4月22日，他又在致布莱恩的信中写道："尽管我在这个问题上一直长期保

---

① Wilson to William Joel Stone, Feb. 24, 1916, PWW, 36, pp. 213–214.
② 乔治·凯南：《美国外交》，世界知识出版社1989年版，第52页。
③ Wilson to William J. Bryan, Apr. 3, 1915, PWW, 32, pp. 468–469.

持沉默，但我已经想了很多，你也毫无疑问地想了很多，我们都想找到某种关于特莱舍之死问题的切实可行的行动方案。"他在信中建议给德国政府发出强硬照会。他说，必须告知德国："我们理所当然地认为，不论在目前的战争实际情形中如何激烈地改变规则，德国人都没有弄明白，改变国际法规则（或者更确切地说是根本原则），必须同时保证海上非战斗人员和中立国公民的安全。"之所以要抗议德国的行径，主要因为它所违背的，"不仅仅是基于利益和实用的法规，而且是基于人道、公平竞争和必须尊重中立国权利的法规"①。显然，威尔逊的话语逻辑始终是：德国对美国"中立权利"和"海上自由"的冒犯，就是专制主义、军国主义国家藐视"权利"和"国际法规"的典型表现；作为"世界领袖"，美国必须保持世界"法律和权利代言人"的地位。

　　威尔逊的强硬立场与美国始终视德国为主要威胁的观点相互吻合，得到了豪斯、蓝辛和驻英、法、德等国外交使节们的支持。他们一致认为，德国的行为不仅触犯了美国的国家利益，而且公然违反了国际法和"人道"原则，藐视并损害了美国的世界大国地位；因此，即便造成外交危机，美国也必须采取坚定立场。"卢西塔尼亚"事件发生时，豪斯正在伦敦与驻英大使佩奇共进早餐。他听到消息后的第一反应是："我们将在一个月内同德国作战。"② 豪斯回国后，发现参战时机并不成熟，国内舆论不支持参战，威尔逊总统也不赞成美国立即参战，不免有些失望。但是，他在不同场合反复表达了亲协约国和敌视德国的立场，并积极鼓励威尔逊以维护所有中立国家"权利"和"人类权利"名义采取强硬行动。他在致威尔逊的信中写道，"战争已经给世界上的各中立国造成了难以估量的损失，对于减少那些已经得到文明国家承认一个多世纪的权利，我国政府不能提供任何承诺。人们在内心深处厌恶毁灭非战斗人员的无辜生命，这并不只是这

---

① Wilson to William J. Bryan, Apr. 22, 1915, PWW, 33, pp. 61-62.
② 托马斯·帕特森等：《美国外交政策》（下册），第372页。

些无辜生命所属国家的问题；美国政府永远都不能成为认可这种残忍的战争协定的缔约方。"① 他还提醒说：必须要求德国做出永远不再发生类似情况的保证，否则，美国就立即对德作战；"我们再不能保持中立旁观，我们在这次危机中的行动将决定着我们在和平到来时的角色，决定我们能在多大程度上影响人类的永久利益"②。豪斯十分了解威尔逊，所谓"决定着我们在和平到来时的角色"对威尔逊的影响是不言而喻的。蓝辛承认美国对德国的严厉态度可能会造成的后果，将导致"强烈的敌意，并承担公开支持德国敌人的责任"。但他认为，警告美国人不要乘坐交战国商船只是一种"权宜之计"，"政府的威信以及它对公民所承担的责任"要求它必须采取既定立场，坚持要求德国承担"严重责任"。蓝辛还提出了如果以后"载有美国人的中立国船只遭到鱼雷袭击，美国人被淹死"该怎么办的问题。他的结论是："着眼于未来"，美国决不能采取权宜之计或逃避立场。③ 蓝辛在任职国务卿后写道，"不能允许德国帝国主义获胜"，为防止出现这样的后果，他准备在"万一德国明显将成为胜利者的时候"，支持"本国实际介入这场战争"。④ 实际上，豪斯等人的亲协约国立场与威尔逊是相通的，他们把维护中立权利问题与美国结束战争和重建世界秩序的构想联系起来，说出了威尔逊最为关心的问题。

"卢西塔尼亚"危机发生后，威尔逊政府连续发出强硬照会，就潜艇战问题向德国提出抗议。5月11日，美国向德国政府发出第一份照会。照会中，威尔逊把中立国权利与"人类权利"等同起来，美国俨然成为人类利益的代言人。布莱恩"心情沉重"地在照会上签了字。威尔逊宣布："不论一艘可疑商船是否实际属于交战国，或是否在悬挂中立国旗帜情况下实际装载了战争违禁品"，"非战斗人员的生命，不论是中立国还是交战国公民，都不能因为捕获或摧毁非

---

① Charles Seymour, ed., *The Intimate Papers of Colonel House*, II, p. 16.
② Charles Seymour, ed., *The Intimate Papers of Colonel House*, I, p. 434.
③ Robert Lansing to J. Bryan, Apr. 5, 1915, PWW. 32, pp. 483-456.
④ Edward H. Buehrig, *Woodrow Wilson and the Balance of Power*, p. 135.

武装商船而被合理合法地置于危险之中"①。6月初，威尔逊再次发出照会，强烈要求德国停止潜艇战，珍视"人权"。在照会中，威尔逊强调："客轮的沉没事关人道原则，……正如德国政府毫不迟疑地迅速承认和认识到的那样，这些原则所涉及的问题超出了正常外交讨论或国际争论的范围。……美国政府坚持某种比单纯的财产权或商业特权更重要的要求。它所要求的是无比崇高和神圣的人权，而这是各国政府都乐于尊重的权利，没有哪一个政府认为它有理由放弃那些由它照管和统治的人民的人权。"②布莱恩拒绝签署照会，辞去了国务卿职务，蓝辛接任国务卿。在致威尔逊的信中，布莱恩对他拒绝签署照会立场的解释是："如果主动权在我们手中，我并不害怕战争，因为我确信您并不想发生战争，但该照会发出后，下一步就要看德国了。"③在他看来，只要美国不遭受入侵，就要始终保持和平中立。针对德国的敷衍态度，威尔逊又发出第三份抗议照会，宣布把德国继续不加警告即击沉船只视为与美国"蓄意为敌"。8月19日，德国未加警告就击沉英国邮轮"阿拉伯"号，造成44人死亡，其中包括2名美国人。威尔逊说："德国人真是疯狂至极。"④ 9月1日，伯恩斯托夫受命告知美国政府："只要邮轮不试图逃避或进行抵抗，我们的潜艇不会不加警告和不保证非战斗人员人身安全而予以击沉。"⑤次年初，德国同意对美国人死亡承担责任，并同意赔偿，但拒绝承认击沉船只的非法性。美德关系有所缓和，但分歧没有消除。布莱恩辞职，蓝辛接任国务卿，进一步保证了在中立权利问题上威尔逊强硬政策的实施。

早在调停外交和中立权利政策出现变化前，美国对交战国的贷款政策已经完成调整。1914年8月，当银行界问及国务院在私人向交

---

① Wilson to William J. Bryan, May. 11, 1915, PWW, 33, p. 156.
② William J. Bryan to Wilson, Jun. 7, 1915, PWW, 33, pp. 358–359.
③ William J. Bryan to Wilson, Jun. 5, 1915, PWW. 33, p. 342.
④ Wilson to Edith B. Galt, Aug. 19, 1915, PWW, 34, p. 257.
⑤ Bernstorff to Robert Lansing, Sept. 1, 1915, PWW, 34, p. 400.

战国发放贷款问题上的态度时,布莱恩奉命宣布:贷款虽然合法,但"与真正的中立精神相抵触"。"布莱恩禁令"得到了威尔逊的首肯,其主要原因是为了保证当时国内的黄金储备,避免战争对美国经济造成冲击。同时,"禁令"也是布莱恩本人内心世界的反映。五天前,他就曾经写道:"金钱是最可恶的违禁品,因为它支配着其他所有的一切。"① 两个月后,随着美国与交战国贸易的发展,随着交战国尤其协约国支付能力下降,"禁令"被否定了。10月中旬,国务院重新宣布:政府贷款与私人贷款有别,政府向交战国贷款违背中立精神,但私人贷款是合法的。时隔不久,布莱恩本人也明确宣布:政府不反对"赊欠安排"。事实上,"贷款"与"赊欠"并不存在本质差异。随着协约国的黄金储备和有价证券日益消耗殆尽,美国国务院又于1915年7月正式宣布,对英法直接与美国磋商一笔5亿美元的政府贷款没有异议。在这以后的一年半时间里,美国又向协约国提供了18亿美元的贷款。在威尔逊政府的默许下,美国大量资金和军需物资流入协约国,有力地支撑了协约国的战争消耗。美国的"不偏不倚"立场已经名存实亡。

总之,从1915年春季起,美国与交战国的关系出现变化。如1915年10月豪斯在致佩奇的信中表示,"我们同情协约国,也给了协约国我们不能提供给德国的重要帮助,我们甚至有意这样做——那就是无数的军火和金钱。除此而外,我们还迫使德国停止了潜艇战"②。

三 坚持实现"没有胜利的和平"

无论以"居间调停人"的身份抑制德国的野心,还是迫使德国停止潜艇战,或是充当协约国战争物资和信贷的"供应库",都表明威尔逊政府竭力避免出现德国获胜的战争结局。但是,从另一方面看,

---

① William J. Bryan to Wilson, Aug. 10, 1914, PWW, 30, p. 372.
② Charles Seymour, ed., *The Intimate Papers of Colonel House*, II, p. 72.

美国仍然不希望协约国获胜。在美国保持中立期间,威尔逊政府始终需要的是,通过劝和促谈,把主要大国之间的关系纳入符合美国战略利益的轨道。

(一) 反对美国直接参战

在美德关系日趋紧张之际,协约国积极鼓励美国加入战局。1915年7月,格雷致信豪斯,鼓励美国直接参战,利用威尔逊热衷于扮演"世界领袖"角色并试图按照自身利益和价值观推进国际社会革新的诉求,一语中的地说明了美国的利益关注点。他说,除了美国参战,不知是否还有保证美国总统和人民在和平问题上"有效"发挥影响力的其他方法。①

在威尔逊和上层精英中,普遍存在的对协约国的同情和对"民主国家"的相对信任是亲协约国政策确立的重要因素。1915年,威尔逊政府曾经把结束战争和实现美国目标的希望寄托在"民主国家"相对理性的基础上,积极开展调停外交,努力争取英法等"民主国家"对美国方案的认可和配合,把主要矛头对准了德国这样的"专制主义"和"军国主义"国家,使政府成员和国内舆论中固有的亲英仇德情绪转化成了现实的国家政策。但是,导致美国保持中立的国家利益基础依然存在。既然威尔逊认为"中立"的重要目标在于美国发挥"道义领袖"的作用,推动交战双方的妥协媾和,那么,他在亲协约国的道路上就不会走太远,也不会立即把美国绑上协约国战车。在美国政府内部,以布莱恩为代表的准和平主义和孤立主义者失势了,但豪斯、蓝辛等人的主张也没有转化为政策。政府外,以西奥多·罗斯福等人为代表的反对派不断批评威尔逊政府的外交政策,力主采取强硬对德政策,不惜直接参战。威尔逊在排除保守派影响的同时,又抵制了政府内外各种强硬的亲协约国主张。

尽管潜艇战在美国引起了激烈的反德情绪,威尔逊仍不断敦促美

---

① Charles Seymour, ed., *The Intimate Papers of Colonel House*, II, pp. 55–56.

国人保持"理性"和"克制"。豪斯和蓝辛等人不断敦促威尔逊采取强硬对策,甚至直接参战。"卢西塔尼亚"危机期间,豪斯从伦敦发来电报,建议威尔逊要求德国停止无限制潜艇战,否则就对德宣战。1915年12月15日,豪斯在与威尔逊的商谈中强调,如果协约国被打败,美国将来有可能单独对德作战,与协约国一起对德作战总比将来单独作战要好。① 威尔逊没有否认豪斯的看法,但不接受豪斯、蓝辛提出的立即断交甚至公开参战的建议。政府外,包括克罗利在内的报界人士和以西奥多·罗斯福为代表的共和党人都激烈主张采取强硬立场。罗斯福激烈地批评威尔逊,认为政府政策太过软弱。虽然罗斯福并不能对威尔逊政府的决策产生显著影响,但作为一种现实主义权力政治观的反映,他的基本观点在当时具有一定的代表性。

罗斯福在战争初期曾经表示赞成中立,但其亲英仇德态度非常强烈,显然更倾向于积极参战。起初,因为"中立权利"和"海上自由"问题尚不突出,他首先抓住比利时问题,对威尔逊政府进行了连续不断的攻击。1915年1月,他宣布:"在外交问题上对政府的忠诚,就是对我国自身利益和整个道义责任的背弃。关于比利时问题,政府显然处在尴尬状态,我们的贪图安逸,使得我们在那些弱小中立国蒙受委屈的时候,背弃了我们对他们的明确责任。在战争中违背国际道义原则,再不可能比德国征服比利时明显不过的了。"② 从这种意义上说,他认为"卷入战争的所有国家,包括美国在内,都严重违背了国际法",因为"海牙条约非常重要的目标……就是要在未来阻止这类不正当行为的发生"③。他在给斯普林·赖斯的信中说:如果他是总统,他就会"在7月30日或31日采取行动,作为海牙条约的主要签约国,提请保证比利时中立,声明我们把条约视为庄严义务,不仅是美国,而且所有中立国都要加入强制执行条约的行列。当然,除非我们确实支持这么做,否则我们就不会做出这样的声明。我相

---

① The Diary of Colonel House, Dec. 15, 1915, PWW, 35, p. 356.
② Edward H. Buehrig, *Woodrow Wilson and the Balance of Power*, p. 164.
③ Edward H. Buehrig, *Woodrow Wilson and the Balance of Power*, p. 164.

信，如果我是总统，美国人民就会追随我前进。"① 在他看来，如果在战争初期进行有力干涉，美国就可能有机会在欧洲政治舞台上扮演重要角色。海牙条约是他在总统任期内签订的，于是，他宣布："如果想到我国政府事实上作为执行条约的一方，在必须遵守条约义务时，却不必竭尽全力地去执行那些规则，那么，我就不会允许这样的闹剧上演。我无法想象，像美国这样的中立国都不能充分维护那些规则，对公开的违犯行为进行抗议，还有任何有良知的国家会认为，值得去签署这些有关未来的条约。在现有中立国中，美国是最强大、最公正无私的国家，因而应该在这一问题上承担起主要责任。"② 在罗斯福看来，"比利时中立地位是欧洲势力均衡的关键"。芝加哥《保民官》杂志编辑 J. 米迪尔·帕特森采访罗斯福："你为什么如此同情协约国呢？你似乎甚至要求我们加入到协约国的战争行列。只是因为比利时问题吗？还是因为你感到美国本身受到了威胁？" 罗斯福的回答是：德国如果赢得战争，"大概不可能立即进攻我们"，"但是，它将插足加勒比海，在古巴登陆，威胁巴拿马运河。这样，我们就会迟早与德国成为敌对国家，与我们现在就加入到对德作战的国家一边相比，我们到那时将更没有把握取胜。"③ 因此，罗斯福实际上是主张早日参战的，他还主张把保护"门罗主义"的范围扩大到英国。这是一次私下谈话，但正是罗斯福真实思想的流露。罗斯福起初并不关注"中立权利"和"海上自由"，但"卢西塔尼亚"危机为他提供了攻击威尔逊的机会。他说："我不相信我们坚定地维护自己的权利便意味着战争，然而，无论如何必须记住，还有比战争更糟的事情。"④ 他是指面对可能的战争时的怯懦心理。他宣布："如果我们追随那些崇尚和平甚于正义的人们的领导，如果我们注意到那些软弱无力的家伙们的声音，他们在和平无望的时候，还在仰望苍穹，低声祈祷和

---

① Edward H. Buehrig, *Woodrow Wilson and the Balance of Power*, p. 160.
② Edward H. Buehrig, *Woodrow Wilson and the Balance of Power*, p. 165.
③ Edward H. Buehrig, *Woodrow Wilson and the Balance of Power*, pp. 161–162.
④ 李剑鸣：《伟大的历险——西奥多·罗斯福传》，第297页。

平,作为一个国家,我们感受到的是无比的轻蔑和嘲讽。多少个月以来,我国政府维持着一种介于正确与谬误之间的中立政策,激发着人们竭力仿效彼拉多——所有时代第一中立者——的羡慕之情。"①

面对政府内外的不同主张和种种压力,威尔逊坚持不为所动。他仍然反复呼吁美国人民保持"理性""克制"和"公正立场",以便保证政府在战争中扮演一种他所倡导的不同的角色。"卢西塔尼亚"事件发生后,威尔逊同样感到震惊和愤怒,但他没有因为危机引发的战争狂热而放弃中立政策。当整个国家和世界都焦急地等待他的反应时,他在费城的演讲中宣布:"美国的行为是一个特殊的榜样,美国的榜样必须是和平的榜样,不仅是因为它不屑作战,而且要治愈创伤和提高世界道德水平,但战争实现不了这样的和平。有这样一种人,他因为自豪而不屑作战。有这样一种国家,它因为正义而不需要以武力使别国相信它是正义的。"② 演说中所谓的"不屑作战"说法招致众多非议,常常被国内反对派视为威尔逊软弱无能的典型证据。罗斯福不相信维护权利便意味着战争,但威尔逊却不这么认为。美国人既希望坚定地维护中立权利,又希望继续保持和平中立,这令威尔逊感到自己肩负着相互矛盾的"双重责任"。这令他感到很棘手,但他并不打算因为中立权利问题卷入战争。

显然,从1915年春季起,美国与交战国的关系出现了变化。但是,由于国家利益诉求的相对特殊性,威尔逊看重美国利用战争主导大国和平合作、实现美国式国际社会革新方案的意义,并不会因亲近英法把美国绑上协约国战车,美国仍在一定程度上保持了中立。

(二) 与协约国关系重趋紧张

美国亲协约国政策的利益基础在于,始终把德国视为对美国的主要威胁,把协约国尤其英国视为美国按照自身愿望结束战争和重建世

---

① Edward H. Buehrig, *Woodrow Wilson and the Balance of Power*, p. 166.
② An Address in Philadelphia to Newly Naturalized Citizens, May. 10, 1915, PWW, 33, p. 149.

界秩序的有利因素。但是,到1916年,美国与协约国的关系出现了微妙的变化,无论在调停媾和,还是中立权利问题上,美国与协约国相互间的失望和愤怒都达到顶点,这使威尔逊一定程度上回归了"不偏不倚"立场,结果是更加坚定了他在战争初期关于双方获胜都对美国不利、对世界稳定不利的信念。

在调停媾和问题上,美国强调"民主国家"相对"理性",实际上是希望借助协约国尤其英法等"民主国家"的合作,推动和谈进程,实现交战双方的"妥协媾和",实现战后大国之间的联合,为美国按照自身利益和理想重建世界秩序创造条件。但是,英法只是试图一定程度上争取美国的善意或谅解,从而把美国拖进协约国营垒,或至少避免美国对协约国不利的干预,它们真正关心的仍然是以绝对化的手段实现绝对化的战争目标。就力图赢得绝对化的战争目标和掠夺、奴役异族而言,它们与德国并没有本质差异。按照"豪斯—格雷备忘录"的约定,美国要得到协约国认可才能出面调停,这反而束缚了美国的手脚。① 协约国其实从未真正打算配合美国的行动,只是不想忽视或得罪"有利可图的朋友"。

既不相信美国进行实质性干预的决心和能力,也不相信美国干预会带来对自身有利的后果,这是协约国拒绝执行"豪斯—格雷备忘录"的原因。早在1915年春,格雷在致英国驻俄大使的信中就深信不疑地认为:"豪斯上校没有调解意图,他只是希望获得有关和平前景的信息。"② 英国方面强调,美国的调停只是"我们应当渴望的最后一件事情"③。"豪斯—格雷备忘录"签署后,英国对其评价并不高。阿斯奎斯首相和贝尔福等主要内阁成员都认为:豪斯方案只是"一篇空话,只是美国耍弄的政治手腕";威尔逊需要的不是"战

---

① Charles Seymour, ed., *The Intimate Papers of Colonel House*, II, p. 201.
② Joyce G. Williams, *Colonel House and Sir Edward Grey: A Study in Anglo-American Diplomacy*, New York, London, 1984, p. 61.
③ David M. Esposito, *The Legacy of Woodrow Wilson: American War Aims in World War I*, p. 62.

争",而是摆脱中立权利问题造成的国内政治困境,以便争取"选票"。① 阿斯奎斯甚至认为,即便美国愿意参战,英国也不满意,因为美国喜爱"平局",而协约国视"平局"为失败。② 佩奇向国内报告:英国舆论认为,美国只要本土不会遭到入侵,便不会参战。③ 英国驻法大使波蒂勋爵认为,威尔逊和豪斯等人不过是"一群高唱赞美诗的人和买卖利润的骗子"④。他对1916年豪斯使命的评价是:"这个羊面狐狸心的绅士在执行竞选使命。威尔逊总统在既充当欧洲命运仲裁者,又为美国利益维护和平时,希望的是竞选总统。"⑤ 格雷的态度相对慎重,一方面继续鼓励美国参与欧洲事务,同时奉劝其同僚们对美国调停外交持谨慎立场。格雷在致波蒂勋爵信中说:"只要协约国的陆海军指挥官说他们能够打败德国,就不需要谈论调停问题,但是如果战争陷入僵局,将要提出的问题不是调解是否有利于威尔逊总统的竞选,而是调解是否能比不调解使协约国得到更有利的条件。因此,我认为草率对待豪斯是一个大错;假如协约国能够不要美国的帮助而强迫柏林接受和平,豪斯上校的建议也不会有什么不利。在我看来,现在忽视有利可图的朋友还不是时候。"⑥ 总体说来,英国并不会认真对待美国的调停,他们只是试图获得威尔逊善意的支持或谅解,充其量只是把美国的调停视为它们战局不利时可能利用的因素。协约国方面始终认为,它们应该打败德国,也能够打败德国。自然,它们把美国调停建议视为"一篇空话"和"美国耍弄的政治手腕"。

1916年3月21日,英国召开战时委员会(The British War Committee)会议,研究"豪斯—格雷备忘录",但会议最终以贝尔福的谈

---

① David M. Esposito, *The Legacy of Woodrow Wilson*: *American War Aims in World War I*, p. 66.
② David M. Esposito, *The Legacy of Woodrow Wilson*: *American War Aims in World War I*, p. 65.
③ Joyce G. Williams, *Colonel House and Sir Edward Grey*: *A Study in Anglo – American Diplomacy*, p. 87.
④ David M. Esposito, *The Legacy of Woodrow Wilson*: *American War Aims in World War I*, p. 66.
⑤ Joyce G. Williams, *Colonel House and Sir Edward Grey*: *A Study in Anglo – American Diplomacy*, pp. 87 – 88.
⑥ Joyce G. Williams, *Colonel House and Sir Edward Grey*: *A Study in Anglo – American Diplomacy*, p. 88.

话结束了讨论。贝尔福认为,豪斯方案只是为了把威尔逊从国内的"政治困境中解救出来","不值得花费五分钟时间考虑"①。3天后,法国轮船"苏塞克斯号"未经警告即被德国潜艇击沉。豪斯和蓝辛都建议与德国断交,但威尔逊认为,应该再给英国一次接受美国调停建议的机会。尽管威尔逊等人考虑到,"这也许会使他们认为,我们希望他们为了救我们而采取行动",但威尔逊还是决定发电报给英国,要求英国与其盟国协商,以便"立即采取行动"②。英国方面的想法是:只要不需要英国做出让步,他们愿意接受美国参战;如果美国人"愚蠢"到尚未缔结保证自身利益的秘密条约就卷入冲突,就会对协约国更加有利。针对英国希望美国及早参战的心理,威尔逊和豪斯告诉英国:美国希望尽快结束战争,美国参战可能延长战争进程。英国方面不以为然,认为美国参战会缩短而不是延长战争。在3月23日至4月8日的书信中,格雷婉转地拒绝了美国的提议。③ 与此同时,围绕"苏塞克斯"事件,威尔逊向德国发出最后通牒。5月4日,德国复照表示同意按照巡洋舰规则实施潜艇封锁。接到德国的答复后,威尔逊当天便指示豪斯警告格雷,除非实施"豪斯—格雷备忘录",否则,在德国终止潜艇战而英国坚持封锁政策的情况下,"这个国家的舆论不久就会在相当程度上转向疏远英国"。豪斯强调:召开和平会议的时机已经成熟,威尔逊总统愿意看到美国为"列强间保证和平的普遍和约"承担责任;"除非现在就行动,否则机会也许就永远失去了"④。在美国的压力下,英国又在5月下旬连续召开战时委员会会议,讨论豪斯—格雷方案,但最终还是决定拒绝。威尔逊和豪斯极度恼火,感到有必要重新考虑美英关系。豪斯在日记中抱怨格雷说:"在两年多的时间中,他一直都告诉我说",解决当前国际危机"要

---

① David M. Esposito, *The Legacy of Woodrow Wilson*: *American War Aims in World War I*, p. 67.
② Wilson to Edward Grey, Apr. 6, 1916, PWW, 36, p. 421.
③ Sir Edward Grey to Edward M. House, Mar. 23, Mar. 24 and Apr. 8, PWW, 36, pp. 443–445.
④ Wilson to House, May 8, 1916, PWW, 36, pp. 652–653.

依靠美国愿意参加世界事务"①。可是,当时机到来时,英国却拒绝邀请美国调停,这让威尔逊和豪斯感到非常失望和气愤。

1916年5月27日,威尔逊在对"实现和平联盟"的演讲中谈到战争时说:"我们不关心它的缘起和目标","我们在任何意义上都绝不是现在这场争斗中的一员",美国支持交战国达成任何结束战争的方案。他强调,民族自决、相互尊重领土完整和相互保证不侵略等原则都是国际关系中必须遵循的基本原则。他还强调,要保证"海上自由"和以"世界舆论"制止未来冲突。美国"将和参战国一样"关心未来的世界和平,并愿意成为任何可能保证这些目标实现的国际联合组织的一员,强权只能"服务于共同的秩序、共同的正义和共同的和平"②。威尔逊公开提出了美国加入国际联合组织和以美国原则重建世界秩序的目标。令威尔逊感到不解的是,英国方面对此变化并没有太过在意,却因美国不关心战争的缘起和各自的目标而感到失望。他意识到,他在演讲中关于不关心战争缘起的言论"在欧洲到处被引用",并"遭到了普遍的仇视"。他的解释是:"我们并不关心围绕什么而争论,是因为我们对此并不了解,这部分是因为根本没有人知道他们在争论什么";参战国中的和平浪潮正在涌起,"我想,如果我们可以让他们相互交流,这个时刻一到,战争就结束了"。③ 但是,威尔逊的建议一再为协约国拒绝。对寄望于民主国家相对理性的威尔逊和豪斯来说,这无异于当头一棒!威尔逊更加怀疑协约国同样怀有不可告人的征服野心,并且一直欺骗豪斯上校。

在1916年10月26日的演讲中,威尔逊不再把战争责任简单地归咎于德国,不再强调德国专制主义和军国主义的危险性,而是重新把战争归结为"旧世界"制度的产物。他说:谁不知道,战争爆发

---

① Charles Seymour, ed., *The Intimate Papers of Colonel House*, II, pp. 238–239.
② An Address in Washington to the League to Enforce Peace, May. 27, 1916, PWW, 37, pp. 113–116.
③ A Colloquy with Members of the American Neutral Conference, Aug. 30, 1916, PWW, 38, pp. 115–117.

并非偶然,战争是基于欧洲国家相互猜忌、连锁结盟和阴谋诡计的制度产物;除非改变制度,否则,另一场战争将不可避免,"那将是此类战争的最后一场战争",所有中立国都将卷入其中,美国也不能幸免;既然战争已达到这样的规模,而且"大家都得以武力维护自身权利","中立权利问题已不复存在"①。重新强调战争是"旧世界"制度的产物,表明他对英法的失望达到顶点。但是,他对改变制度即可以消除战争的信念没有动摇,对美国成为民主国家"榜样"和"世界道义领袖"的信心也不会动摇。正是以这种观念为依据,威尔逊同时否定了交战双方的战争目标,否定了笼罩在协约国方面的"道义"之光。

威尔逊写信指示豪斯警告格雷:"美国必须要么决定向和平前进,要么坚定地坚持"以对待德国人一样的坚决坦率态度"维护海上权利;英国必须做出选择,而不能两者都回避,美国不能无所作为。威尔逊还明确重申,美国只关心保证和平和反对侵略的普遍联盟。②这年夏天,英国残酷镇压爱尔兰起义,在美国激起强烈反响,英国在美国舆论中几乎成了压迫者和奴役者的象征。1916年巴黎经济会议召开,协约国之间并没有达成多少实质性的协议,但似乎流露出要控制出口和出口商品以调整协约国商业的意图,这使美国非常不满。蓝辛致威尔逊的信中说:协约国声称将使用的极端手段表明,他们企图甚至在战争结束后都控制工商业,"在战争实际结束后继续进行工业战";这将延缓和平进程,在战争期间和战后损害中立贸易。③威尔逊由此更担心协约国反对建立相对开放的世界新秩序。7月8日,英国宣布把87家美国公司列入禁止与英国贸易的"黑名单"。威尔逊在致豪斯的信中写道:"您将从报上得知,我们已经把佩奇从伦敦召回国内休假,我们希望他至少能够多多少少回到美国人对问题的看法上来。我必须承认,我对英国和协约国的耐心已经濒临终点,黑

---

① A Luncheon Address to Women in Cincinnati, Oct. 26, 1916, PWW, 38, pp. 531–532.
② Wilson to House, May 16, 1916, PWW, 37, pp. 57–58.
③ Robert Lansing to Wilson, Jun. 23, 1916, PWW, 37, p. 287.

名单问题是最后一击。我已经这样告诉斯普林·赖斯，他非常清楚我们的想法。他和朱塞朗都认为这是一种愚蠢的错误。我正在认真考虑请求国会授权，禁止贷款和限制对协约国的出口。在我看来，越来越清楚的是，这项政策的潜在目标是，阻止我国商业在英国影响所及和几乎处于支配地位的市场上获得立足点。我和波尔克都同意起草一份非常严厉的照会。我感到有必要使它与潜艇问题上发给德国的照会一样严厉而不可更改。……难道我们还能忍受他们这些不可容忍的政策吗？"① 在1917年2月2日的内阁会议上，他说："我们不希望看到任何一方获胜。因为双方都同样不关心中立国家的权利。尽管德国是野蛮地杀害人的生命，而英国则只是掠取货物。"②

在美英关系日趋紧张的情况下，威尔逊对佩奇的亲英立场非常不满。8月，佩奇从伦敦回国，并希望尽快见到威尔逊，劝说威尔逊对英国采取缓和立场。但是，直到9月底，威尔逊才召见佩奇。当佩奇为英国辩护时，威尔逊驳斥了他的观点。佩奇说美国提议停战或支持德国和平建议可能令英国不满，威尔逊则说，如果德国提议缔结停战协议，他将乐于支持。蓝辛认为，佩奇带感情色彩的建议，造成了适得其反的效果。蓝辛说："也许是我的判断错得太离奇了，佩奇回国访问及与威尔逊先生谈话的主要后果是使总统对英国更为恼火。……他坚持接受英国人的看法，引起了总统的怒火，使总统变得格外固执。"③ 几天后，豪斯告诉威尔逊，英国为美国的大海军计划和战时商业扩张而忧虑。9月，按照威尔逊的请求，美国国会授权总统以武力就任何国家的海上封锁行为进行报复。佩奇和蓝辛都忧心忡忡，甚至对斯普林·赖斯说，他们可能辞职。蓝辛认为：在战争形势对德国有利时，任何调停建议都会遭到协约国的敌视，"我们无论如何都不

---

① Wilson to House, July 23, 1916, PWW, 37, pp. 466–467.
② Charles and Mary Beard, *The Rise of American Civilization*, II, New York, 1954, p. 627–628.
③ Robert Lansing, *War Memoirs of Robert Lansing*, Indianapolis and New York, Bobbs-Merrill, 1935, pp. 170–171.

能把自己直接安排在德国一边"①。

1916年春夏之交的美英紧张关系没有继续发展下去，主要原因在于：（1）威尔逊一向把德国视为对世界稳定和美国利益、价值观的威胁，不会真正寄望于与德国的合作。亲英抑德是美国的原则性立场，威尔逊不会轻易改变既定立场。而且，事实上，威尔逊心里明白，德国不会准备谈判，无限制潜艇战随时可能爆发。即便美国愿与德国合作以实现妥协媾和，德国也不会轻易接受妥协媾和结局。1916年美英在中立权利问题上的矛盾愈演愈烈，但中立权利只是相对次要的问题，与结束战争和重建世界秩序问题联系起来，它才具有特别重要的意义。从重建世界秩序方面看，美国当然不能把自己的命运与德国联系在一起。仅中立权利而论，对美国利益的更大威胁也来自无限制潜艇战，而不是英国的海上封锁。（2）1916年正是美国大选之年，威尔逊和民主党都难以忽视这一事实。中立时期美国的中立政策始终存在着难以克服的内在矛盾，即既要保持中立，又要维护"权利"，并发挥美国在结束战争和世界秩序重建过程中的大国作用。1915年7月，威尔逊写道："国家舆论似乎要求两种不相一致的东西，一是坚决有力，一是避免战争。"② 20世纪初期，美国处在由大陆扩张向新扩张转型时期，国内同时存在着各种不同的扩张主张，美国的民主制度也在一定程度上制约着政府决策。要赢得大选，威尔逊必须尽量保持政策的相对稳定，以便保持党内和国内相对统一。只要大选帷幕没有落定，他就不能轻易卷入冲突，也难以强制执行调停计划。

威尔逊相信他是在努力保持美国的中立立场，对协约国日益增加的失望情绪和1916年大选强化了他的这种倾向。在竞选演说中，他允许其支持者们说，"他使我们免于战争"，并以此争取总统连任。他攻击共和党说："共和党获胜的必然前景是我们将以这种或那种方

---

① Daniel M. Smith, *The Great Departure, The United States and World War I*, 1914 – 1920, p. 71.

② Wilson to Melancthon W. Jacobus, Jul. 20, 1915, PWW, 33, p. 535.

式卷入欧洲战争的纠纷中"①；共和党正试图改变美国外交政策的方向，而"政策转向只能是从和平转向战争"②。在各种竞选演说中，威尔逊没有提出任何调停建议。但是，大选尘埃落定后，他迫不及待地重新开始了居间调停的努力。11月中旬，威尔逊通知豪斯，他已经决定通过强制调停结束战争。但豪斯和蓝辛都竭力劝阻他的行动。豪斯认为：战争正向着对协约国有利的方向发展，此时采取行动将难以得到协约国的合作；如果美国在与协约国磋商前就采取行动，将被协约国认为是不友好的行为；如果德国接受了威尔逊的提议，美国就有可能与德国结盟，从而与协约国作战。威尔逊回答说：他愿意冒美德合作的风险；如果协约国想要战争，"我们不会退缩"③。豪斯分析说，在与协约国的战争中，英国会摧毁美国海军，日本舰队可能在美国本土登陆，但威尔逊不为所动，仍然坚持己见。与此同时，在交战国中，妥协派与和平主义势力有所抬头，也客观上造成了有利于威尔逊采取行动的形势。

威尔逊在与豪斯于11月27日进行的商谈中，宣读了"一份致交战各国的照会草稿，照会是吁请它们拟定作为媾和基础的条件"④。威尔逊再次受到豪斯等人劝阻。在解释坚持实施强制调停计划的动机时，威尔逊把第一次世界大战与早期欧洲战争进行了比较，认为现代工业已经使战争发展成"巨大的、可怕的、系统化毁灭的争斗"，成了使用堑壕战和毒气的"机械化屠杀竞赛"。他认为，在这样的战争中，任何交战国的胜利都会使战败的对手产生仇恨，从而引发新的战争；政治家们应该让这场战争无果而终，只有通过谈判实现的妥协媾和，才能实现持久和平；"双方的一切牺牲都将毫无意义"，把这"作为未来的一个客观教训"，将为未来的世界和平奠定坚实基础。

---

① A Campaign Speech to Young Democrats at Shadow Lawn, Sept. 30, 1916, PWW, 38, p. 306.
② A Campaign Address, Oct. 7, 1916, PWW, 38, pp. 364–365.
③ The Diary of Colonel House, Nov. 15, 1916, PWW, 38, p. 658.
④ Charles Seymour, ed., *The Intimate Papers of Colonel House*, II, p. 393.

威尔逊强调，应该剥夺战争的荣誉，"剥夺了荣誉，战争就失去了魅力"①。这样，威尔逊清楚地提出了要使交战双方都失去"道义"理由的主张。为对协约国施加压力，威尔逊指示联邦储备基金机构阻止向交战国提供没有担保的贷款。协约国马上感受到了巨大的经济压力。协约国方面有观点认为，一旦美国向协约国关闭财政大门，英法的战争努力就会"窒息而亡"②。通过这一手段，威尔逊迫使协约国政治家们一定程度上承认了美国巨大的国家综合实力的意义。当时的一些英国政府官员甚至认为：英国依赖美国的供应物资进行战争，实际上已经昭示着"霸权从英国向美国的转移"③。

（三）甘冒与"专制国家"合作的风险

通过与协约国合作实现妥协媾和的希望落空后，威尔逊更加坚定了同时对交战双方施加压力的决心。与此同时，交战各国国内的妥协势力有所抬头，国际舆论中提倡妥协媾和的声浪日益增强。威尔逊似乎从中看到了进一步推动交战双方妥协媾和的希望。

就在威尔逊竭力促成妥协媾和而协约国顽固拒绝调停时，德国则力图为恢复无限制潜艇战进行外交准备。德国既要阻止威尔逊的和平调停，同时又要在避免美国参战情况下重新恢复无限制潜艇战，为赢得战争创造条件。6月，德国外交大臣冯·雅戈指示伯恩斯托夫，"阻止威尔逊总统以明确的谈判意图来和我们打交道"，因为他不相信有"像威尔逊总统这样幼稚无知的政治家"；由于战争可能向着有利于德国的方向发展，一个基于"原状的和平对我们来说是不能接受的"④。伯恩斯托夫报告说：如果威尔逊的和平努力因德国拒绝而失败，而德国又要恢复无限制潜艇战，那么，美德战争将不可避免；此外，除非马上实现和平，否则，威尔逊将被迫"采取严厉措施"对

---

① An Unpublished Prolegomenon to a Peace Note, Nov. 25, 1916, PWW, 40, p. 68.
② David M. Esposito, *The Legacy of Woodrow Wilson: American War Aims in World War I*, p. 76.
③ Kendrick A. Clements, *Woodrow Wilson: World Statesman*, Chicago, 1999, p. 153.
④ David M. Esposito, *The Legacy of Woodrow Wilson: American War Aims in World War I*, p. 76.

付英国的海上封锁。① 得到伯恩斯托夫的报告后,德国宰相贝特曼认为,让协约国扼杀美国的和平建议,要比德国拒绝它有利得多。于是,贝特曼转而指示伯恩斯托夫,鼓励威尔逊发起和平谈判建议,甚至宣布欢迎美国调停。同时,贝特曼坚持说服德皇,继续推迟恢复无限制潜艇战。贝特曼原以为,威尔逊会在德国军方决定恢复无限制潜艇战前就发出和平倡议,结果便是德国接受倡议而协约国加以拒绝。但是,由于德国军方不断施加压力,力求通过恢复无限制潜艇战获得战争胜利,奥匈帝国也迫切希望和平谈判,贝特曼被迫于12月12日主动发出和平倡议。德国的和平照会宣布:同盟国在战争中"已经显示了它们战无不胜的力量",它们的宣言是强加于自己的;尽管如此,它们还是愿意和谈,如果战争继续下去,责任完全在协约国方面。② 既然实际上是为恢复无限制潜艇战进行外交准备,德国的照会更像要求对手投降的最后通牒,而不是什么和平倡议。

德国的照会令威尔逊大感失望,反而为他提出和平倡议设置了障碍。如威尔逊随后发出和平倡议,便可能给协约国留下美、德存在默契的印象。尽管如此,威尔逊还是决定立即发出自己的和平倡议。威尔逊指示驻外使节向各国做出解释,他的和平呼吁与德国照会没有任何关系,希望各国按照美国和平呼吁的本身价值对待它。他还说,要给外国政治家们留下深刻印象:对于美国来说,"理解一个否定的答复""是非常困难的"③。照会写道:"总统并非建议媾和,他甚至没有提出由自己来调停。他只是建议去试探一下水的深度,以便所有中立国和交战国都能知道是否已经靠近那和平的港口,而这个港口是人类越来越急于到达的。"④ 但是,任何对建议的拒绝都将意味着该国与美国关系的恶化,这是显而易见的。

---

① David M. Esposito, *The Legacy of Woodrow Wilson: American War Aims in World War I*, p. 76.
② David M. Esposito, *The Legacy of Woodrow Wilson: American War Aims in World War I*, p. 78.
③ David M. Esposito, *The Legacy of Woodrow Wilson: American War Aims in World War I*, p. 78.
④ An Appeal for a Statement of War Aims, Dec. 18, 1916, PWW, 40, pp. 275–276.

为避免承担战争责任，为消除美国因德国恢复无限制潜艇战而参战的理由，德国抢先于12月26日答复了威尔逊。德国的照会赞扬了威尔逊的和平倡议，但强调要通过交战双方直接谈判达成协议，既没有说明德国的媾和条件，回避了威尔逊在照会中提出的核心要求，又把威尔逊排除在了和平谈判之外。德国新任外交大臣齐默尔曼继承了原外交大臣雅戈的立场，他给伯恩斯托夫的训令中解释说："总统纵以'票据交换所'的形式出现，其干预也会有损于我们的利益，因而应予阻止。如果我们不想冒这种危险：借中立国的压力来获得所希望的利益（得自战争的），那么我们就必须通过我们与对方的直接谅解来建立和平的基础。因此，我们也拒绝召开和会的主张。"① 1917年1月9日，德国秘密做出了恢复无限制潜艇战的决定。德皇于1月12日发布诏书，号召德国人民全力以赴，争取最后的胜利。

对于威尔逊的和平倡议，协约国方面感到非常恼火。但是，由于德国拒绝在先，英国还是作为协约国代表阐明了媾和条件。其实，协约国同样不能接受威尔逊的和平建议，他们只是想通过设计和平条款，重新争取威尔逊对它们的信任。与此同时，它们还期待着德国恢复无限制潜艇战，以减轻来自美国的压力。不久，德国就启动了无限制潜艇战。正如丘吉尔后来所承认的，德国的潜艇战"帮助了我们"，"改变了我们与美国争论的状况"②。

对于协约国的媾和条件，威尔逊深恶痛绝。他在给协约国支持者来信的答复中说：如果信件的作者"在过去的两年中与英国政治家们生活在一起，并看到他们思想深处的东西，我想他就会产生不同的感受"③。豪斯在日记中写道："英国和法国都认为，它们是在为它们自己而战，同时也是为我们而战，它们认为我们应该感谢它们，而我们

---

① ［联邦德国］弗里茨·费舍尔：《争雄世界：德意志帝国1914—1918年战争目标政策》（上册），何江、李世隆等译，商务印书馆1987年版，第364—365页。
② Winston S. Churchill, *The World Crisis*, 1911–1918, New York, 1923–27, II, p. 306.
③ Wilson to Newton D. Baker, Dec. 26, 1916, PWW, 40, p. 330.

却无法让自己产生出感激之情。"① 1月22日，威尔逊在参议院发表演说，公开宣布美国希望实现"没有胜利的和平"。他再次吁请交战双方妥协媾和，实现没有领土兼并和赔款的和平，并强调要保证"公海航行自由"和"民族自决"等。演说对交战双方的战争目标仍然同时持否定立场，把"妥协媾和"视为实现"公正"和"持久和平"的前提。面对调停外交的穷途末路，威尔逊写信给豪斯说："如果德国真想要和平，他就可以获得和平，而且会很快获得和平，只是他要向我吐露他的想法，并让我获得机会。"他说，"情绪、愤怒没有意义。他们（德国人）真的需要我的帮助吗？我有权知道，因为我真诚地愿意提供帮助，我现在已经把自己置于不偏袒任何一方而提供帮助的立场"②。按此说法，威尔逊似乎是真心准备冒美、德合作谋求妥协媾和的风险。然而，演说刚发表，德奥就明确表示拒绝。1月29日，德皇下旨，严词拒绝威尔逊担任媾和调停人。③ 直到1月的最后一天，威尔逊仍然相信，交战国将在一个月内进行和谈。他告诉豪斯，只要能够避免，他就不会允许形势发展为美国参战，因为这将使美国战后难以扮演挽救欧洲和世界的角色。但是，德国政府已决定恢复无限制潜艇战。同时，英国方面也强调，"不能让德国逃避惩罚"④。威尔逊关于妥协媾和的最后希望破灭了。

自1915年春季起，历经抑制德国、扶持协约国，到甘冒与德国合作的风险，威尔逊始终未能推动交战双方走向妥协媾和，未能把主要大国关系纳入符合美国利益的轨道。显然，要掌控大国博弈局面，按照美国愿望重建世界秩序，威尔逊政府必须另寻他途。美国中立时期调停外交的失败表明，交战双方都不愿接受美国的干预及其战后世界重建方案，而美国并不具备迫使双方谈判媾和的实力和影响力。但是，威尔逊并不会就此甘心失败。

---

① The Intimate Papers of Colonel House, II, p. 443.
② Wilson to House, Jan. 24, 1917, PWW, 41, p. 3.
③ 弗里茨·费舍尔：《争雄世界》上册，第372页。
④ Charles Seymour, ed., The Intimate Papers of Colonel House, II, p. 421.

第四章 以战止战与持久和平
——威尔逊国际政治理想主义案例分析之二

战争爆发后，美国始终以"中立国"身份推动"妥协媾和"，努力实现美国主导下的大国联合与合作，并视之为美国的政策目标和按照自身利益实现国际社会革新的前提。但是，交战双方都决心彻底打败对手，都试图以绝对的手段谋求绝对的战争胜利，致使威尔逊以"中立"推动妥协媾和方案好梦难圆。美国劝和促谈活动的失败，预示了第一次世界大战中威尔逊式理想主义目标的黯淡前景，但威尔逊并不甘心就此收手，转而试图通过美国直接参战，实现美国主导大国关系变化和战后世界秩序重建的目标。为此，威尔逊政府参战后拒绝把美国视为协约国的盟国，坚持与协约国保持一定的距离，用以表明不支持协约国的战争目标。威尔逊的目标仍然是，在美国主导下推动大国之间达成一定程度的妥协，为战后继续按其大国联合构想实现美国式"改造世界"方案创造条件。参战使美国在战争中的利益和目标更趋明确，威尔逊的"改造世界"方案也更为具体化。从参战原因、形式和目标看，威尔逊把美国参战标榜为"以战止战"和拯救"民主"的正义行动，把实现"持久和平"标榜为美国代表团在巴黎和会的唯一目标。实际上始终试图以"世界领袖"自居，扮演大国关系变化主导者的角色，竭力确立"美国的领导权"，建立美国主导的世界新秩序，实现美国的新扩张。但是，由于协约国列强的固守不化，美国综合实力不足以支撑威尔逊的理想主义目标，以及以威尔逊为首的美国统治集团同样以本国利益和目标为圭臬，凡尔赛和会变成了列强奴役、掠夺战败国和弱小国家的强盗分赃会议,勉强达成的国联盟约也被美国参议院否决。

一 和平中立旗帜下的扩军备战

为实现美国式的"改造世界"方案,威尔逊作为一位不断标榜"和平"的总统,却把孤立主义、和平主义势力相对强大的美国带进了规模空前的欧洲战争,这在美国历史上是史无前例的。为理解这一变化进程,我们必须首先了解威尔逊关于军事力量和扩军备战问题的基本观点,以及他在美国参战前陆海军扩军备战活动中实际发挥的主导作用。

(一)威尔逊的扩军备战主张

一种观点认为,威尔逊在美国中立期间因过于强调"道义力量",忽视了军备扩张的意义,不习惯于把军备扩张与美国安全防卫政策联系起来考虑。按照这种诠释,威尔逊所谓的"道义力量"与军事力量、外交政策与军事政策便成了相互分离的因素。在威尔逊外交研究中,这往往被视为"理想"背离"现实"的显著表现之一。① 事实上,无论从威尔逊的基本观点看,还是从中立时期威尔逊政府实际执行的政策看,这种看法都是缺乏根据的。

总体说来,威尔逊关于军备扩张的观点,受到了美国传统、国情和战时形势变化等多种因素的影响。尽管具体主张是变化的,但其支持扩军备战的基本立场和观点却是连贯的。

首先,他从不因为强调"道义力量"而反对扩军备战。

按其"理想主义"说辞,对于美国而言,只要目的正当,做什么都是正当的。在美国的军备扩张以及美国对外使用武力方面,他也是

---

① Robert Ferrell, *Woodrow Wilson and World War I*, 1917 – 1921 (New York, 1985), p. 15; Lloyd Ambrousius, *Wilsonian Statecraft: Theory and Practice of liberal Internationalism during World War I*, (Wilmington, 1991), ix – x.

按照这样的逻辑,为美国政府的行径提供辩护的。按照威尔逊的说法,第一次世界大战美国参战,乃是为了拯救"世界民主"和实现"持久和平",自然是出于正当的目的,不仅无可厚非,而且是美国人的自豪和骄傲。

威尔逊所谓的"道义力量"实际上从不排斥军事因素。他强调,作为"道义上的世界领袖",美国外交就是"道义力量"的体现,美国军事力量就代表着"道义力量"[1]。在中立时期谈到和平与武力的关系时,他警告说:"和平不是无所作为。在通向和平的道路上,可能需要做出无限努力,大概还可能使用武力。"[2] 在谈到建立理想化世界秩序时,他强调"世界舆论"是人类"理性"和"道义力量"的体现,强调单个国家决不能与人类有"理性"的舆论对抗,但同时又强调,"武力"和"威权"只能用来"服务于共同的秩序、共同的正义和共同的和平",而不能用来"服务于政治野心或自私利益"[3]。总之,在威尔逊的心目中,只要目的正当,军事力量就代表"道义力量",而美国军事力量就是"道义力量"的体现。

其次,他倡导尊崇美国理想主义传统,但决不受传统观念过多约束。

按照美国传统的自由主义观念,军事力量尤其常备军是产生专制和暴君的温床,是对人民权利的威胁。因此,美国自建国以来,除非处于战争状态,美国法律始终保证民间买卖和持有枪支的权利,并视之为基本人权保障,视之为防止专制和暴政的手段。作为经过学术殿堂长期严谨训练的美国历史学家、政治学家和法学家,作为一位特别崇拜美国自由主义传统的总统和政治家,威尔逊当然能够理解这些观念在美国的深刻影响。因此,在美国中立期间,他反复强调,美国不

---

[1] Frederick S. Calhoun, *Power and Principle: Armed Intervention in Wilsonian Foreign Policy*, the Kent State University Press, 1986, pp. 19–21.

[2] Remarks to the Clerical Conference of the New York Federation of Churches, Jan. 27, 1916, PWW, 36, p. 6.

[3] An Address in Washington to the League to Enforce Peace, May 27, 1916, PWW, 37, p. 116.

会因为不存在的战争威胁把美国变为"军营",从而威胁美国的民主自由制度。但是,随着欧洲战事的持续,威尔逊在扩军备战的道路上越走越远。

再次,威尔逊的扩军备战主张始终服务于美国的政策目标。

20世纪初期,美国在科技实力、经济实力、制度创新等方面都处在相对领先地位。相对其领先地位和雄厚的综合实力而言,美国军事力量的发展仍然处在相对滞后的位置上,一定程度上成了美国建立新型世界霸权的制约因素,这是历史造成的客观事实。到战争爆发时,威尔逊并不能立即改变这一事实。但是,作为一位志在推动美国称霸世界和全球扩张的政治活动家,他绝不可能忽视军事力量对美国实现霸权目标的重要性。

威尔逊具体的扩军备战主张是变化的。其政策主张的变化,主要受到欧洲战争形势、美国外交政策和国内政局变化的影响。战争初期,人们普遍认为战争有可能在美国保持"不偏不倚"立场的前提下很快结束,威尔逊政府当然不会轻言扩军备战。但随着欧洲战场出现僵局,面对美国可能被卷入战争的形势时,威尔逊便乘机积极推动扩军备战活动。当美国决定参战时,他转而主张"最大限度地使用武力"。此外,易为人们忽视的另一个事实是,利用参战扩充军备,尤其致力于建立一支强大海军,是威尔逊政府的一项重要目标。

(二) 威尔逊政府的扩军备战活动

欧洲战争期间,威尔逊政府的扩军备战政策始终都与内外形势的变化紧密相关。战争初期,美国保持了"不偏不倚",战争可能很快结束的前景使美国难以进行深度干预。在这种情况下,威尔逊自然拒绝了立即扩充常备军的主张。他在1914年的年度咨文中说:反对扩充常备军,但不反对扩充国民警卫队。他的理由是:加强国民警卫队"不是因为时间和机遇特别需要采取这样的措施,而是因为采取这些措施保证本国和平与安全是我们的一贯政策";越过了这样的界限,就构成了"整个历史和我国政治体制性质上的倒退",将意味着"我们失去了自我克制",意味着"我们因为不相关的战争而失去了平衡";"战争的起因与我们没有关系,而战争状态的存在给了我们提供友谊和服务的机会,这使我们耻于在动乱中考虑敌视或令人恐惧的备战"。① 显然,在战争可能很快结束的背景下,在美国不可能对欧洲战争进行深度干预的情况下,威尔逊考虑的主要是在美国调停下尽快结束战争,即便扩充军备,也需要谨慎从事,从而避免在国内外引起不必要的麻烦,妨碍主要目标实现。

由于相对特殊的传统和国情,直到欧洲战争爆发前夕,美国陆军常备军建设始终相对滞后,陆军人数总共只有约10.3万人,且多分布在海外。美国海军在1898年后获得迅速发展,美国海军舰队到1914年在世界上排名第三,仅次于英国和德国。但是,与美国相对雄厚的综合实力相比,与其按照自身愿望重建世界秩序和称霸世界的目标相比,相对于美国加强海外扩张的形势变化而言,美国的军事力量还相对薄弱,即便海军力量也远不能满足需求。迅速扩充军备是19世纪末期以来美国扩张主义者们不懈的追求,威尔逊也不例外。但是,作为具有民主自由传统国家的政治领袖,威尔逊始终难以忽视一个事实:他在军备扩张问题上始终受到国会权力的制约。战争初期,威尔逊力主加强国民警卫队力量,既说明了他支持扩军备战的政策取向,同时也说明他完全理解美国军事扩张可能面临的国内阻力。

从1915年春季起,即欧洲战场形成僵局后,美国与交战双方围绕中立权利问题的争执日益激化。豪斯出访欧洲后得出的基本结论是:战争不会很快结束;美国必须准备参战。7月,豪斯在日记中写道,总统"一直没有认识到我们不备战的严重性";如果美国在一年前战争初起时就武装自己,建立了"与我国在各国中地位相称的战争机器,我们今天将处于强制推进和平的地位"。他的结论是,如果美德开战,也是美国军事力量软弱状况造成的。② 豪斯的这番记述,显

---

① An Annual Message to Congress, Dec. 8, 1914, PWW, 31, p. 423.
② Charles Seymour, ed., *The Intimate Papers of Colonel House*, II, p. 18.

然含有自我标榜、推卸责任的味道。实际上,在战争初期,他同样反对立即扩充军备,并警告威尔逊,不要把美国变成军事国家。① 战争结束后,豪斯又在致查尔斯·西摩的信中说:"如果我们从战争一开始就武装到牙齿,伺机干涉,美国也许就改变了历史进程。我认为,这是巨大失误,因为协约国和德国都重视干涉威胁,我们几乎可以按照自己的愿望进行干涉。"② 事实上,战争初期威尔逊的扩军备战政策与当时的战争形势、美国"不偏不倚"的地位是相互吻合的。而且,不容忽视的另一个基本事实是:鉴于国情和传统的相对特殊性,人们既害怕战争,又担心扩建常备军会增加军费负担,妨碍国内民主自由权利;当时的美国正处在进步主义时代,进步主义者和下层民众渴望推进国内民主改革,担心军备扩张和战争妨碍国内改革。因此,即便威尔逊打算及时扩充军备,事实上也难以如愿。

1915年的无限制潜艇战在美国造成了巨大冲击力。许多人相信,军事力量的相对薄弱,不仅使美国利益和安全面临挑战,而且使美国根本没有力量去影响欧洲战争。豪斯的上述言论,就反映了这种观点。因此,利用潜艇战的机会,扩军备战政策的拥护者们发动了一场要求迅速扩建陆海军的宣传活动。与此同时,罗斯福和共和党人则乘机对威尔逊政府施加压力。这样,客观形势为威尔逊加快扩军备战进程创造了条件。1915年1月,威尔逊仍在指示陆军部长加里森派人向议会和美国民众保证:美国不需要立即大规模扩充军备。但是,到3月,威尔逊已授意加里森草拟扩军方案。③ 7月21日,威尔逊正式下令,要求陆海军部长全面拟订扩军方案。陆军扩军计划即所谓"大陆军计划",又称"加里森计划",于9月递交威尔逊。该计划要求:通过每年招募13.3万人,在3年内建成一支40万人的常备军;同时,加强对志愿者的训练,作为常备军的补充。海军扩军计划的目标

---

① David M. Esposito, *The Legacy of Woodrow Wilson: American War Aims in World War I*, p. 33.
② Charles Seymour, ed., *The Intimate Papers of Colonel House*, II, pp. 83–84.
③ David M. Esposito, *The Legacy of Woodrow Wilson: American War Aims in World War I*, p. 45.

更为庞大。海军将官委员会建议用5年时间建造10艘战列舰、6艘巡洋舰、50艘驱逐舰和100艘潜艇。按照威尔逊的说法，美国的目标就是要建设"世界第一的海军"。11月，威尔逊在演讲中解释说：军备扩张的目的将仅限于防御；虽然美国保持着和平中立，"但我们感到，有必要通过使用我国武装力量为实现目标做好准备，让我们准备好保护独立而不受干扰行动的权利"。① 威尔逊对军备扩张政策的解释表明，防止入侵和保卫"权利"是当时美国舆论唯一可能认可的理由。12月，威尔逊在第三次年度咨文中向国会提出了扩军备战计划，并宣称："伟大的民主国家是不好战的，它们并不寻求或渴望战争"；"我们仅仅把战争视为保护国家权利不受侵犯的手段"。他还呼吁"镇压"那些"使用外国阴谋来贬低我们政策"的批评者。②

尽管十分小心谨慎，但威尔逊政府的扩军方案还是遭到激烈抵制，进步主义者和中西部地区的反对声浪尤为激烈。1916年1月底和2月初，威尔逊在东部和中部地区进行巡回演讲，竭力为扩军备战政策进行辩护。他说："我不能告诉你们，我国明天将面对什么样的国际关系"③；"我们希望保持本国反对所有其他国家行为的平等权利"④；"国家正在最艰难的危险中跋涉"，这些危险"并不是我们制造的，也不受我们控制"⑤。他说：我们被赋予了双重责任，既要维护和平，又要提高荣誉，必须做好维护"荣誉"的战争准备。他反问说："难道你们没有看出，不可能同时完成这两项任务的时刻可能来临？难道你们没有看出，如果我要保护国家荣誉，……我是在保护国家应对我无法控制的事情，那是其他国家行为？我无法预料其他国家行为会把我们带到哪里。你们可以信赖我的良知和决心，使你们置身战争之外，但如有必要，我将维护你们的荣誉，你们必须为此做好

---

① An Address on Preparedness to the Manhattan Club, Nov. 4, 1915, PWW, 35, p. 169.
② An Annual Message on the State of the Union, Dec. 7, 1915, PWW. 35, p. 297.
③ An Address in New York on Preparedness, Jan. 27, 1916, PWW, 36, p. 12.
④ An Address in Pittsburgh on Preparedness, Jan. 29, 1916, PWW, 36, p. 28.
⑤ An Address in Cleveland on Preparedness, Jan. 29, 1916, PWW, 36, p. 46.

准备。"① 由于反对派激烈抵制，威尔逊撤回了"大陆军计划"，由此导致了陆军部长加里森的辞职。接着，威尔逊把草拟新法案的任务交给了众议院军事委员会主席詹姆士·海。这意味着总统对国会的妥协，但此举在缓解总统与国会冲突的同时，也在一定程度上将扩军备战的责任托付给了国会。

"豪斯—格雷备忘录"的签署清楚地表明，威尔逊和豪斯完全理解美国军事力量对他们试图实现目标的意义。他们都明白：协约国拒绝美国调停，不相信美国参战的决心和能力是重要原因之一；德国无视威尔逊政府的立场，决心恢复无限制潜艇战，不相信美国及时参战的决心和能力也是重要因素。美国要扮演"世界领袖"角色，没有强大的军事力量是行不通的。但是，"豪斯—格雷备忘录"只是一个秘密协议。事实上，当时美国舆论并不能接受备忘录中提供的参战承诺，扩军备战的理由只能建立在保卫本土和保卫"权利"的基础上。《新共和》杂志编辑克罗利坚决支持扩军备战，但他发现提出的各种扩军备战理由并没有说服力。那些支持备战者似乎始终难以回答这样的问题："为什么要备战？"作为报界人士，克罗利的态度相对坦率。针对担心国家军事化妨碍国内自由的说法，他认为这是对民主制度控制庞大军事力量的能力缺乏信心的表现。他相信，军事力量只是现代国家的工具，既不是祸根，也不是治病良方。② 但是，当时接受这种观点的美国人是相对有限的。

1916年美英关系的日趋紧张也加速了美国的扩军备战步伐。在美英关系紧张之际，威尔逊对英国在调停媾和与中立权利问题上的立场感到既失望又愤怒。豪斯分析说："在我看来，现在与英国的真正分歧在于，美国已经承诺建立强大海军；我们的商业正得到令人难以置信的扩张，并正在迅速占据德国在战前所占据的位置。在英国，也许没有人承认我所提到的事情正导致他们对我们日益感到愤怒，但无

---

① An Address in Cleveland on Preparedness, Jan. 29, 1916, PWW, 36, p. 47.
② David M. Esposito, *The Legacy of Woodrow Wilson: American War Aims in World War I*, p. 44.

论如何，这就是事实。"听了豪斯的分析后，威尔逊说："让我们建立比他们更强大的海军，并按照自己的意愿行事！"① 建立一支比英国更强大的海军，这在当时似乎是不可思议的，但是，却成了美国此后从不放弃的目标。依据报道，他在演讲中的解释是："在这个世界上，没有一支海军像美国海军一样必须控制如此广阔的防御区，因此，就我个人所见，美国海军应当成为举世无双、最完备的海军。"② 显然，美国的军备扩张绝不仅仅针对战时德国，更是为了实现称雄世界的目标。

1916年6月，国会通过的《国防法》规定：5年内将陆军人数从10.3万人增加到17.5万人；扩建陆军学校，并在各大学实施预备役军官训练方案；将国民警卫队纳入联邦服役，并允许警卫队在境外执行任务；5年内将警卫队人数从10万人增加到40万人；联邦政府为警卫队提供资金资助。为适应现代战争需要，法案还规定组建由陆军部长、海军部长、内政部长、农业部长、商业和劳工部长组成的国防委员会及其下属咨询委员会，综合协调备战活动。该法案明显加快了美国扩建陆军常备军的步伐，但同时又对政府的控制权有所限制，如限制总参谋部对各地陆军的领导权。为保证方案的实施，新任陆军部长牛顿·D. 贝克接受了法案设置的种种限制措施。重视扩建海军是海外扩张时代美国国家政策的显著特征，即便一些坚决反对备战的人士，也不反对加快海军建设的步伐。因此，相对而言，海军法案的通过和实施阻力较小。1916年5月的英、德日德兰海战显示了无畏舰的优势，消除了国会中反对建立强大海军的声音。8月，海军法案顺利通过，并把5年期缩短为3年期。③

7月，美国国会又通过增加军费法案。规定：将正常所得税增加

---

① The Diary of Colonel House, Sept. 24, 1916, PWW, 38, pp. 258–259.
② Baker, Ray S. & Dood, E. William, ed., *The public Papers of Woodrow Wilson*, Vol. Ⅱ, 1926, pp. 113–114.
③ David M. Esposito, *The Legacy of Woodrow Wilson: American War Aims in World War I*, p. 49.

一倍，免税规定不变；将附加税最高额从6%增加到10%；对军火制造商的总收益征税1%至8%；新增联邦财产税1%到5%；取消1914年开征的特别消费税。该法案一定程度上体现了进步派的改革和平等要求，适当减轻了社会下层的税收负担，但保证了扩军备战所需军费的迅速扩充。

在《国防法》颁布后，越来越多的美军军官要求实施普遍兵役制。陆军总参谋长斯科特不顾总统和陆军部长的态度，公开表示支持实施普遍兵役制。11月，陆军部长贝克询问威尔逊：是否要按照总统1914年限制军官乱发议论的命令批评斯科特？威尔逊反复强调，应允许斯科特将军发表自己的看法。威尔逊的答复令贝克感到惊讶。12月，斯科特指示陆军学院起草征兵计划，引起新闻界的注意。在记者招待会上，有记者问威尔逊是否赞成进行大规模军事训练。威尔逊未置可否。当记者追问时，他说："这个想法十分容易，也非常吸引人，但更关键的是要看它如何操作"；对于"每个重大而公开的问题"，都必须看到议案才能形成意见。[①] 显然，威尔逊赞成普遍兵役制，但不能忽视国会的作用。

尽管威尔逊政府不断推进扩军备战进程，到1917年初德国决定恢复无限制潜艇战时，美国军队的扩充、动员和训练仍然难以及时适应战争需要。鉴于美国难以及时组建大规模远征军赴欧洲作战，当时许多军政官员都主张美国侧重于为协约国提供海军支援和财政帮助，协约国方面也不赞成美国派大规模远征军赴欧洲作战，但威尔逊并不赞成这样的观点。他认为，只有组建大规模美国远征军赴欧洲作战，并对欧洲战争进程施加有效影响，才能为他战后主宰和平会议、按照美国利益和愿望重建世界秩序创造条件。一旦对德宣战，威尔逊便转而呼吁，"最大限度地使用武力"，任何对扩充军备的掣肘都不再有效了。

[①] Remarks at a Press Conference, Dec. 18, 1916, PWW, 40, p. 267.

二 以武力谋求"举足轻重的地位"

对威尔逊来说，美国按照自身利益和愿望"改造世界"是不容放弃的目标，怀着这样的目标必然要以这样或那样的方式直接介入战争，所要推敲的只是介入的方式方法问题。从这种意义上说，"中立"和"参战"只是介入的方式不同而已，只要不能以"中立"推动"妥协媾和"，美国的直接参战是必然的。中立时期的扩军备战以及内外宣传等活动，事实上已经为美国调停不成即直接参战创造了条件。美国视德国为主要竞争对手，在难以实现"妥协媾和"的情况下，必定要参加协约国方面作战。威尔逊曾极度看重美国中立的意义，但在反复犹豫后，最终还是得出了美国必须参战的结论，并决心在国内外排除异议，组建大规模独立建制的"美国远征军"参战，决心以有效参战施加最大影响，实现其战略构想。

（一）以直接参战谋取大国主导地位

到1917年初，交战双方都决心抵制美国调停，彻底打败对手。交战双方的拒绝媾和立场令威尔逊非常不满，德国恢复无限制潜艇战意味着最后的搏斗不可避免。

1月31日，美国全国上下围绕"没有胜利的和平"演说的喝彩声尚未停歇，德国递交给美国一份文件，正式宣布从2月1日起重新恢复无限制潜艇战。随照会而来的，还有德国总理贝特曼的一封信，向威尔逊透露了德国方面的初步媾和条件。这些条件包括法国归还所占据的阿尔萨斯部分地区，归还德国的殖民地，归还德国在东方占领的地区，给予比利时以有限自治，以及协约国给予赔偿，等等。① 威尔逊非常吃惊，也非常恼火。据其私人秘书约瑟夫·图马尔蒂回忆说：威尔逊总统"读了又读"德国的照会，"首先是惊愕得面无表

---

① Bernstorff to House, Jan. 31, 1917, PWW, 41, pp. 80 – 82.

情；接着，对德国如此背信弃义感到难以置信；然后，神情严肃而冷峻，面色灰暗，紧闭双唇，并且习惯性地紧锁下颌——这是他做重大决定时的典型神情。他把文件还给我，以平静的语气说道：'这意味着战争，我们极度努力避免的决裂，如今看来是不可避免了'。"① 对于德国提出的媾和条件，威尔逊明确表示不能接受。正当威尔逊对协约国极度不满之际，德国恢复无限制潜艇战的决定令协约国政治家们顿感如释重负。一位英国驻美使馆官员不无庆幸地写道："如同往常一样"，德国"与我们跟美国打交道情形相比，显得更愚蠢"②。

2月1日，威尔逊与豪斯、蓝辛等人商量后一致认为，应该立即与德国断交，把伯恩斯托夫驱逐回国。据豪斯记载：威尔逊说，"他为德国政府采取这种突然而无理的行动深感失望"；"我们曾经有充分理由认为，交战国将在一个月内谈判媾和，怀斯曼和我已经讨论如何开始（媾和）问题，而且表面看来，德国似乎急于谈判媾和"；威尔逊说，得知德国恢复无限制潜艇战消息后，他觉得"似乎世界突然间发生倒转，先自东向西，又自西向东，他难以保持平衡"。但是，在秘密商谈过程中，威尔逊仍然坚持认为，"只要可以避免，他将不会允许导致战争"。他反复强调，他相信："使我国政府卷入战争，以至于此后难以拯救欧洲，将是一种罪恶。"③ 蓝辛在回忆录中也说，威尔逊"越来越感到，'白人文明'与它对世界的统治主要依赖于我们能否让这个国家完好无损，因为我们必须复兴被战争破坏的各国"。④ 显然，威尔逊考虑的仍然主要是战后充当欧洲和世界救世主问题，他愿意为此继续使美国保持中立立场不变。此外，德国虽然宣布恢复无限制潜艇战，但毕竟没有对美国船只和人员造成现实损害，美国要想参战，也不愁没有机会。按照豪斯建议，威尔逊还希望挽留即将上任的奥匈驻美大使，又通过驻华盛顿的瑞士使节传话，希望实

---

① Joseph P. Tumulty, *Woodrow Wilson as I Know Him*, New York, 1921, pp. 254-255.
② Kendrick A. Clements, *Woodrow Wilson: World statesman*, Chicago, 1999, p. 47.
③ The Diary of Colonel House, Feb. 1, 1917, PWW, 41, p. 87.
④ Robert Lansing, *War Memoirs of Robert Lansing*, Indianapolis, 1935, p. 212.

现"理性和平"。但是，两种渠道都表明，德国不会放弃无限制潜艇战，交战双方的最后决斗不可避免。

豪斯和蓝辛等人早就认为，美国应及早参战。此时，他们更坚定了推动美国参战的决心。只是鉴于威尔逊的态度，他们不便贸然刺激他。2月14日，豪斯给威尔逊带来胡佛的建议，并说相信总统会同意胡佛的多数意见。① 实际上，胡佛的建议是当天上午与豪斯讨论后的感想，同时也反映了豪斯的想法。胡佛刚从欧洲回国，对战争情况比较了解，建议美国正式宣战。胡佛认为，美国可通过为协约国提供陆海军援助方式参战，而不必与协约国实际结盟；也可以只向协约国提供食品和军火，加强对德国的封锁。他还建议美国建立强大防卫力量"以待战后"，因为美国与协约国的和平主张也是相互冲突的。他特别强调说："我们在多大程度上实现理想，在很大程度上取决于我们能够改变天平的分量。"② 胡佛的建议未被采纳，尤其把美军编入协约国军队的主张遭到了陆军部的坚决反对。但是，对于胡佛的某些观点，如美国战争目标与欧洲国家有所不同、美国目标的实现取决于美国"改变天平的分量"等，威尔逊是认可的。威尔逊深知，如果美国不参战，在战后和平会议上便不会有美国代表团和他本人的位置。他清楚地意识到这一点，豪斯等人也反复提醒过他。豪斯告诉他："我们成为交战国不是没有好处，因为这将巩固您在国内和与协约国打交道时的地位，……您在和会上的影响将大大加强，而不是减弱。"③ 威尔逊本人也承认，美国直接参战将使他在和会上拥有"举足轻重的地位"，如果只是中立国代表，充其量只能"透过门缝喊话"④。

国内各种反战力量的存在，仍然是牵制威尔逊手脚的重要因素。2月21日，威尔逊请求国会武装商船，确认他武装商船的权力。但

---

① House to Wilson, Feb. 14, 1917, PWW, 41, p. 226.
② Hoover to House, Feb. 13, 1917, PWW, 41, pp. 227-229.
③ House to Wilson, Apr. 3, 1916, PWW, 36, p. 405.
④ David M. Esposito, *The Legacy of Woodrow Wilson: American War Aims in World War I*, p. 90.

是，反战议员以冗长演说阻止了武装商船法案的通过。威尔逊批评这些反战分子是"一小撮任性的人"，已使美国处于"蒙受羞辱和无能为力"的状态。他置国会于不顾，按照国务院恢复使用的反海盗法，实际开始了武装商船行动。① 事实上，一旦威尔逊决心参战，什么力量也不可能有效阻止美国的直接参战和快速的扩军备战。2月24日，根据英国方面提供的情报，驻英大使佩奇把德国外交大臣齐默尔曼致墨西哥公使的电文发回国内，为威尔逊正式对德宣战提供了新的借口。

"齐默尔曼电报"的内容是："我们拟在2月1日开始无限制潜艇战。尽管如此，我们将努力使美国保持中立。如这方面努力失败，我们便在下述基础上建议墨西哥与我们结盟：共同战斗，共同媾和，提供慷慨的财政援助，达成我们帮助墨西哥收复得克萨斯、新墨西哥和亚利桑那失地的协议。细节问题由您处置。一旦我们与美国的战争变得确定无疑，马上以最机密的方式告知该国总统，并建议按照他自己发出倡议的方式，邀请日本立即加入结盟，同时在我们与日本之间进行调解。请您提请该国总统注意这一事实：无情使用潜艇战的前景是数月内迫使英国媾和。"② 3月1日，齐默尔曼电报公开发表，进一步加剧了美国的仇德情绪和战争狂热。在美国舆论中，似乎德国已对美国安全构成了最直接的威胁。

佩奇在日记中写道："这会在几乎任何两个国家之间促成战争。"③ 罗斯福宣称，如果威尔逊还不决定参战，"我就活活地剥了他的皮"④。就在美国舆论怀疑电文的真实性时，齐默尔曼公开承认了文件的真实性，进一步排除了美国舆论中的反战情绪。但是，威尔逊授权公布电报的本意主要是使其武装商船行动合法化，因而没有立即

---

① David M. Esposito, *The Legacy of Woodrow Wilson: American War Aims in World War I*, p. 90.
② Page to Wilson, Feb. 24, 1917, PWW, 41, p. 281.
③ 托马斯·帕特森等：《美国外交政策》（上册），第390页。
④ William H. Harbaugh, *Power and Responsibility: The Life and Times of Theodore Roosevelt*, p. 496.

请求国会宣战。3月5日，佩奇从伦敦发来紧急电报，说英国财政枯竭，协约国方面形势危急，威尔逊没有做任何反应。3月12日，美国商船被击沉，他仍然没有反应。3月15日，传来了俄国二月革命胜利的消息，威尔逊顿时变得兴奋起来。对威尔逊来说，二月革命似乎具有特别重要的意义。

俄国曾经是美国对欧洲战争政策中的重大难题，二月革命一定程度上化解了这一难题。从现实主义角度看，俄国是未来美国的主要竞争对手。按照美国理想主义的国际政治观理解，与德国一样，俄国也是专制主义和军国主义国家。同许多美国人一样，威尔逊一直把沙皇俄国视为专制落后国家的典型。在当时许多西方观察家眼里，二月革命不过是俄国走向"崩溃"的表现。但对于威尔逊来说，这似乎证实了他在战争初期的分析，俄国并不能立即构成对美国利益和价值观的严重威胁。革命发生后，俄国有可能退出战争，更使美国面临了协约国失败的危险。二月革命还通过推翻沙皇制度改变了威尔逊对俄国的敌意。他在参战演说中说："难道我们每位美国人还没有认识到，最近几周发生在俄国的那些令人惊异和震撼人心的事情，已经为我们关于未来世界和平的愿望增加了保证？那些熟知俄国的人们都明白，俄国事实上始终都是爱好民主的。对民主的爱好存在于它所有的重要思维习惯中，存在于它的人民的所有亲密关系中，他们表达了对待生活的自然本能和习惯性态度。独裁政治……就其起源、性质或目标看，事实上都不属于俄罗斯。如今，独裁政治已经被挣脱，伟大的、宽宏大量的俄国人民……正在为世界的自由、公正与和平而战斗。这是道义联盟的合适伙伴。"① 鉴于俄国在战争中暴露的虚弱性和他本人关于民主国家相对理性的信念，他相信，沙皇专制制度被推翻和民主制度建立，有可能使俄国愿意接受他设计的结束战争的方案。总之，如美国学者所述，"来自彼得堡的消息结束了关于战争争论的全

---

① An Address to a Joint Session of Congress, Apr. 2, 1917, PWW, 41, p. 524.

部怀疑"①。此后，威尔逊开始着手说明参战的必要性。豪斯极为敏锐地意识到了二月革命对威尔逊的重要性。他吹嘘，威尔逊将成为战争的中心人物和"现代最伟大的自由主义者"。他说："在世界范围推进民主"是总统的神圣使命。他甚至奉承说："我不能非常肯定，俄国目前结局很大程度上不是因为您的影响。"② 齐默尔曼电报和二月革命为威尔逊决定参战创造了机会。英国外相贝尔福在会晤豪斯后写道："如豪斯对我详细所述那样，如果不是俄国革命和德国关于墨西哥的臭名昭著的电报，总统将难以采取决定性步骤，这无疑是真实的。"③

随着一艘艘美国船只被潜艇击沉，威尔逊在参战问题上得到了内阁成员们的一致支持。美国参战问题成为3月20日内阁会议的主题。会上，十位内阁成员一致建议威尔逊在两周内召开国会特别会议，请求国会正式对德宣战。3月21日，豪斯在给佩奇的信中说："至于我们方面，虽然在4月2日国会开会前还不致正式宣战，但我们已经在作战。"④

1917年4月2日，威尔逊在国会特别联席会上发表对德宣战演说。威尔逊宣布："我们的目标仍和从前一样，要在世界生活中捍卫和平与正义原则，反对自私与独裁权力，在世界真正自由和自治的国家中建立此后保证这些原则得以遵行的目的与行动协调"；"我们将为我们一向最珍视的事业而战斗，——为民主，为屈从于权势的人们在自己的政府中有发言的权利，为弱小民族的权利与自由，为自由人民协力合作的普遍权利而战。这种自由人民的协力合作必将给各国带来和平与安全，并使世界本身最终获得自由。"⑤ 这就是说，对于威

---

① ［美］阿瑟·林克等：《1900年以来的美国史》（上册），刘绪贻等译，中国社会科学出版社1983年版，第217页。
② *House to Wilson*, Mar. 17, 1917, PWW, 41, pp. 422–423.
③ David M. Esposito, *The Legacy of Woodrow Wilson: American War Aims in World War I*, p. 91.
④ Charles Seymour, ed., *The Intimate Papers of Colonel House*, II, pp. 462–463.
⑤ *An Address to a Joint Session of Congress*, Apr. 2, 1917, PWW, 41, pp. 519–527.

尔逊来说，不论中立，还是参战，美国的基本目标似乎没有变化。4月4日、6日，国会参议院、众议院分别以82票对6票、373票对50票决定宣战。正是在威尔逊理想主义的感召下，美国迅速进入战争状态。威尔逊的理想主义，无论就其目标，还是就其激发情感而言，在威尔逊政府参战决策中的作用十分显著。一向鄙视理想主义的亨利·基辛格在其著作中写道："老罗斯福总统再怎么样也想不到，会有如此一面倒的全球干预的想法。"①

（二）以最大限度武力谋取大国主导地位

一旦决定参战，如何参战便成了人们关心的话题。

1月底和2月初，美国军方开始考虑参战问题。2月1日，陆军总参谋长斯科特将军指示陆军学院，尽快递交军事行动计划，为可能开始的战争行动做好准备。两天后，他命令按照50万人的规模装备和训练递交计划。1个月后，他又命令按照100万或更多的人拟定计划。陆军学院院长库恩认为，征兵才是最有效的扩军办法。与此同时，他还提请斯科特推敲一个问题，"考虑到美国参加欧洲战争并派陆军参加抗击中欧列强的行动"，到1917年，陆军可能达到多大规模；而且，三分之一陆军都在海外。② 根据驻希腊和荷兰武官的建议，斯科特还要求陆军学院研究在希腊和荷兰采取行动的可能性，但被否定。库恩等人认为：仅仅运送100万士兵到国外就要花费1年多时间；除非有足够力量对战争进程施加有效影响，美国不能参加欧洲战场军事行动；快速运送一两个师赴欧洲作战是一种"严重错误"，应该"立即拒绝"，因为训练有素的军人数量本来就有限，派他们去远征只会产生相反的效果。他们的结论是："在现代军事条件下，在我们能够采取任何有效行动前，都必须花费很长时间。"③ 库恩想了解美国是否具备为50万陆军提供后勤保证和武器装备的能力，但各方

---

① 亨利·基辛格：《大外交》，第29—30页。
② David M. Esposito, *The Legacy of Woodrow Wilson: American War Aims in World War I*, p. 88.
③ David M. Esposito, *The Legacy of Woodrow Wilson: American War Aims in World War I*, p. 88.

面的答复都是否定的。库存装备甚至不足以武装战场上的正规陆军，更不用说国民警卫队了。军械是最紧迫的短缺品，美国没有足够的机枪和火炮装备，而且，按照当时的生产能力，两年内也难以生产出这些装备。① 但是，斯科特等人在美国正式宣战前还是达成了三点基本共识：（1）要立即进行动员，最好是征兵，而不是招募志愿兵；（2）优先保证国内大众动员需要，阻止不成熟的海外远征，阻止把正规陆军作为表现政治姿态的行动派往海外；（3）如果陆军直接参战，应优先选择西线作为主战场，但在可预见的未来，美国参战将限于海军和经济援助。

陆军部长贝克坚决地执行了来自白宫的命令。他奉命秘而不宣地采取有限备战措施，并命令雷纳德·伍德将军把国民警卫队置于他的指挥之下，用以为联邦服役，但他同时强调，"不给海外我们正在进行动员的说法留下任何根据"②。胡佛建立强大武装"以待战后"的建议，从另一种角度表现出了对迅速扩军备战政策的支持。在3月20日的内阁会议上，农业部长戴维·豪斯顿认为，组建大规模陆军远征军需要很长时间，而协约国最需要的是海军援助、财政贷款和物资供应，可以在提供这些援助的同时，作为"情感"因素，派出由正规陆军组成的小规模特遣部队到法国。通常在内阁会议上保持沉默的陆军部长贝克明确反对这一方案，并主张通过征兵立即组建一支在海外参战的大规模陆军部队。③

在军政官员以外，参战同样是人们普遍关心的问题。内阁中的分歧在报纸杂志上也有所反映。《读者文摘》和《北美评论》的文章认为，不派远征军参战是"一种耻辱"。但是，作为主要讨论技术和备战问题的杂志，《科学美国人》认为，美国不派一兵一卒就可以获胜。《新共和》编辑则持另一种观点，认为派志愿军参加协约国部队

---

① David M. Esposito, *The Legacy of Woodrow Wilson: American War Aims in World War I*, p. 88.
② David M. Esposito, *The Legacy of Woodrow Wilson: American War Aims in World War I*, p. 89.
③ David M. Esposito, *The Legacy of Woodrow Wilson: American War Aims in World War I*, p. 91–92.

作战的方案比较好。①

美国如何参战也是欧洲交战双方关心的问题。德国领导人决定恢复无限制潜艇战的原因之一,就在于他们假定美国难以及时派兵参战,因而不可能改变力量平衡。德国海军大臣爱德华·冯·卡佩勒上将曾经极度轻蔑地说过:"美国在军事上等于零,等于零,除了零还是零。"② 事实上,协约国方面也持此观点。《读者文摘》重新刊登了伦敦《时代》杂志上"军事专家"查尔斯·瑞平顿的文章。瑞平顿认为,"即便美国愿意,美国对战争直接进行军事干预也是行不通的"。法国驻美大使朱塞朗、驻美武官以及英国参谋总长威廉·罗宾逊勋爵等人,私下里都附和瑞平顿的观点。法国驻美国高级专员安德烈·塔迪厄后来写道,没有人相信,美国能够"建造一支新的陆军,用来充实那些已经在前线的部队","大家都认为做这种尝试是危险的"。③ 法国迫切需要人手,但驻美官员们坚持认为,他们需要的是财政贷款、物资供应和船舶运输;派美国军人到法国作战,只会堵塞已经不堪负荷的法国铁路运输系统。豪斯曾说:鉴于德国认为美国无论如何都不会参战或难以及时对战争进程产生影响,如果美国"必须参战",他希望总统向世界展示"美国的效率",以便让人们在未来"一个世纪甚至更长时间里"都记住这次"教训"。④ 但是,此时,豪斯的态度发生了变化。3月19日,他写信给威尔逊:"英国为俄国、法国和意大利供应物资紧张到如此程度,以至它们已经不能为其部队进一步提供补给。在我与英国、法国政府的交流中,与我交谈的人都对我说,如果我们打算帮助击败德国,那么,我们就必须立即提供给协约国正迫切需要的物资。在我看来,我们应该继续充当协约国的大仓库,为协约国提供它们最需要的物品。没有人赞成我们此时招募一

---

① David M. Esposito, *The Legacy of Woodrow Wilson: American War Aims in World War I*, p. 92.
② 弗里茨·费舍尔:《争雄世界》(上册),第375页。
③ David M. Esposito, *The Legacy of Woodrow Wilson: American War Aims in World War I*, p. 92.
④ Charles Seymour, ed., *The Intimate Papers of Colonel House*, I, p. 435.

支大规模的陆军部队,他们都认为,我们允许志愿军加入协约国部队作战为好。现在看来,我们已经参战,如果我们表现出倾注全部资源反对德国的愿望,就一定能摧毁其意志,尽快结束战争,我们再不能对这一事实视而不见。"① 佩奇也报告说:英国方面普遍认为,美国军队不可能赶赴战场以改变战局;关于美国的参战形式,多数人只希望获得海军支持、物资援助和财政贷款;有些人认为组建"美国远征军"可以提高协约国将士的士气,规模多小都没关系,还有些人甚至根本就不希望美国以任何方式介入。佩奇的分析得到后来公布的英国内阁文件证实。显然,当美国争论如何参战以及派出多少作战部队为宜时,协约国方面更为关注的是,是否接受美军参战,以及美军的到来可能带来什么。

国内外多半外交顾问和军事专家都认为,美国不可能对战争进行有效干预。从威尔逊政府基本目标与协约国战争目标的冲突考虑,协约国更是顾忌美军的大规模干涉。但是,威尔逊不以为然,他决心派一支庞大的美国远征军赴欧洲参战,而且一定要保证美军能够对战争进程产生显著影响,从而为美国战后主宰和会和世界秩序重建进程获取政治资本。威尔逊显然不喜欢把美国参战局限于海军和财政、物资援助。在1917年4月2日的参战演说中,他明确宣布:"美国将立即行动,不仅使国家处于完全的防御状态,而且将竭尽全力,使用一切手段迫使德国政府屈服,结束战争";德国是人类"自由的天敌","我们接受的将是一场与这个自由的天敌展开的宏大战役,如有必要,将动用我国的全部力量去制止和粉碎敌人的意图和势力"②。4月6日,他再次强调:"德国一再地说,武力,只有武力才能决定正义与和平是否应主宰人类事务,决定是美国人理解的'权利',还是德国人理解的'统治',将主宰人类命运。因此,对于我们来说,可能的回答只有一个:武力,最大限度地使用武力、不惜使用武力或者说无

---

① House to Wilson, Mar. 19, 1917, PWW, 41, pp. 428–429.
② An Address to a Joint Session of Congress, Apr. 2, 1917, PWW, 41, pp. 521–525.

限制地使用武力，正义和胜利之师将使'公正'成为世界的法规，将一切自私统治埋葬。"① 尽管威尔逊平时对豪斯信任有加，却不愿采纳豪斯关于美国参战方式的建议。在如何参战的问题上，他更信任陆军部长贝克。贝克受到充分信任，不仅仅因为他是军事专家，更重要的是他与威尔逊认识上的相通。关于组建大规模独立建制的"美国远征军"的必要性，贝克的解释是："某种程度上，这将使我们作为一个自主作战的国家参战"；"军事和外交上的完整个性，即便不是独立的，对我们来说，（在战争结束后）具有重要意义"。在给朋友的书信中，他说："在我看来，战争、和解和重建是一回事，是统一而不可分割的。"② 1917年7月，豪斯表示，愿意帮助总统"组织战争机器"。他说："我知道怎么做好这类事。"威尔逊拒绝了他的建议，并表示，他将与陆海军部长一起解决问题。③

参战后，美国不仅积极提供海军支持和财政、物资援助，而且不断增派陆军到欧洲战场。按照美方计划，美国陆军主要集中于西线参加作战。到1917年底，赴法国参战的美军人数达到13万人。到1918年战争结束时，美国在法国的军队人数已经超过200万人，超过了在法国的英军人数。按照美国的增兵计划，如果战争继续下去，在法国作战的美军人数将超过法军人数。到战争结束时，美军总人数已经达到480万人。在战争过程中，在协约国和豪斯等人的影响下，威尔逊曾经考虑另辟战场问题，但被军方否定。军方认为："问题将在西线获得解决；正是在这条战线上，我们可以在最短时间里发挥最大作用，而且，这条战线才最需要我们提供被要求的和承诺的合作。"④ 既然西线是美军能够尽快发挥作用的用武之

---

① An Address, Apr. 6, 1918, PWW, 47, p. 270.

② David M. Esposito, *The Legacy of the Woodrow Wilson: American War Aims in World War I*, p. 118.

③ David M. Esposito, *The Legacy of the Woodrow Wilson: American War Aims in World War I*, p. 121.

④ David M. Esposito, *The Legacy of the Woodrow Wilson: American War Aims in World War I*, p. 123.

地，威尔逊便转而重新支持军方立场，拒绝了在东线增加投入的建议，直至战争结束。

从美国决定参战的原因和最终确定的参战形式看，试图获得主宰世界的大国地位以及由此实现美国式的国际社会革新，始终是威尔逊政府最为关注的问题。打败德国固然重要，但参与乃至主宰战后和平会议是美国参战的直接目标。从这种意义上说，美国参战并不只是针对德国，同时也是为了与协约国争夺战后世界的主宰地位。对此协约国官员完全心知肚明。美国参战后不久，德国新任外长曾通过西班牙向英国发出和平试探。英国外相劳合·乔治把消息告诉了法国政府，但没有告诉美国方面。他认为，美国对作战贡献有限，仍不足以在谈判桌上获得席位。英国负责封锁的大臣罗伯特·塞西尔勋爵认为：尽管"美国领导人几乎无例外地都是盎格鲁—撒克逊人"，但美国人的思维方式都是违背常规的；美国人将"很快就开始认识到他们拥有怎样巨大的权力"，并指望利用这些权力。因此，他建议设法推进英美在外交上的合作。显然，美国试图通过参战实现自身目标，而英国则力图把美国的影响力纳入符合其自身利益的轨道。实际上，威尔逊也完全明白协约国的基本立场。威尔逊的办法是继续作战，避免过早与协约国讨论媾和问题。1917年7月，威尔逊告诉豪斯：在战争结束前试图让协约国接受美国的目标，这会破坏与协约国的合作关系；在美国对共同目标的贡献不具有决定性意义前，不能与协约国就战争目标问题进行无休止的争论。他说，他"在同（法国司法部长雷内）维维安尼的会谈中对此看得非常清楚"①。于是，彼此保持相对沉默成了这一时期美国与协约国关系的基本特征，但沉默中酝酿着激烈的冲突。

---

① David M. Esposito, *The Legacy of the Woodrow Wilson: American War Aims in World War I*, p. 119.

三 谋求"公正"和"理性"的和平

(一) 关于美国战争目标的争论

在理想主义的感召下,美国迅速进入战争状态。但是,关于美国参战的原因和目标,美国朝野上下的理解并不一致。据对当时68家报纸的调查,67家报纸都支持美国参战,但都强调美国因为潜艇战而被迫进行"自卫"。[①] 即便一些顽固的孤立派分子也公然支持参战,但他们同时表示,不支持威尔逊提出的那些战争目标。共和党参议员威廉·博拉常被人们视为孤立主义者。他宣布:"我不参加任何十字军运动;我不谋求也不接受任何联盟;我不允许本国政府对其他国家承担义务。我仅仅为我的同胞和他们的权利,为我的国家及其荣誉而战。"[②] 这就是说,美国舆论普遍支持威尔逊政府的参战决定,但在战争原因和目标的认识上,国内自始就存在深刻的分歧,真正理解、认同威尔逊"改造世界"方案者并不多。

国外,在美国参战问题上,协约国政治家们的态度始终喜忧参半。经过几年作战,协约国消耗严重,革命后的俄国又可能退出战争,英法面临战败危险。在这种情况下,美国参战无疑为协约国获胜和迅速结束战争带来了新的希望,这令协约国政治家们兴奋不已。但是,协约国决心彻底打败同盟国,掠夺德国等战败国及其殖民地,威尔逊政府却不接受协约国的征服和掠夺野心。如前所述,威尔逊、豪斯、胡佛等人做出美国参战决策时,不仅无意帮助协约国实现目标,而且,相当程度上反对协约国的战争目标。从这种意义上说,美国加入战局同时也对协约国实现战争目标形成了新的威胁,这不能不令他们忧心忡忡。

为了表明美国的战争目标有别于协约国,威尔逊特别强调美国充

[①] Daniel M. Smith, *The Great Departure: the United States and World War I, 1914 – 1920*, p. 79.

[②] Foster R. Dulles, *America's Rise to World Power*, New York, 1955, p. 103.

其量只是协约国的"联系国",而不是"盟国"。关于充当"联系国"而非"盟国"的好处,豪斯解释说:"事实上,美国迅速而有效地参加了战争,但作为一个合作大国,不与协约国达成任何承担义务协定。我们的手脚未被束缚住。当我们来到谈判桌上时,我们的行动就是自由的。"① 这种观点也见诸美国报刊。《纽约时报》社论写道:"如果我们被德国驱入战争,我们必须保持对我们自己命运的掌控。"② 协约国方面也完全理解美国人的这种立场。英国外交家威廉·怀斯曼在备忘录中写道:"这个国家的情绪强烈反对通过任何正式协定加入协约国。美国人潜意识中认为自己是仲裁者,而不是盟国。另一方面,在决心摧毁普鲁士独裁制度和希望达成一些保证战争不再可能的协议方面,美国人民又是真诚的。"③ 协约国方面曾经认为,美国未商定条件就参战是"愚蠢"行为。美国确实是在未商定条件情况下参加了战争。这样,威尔逊的目标能否实现,或在多大程度上得以实现,便成为未定之数,但威尔逊政府仍然认为,未达成协议的好处在于,美国的手脚未被束缚,为将来安排战后世界的谈判保留了行动自由。

参战后,美国与协约国彼此都试图让对方接受自己的战争目标。但是,从美国方面看,威尔逊在参战前没有能与协约国就战争目标达成一致,在参战后,共同对敌作战的任务又使他难以及时讨论战争目标与媾和条件问题。此外,只要美国还不足以影响或改变战争进程,威尔逊迫使协约国接受美国战争目标的可能性也极其有限。1917年4月底,英国外相贝尔福率英国使团访美。会谈中,他透露了协约国各国为瓜分德奥等国领土和殖民地签订的秘密条约,这使威尔逊进一步确信,协约国与同盟国一样,都怀有侵略和征服野心。在4月22日的日记中,豪斯记载说,他一方面劝告贝尔福不要与威尔逊讨论和平条约,一方面又劝告威尔逊不要与协约国讨论该问题。他认为,如果

---

① Charles Seymour, ed., *The Intimate Papers of Colonel House*, III, p. 63.
② Tumulty to Wilson, Mar. 24, 1917, PWW, 41, p. 462.
③ Charles Seymour, ed., *The Intimate Papers of Colonel House*, III, p. 30.

讨论，分歧必然产生，而当务之急是打败德国，而不是讨论和平条约。① 然而，对于美国来说，它的基本目标实际上早已公布，它反对协约国战争目标的立场是十分清晰的。当然，对于协约国来说，它们也希望尽量避免与美国的争吵，原因主要是战局紧张，胜负难料，它们需要美国的参战和援助。

贝尔福在1917年6月29日致豪斯的电文中说："我们似乎处在金融灾难的边缘，这比在战场上遭到失败更为严重。如果我们不能维持汇兑，我们以及我们的盟国都无法支付我们的美元债务。我们将被迫取消黄金本位，将立即停止从美国购货，协约国的信用由此将丧失殆尽。"② 法国官员也承认："没有美元支付手段，……协约国将在1917年底之前被击败，是美国的参战挽救了它们。在美国士兵到来之前，是美国的金元改变了形势。"③ 对于美国和协约国来说，打败德国这一目标都具有优先地位，正是这一共同目标把它们暂时地联系在一起。随着战场形势的变化，尤其随着美国的作用日益显著，美国必然试图按照自身利益和愿望结束战争，重新建构战后世界秩序。威尔逊和豪斯等人对此前景信心十足。他们仍然相信"民主国家"相对"理性"。而且，他们相信，战争结束后，由于美国拥有相对全面的实力优势，即便英法不愿合作，美国也能迫使它们做出妥协。威尔逊在给豪斯的信中写道："无论如何，英国和法国关于和平的观点同我们是两样的。战争结束后，我们可以迫使他们接受我们的想法，因为到那时，除其他事情外，它们在金融上将唯我们之命是从。"④ 当然，打败德国仍然是首要前提。因此，威尔逊反复强调，要避免因和谈引起盟国内部分裂，要首先全力以赴打败德国。他在1917年12月4日的国情咨文中说："我们现在和最近的任务是赢得这场战争，在

---

① Charles Seymour, ed., *The Intimate Papers of Colonel House*, III, p. 38.
② Charles Seymour, ed., *The Intimate Papers of Colonel House*, III, p. 101.
③ Charles Seymour, ed., *The Intimate Papers of Colonel House*, III, pp. 114–115.
④ David M. Esposito, *The Legacy of the Woodrow Wilson: American War Aims in World War I*, p. 107.

这一任务完成之前，无论什么事都不能使我们弃之不顾。"①

打败德国是美国与协约国的共识，但在多大程度打败德国问题上，美国与协约国再次形成分歧。美国并不打算彻底打败德国或过分削弱德国，美国的目标始终都是按照美国利益和愿望重建世界秩序。对于威尔逊来说，打败德国与"没有胜利的和平"是矛盾的，而毁灭性地打败德国更是不可思议的。参战后，威尔逊似乎一度在同时追求这两种相互矛盾的目标。为缓解两种目标的冲突，他试图找寻平衡点。理论上，他仍强调要在"公平""正义"和维护"自由""权利"的基础上实现"理性"和平。实践中，在力图把美国武力发挥到极致时，威尔逊政府同时与德国保持着秘密联系，奉劝德国通过及早妥协避免出现最坏后果。② 事实上，直到巴黎和会召开，威尔逊始终不愿放弃美国作为"大公无私发言人"的立场。如豪斯在和英国外交官怀斯曼谈话中所述：美国人认为自己是"为人类自由而无私战斗的国家"，因而不认为要受协约国秘密条约约束；"他们下意识里认为自己是仲裁者而不是盟友"。

威尔逊试图"改变"德国，但他是从实施美国"改造世界"方案的需要出发的。1918年1月4日，为实现劝和促谈，他曾宣布美国的对德政策："我们不嫉妒其任何成就，或出之学术，或和平之建树，它在这方面的记录十分可观且非常令人钦佩。我们不希望伤害它或以任何方式阻挠其合法之影响力或势力。若它愿与我们及世上其他爱好和平之国家，在正义、守法及公平交易的条件下往来，我们便不愿以武力或敌对的贸易措施来打击它。我们只希望它接受与各民族平等的地位。"③ 当时，德国上层始终以迫使敌国"听命媾和"作为实现目标的手段。从现实主义观念出发，他们始终把威尔逊视为"幼稚可笑"的政治家，没有充分理解威尔逊式美国目标的相对特殊性，因而不可能及时有效地利用美国的影响力。

---

① An Annual Message on the State of the Union, Dec. 4, 1917, PWW, 45, p. 196.
② 沃斯兰斯基：《美国对德国问题政策史略，1918—1919》，第93页。
③ 亨利·基辛格：《大外交》，第202页。

如前所述，在1916年，如果不是片面追求绝对化目标，德国似乎可望在美国的支持下实现妥协媾和。如爱德华·格雷所述，"显然，德国错过了一个大好的媾和机遇。如果她接受了威尔逊的政策，并同意召开会议，协约国就不可能拒绝了。协约国要依靠美国的供应，他们不可能冒美国政府敌视的危险，更何况还存在着美德和解呢。只要德国考虑接受和平，他们就有可能在1916年获得有别于1919年的和平。"① 德国即便在1916年同意美国媾和建议，是否可以获得相对满意的结果，这是难以预料的问题。但是，格雷对美国目标相对特殊性的认识和感受无疑是真实的。而且，到德国战败成为大势所趋时，德国上层似乎也认识到了威尔逊国际政治理想主义的相对特殊性，但为时晚矣。在1918年夏秋季节，协约国军队不断反攻，而德国军队节节败退。一位退役的德国海军上校在一封信中斥责了包括梯尔皮茨在内的那些德国专家们，批评他们忽视了美国的实力，也忽视了美国"理想主义"造就的"巨大力量"。他注意到，美国人有一种"深刻的宗教精神和道德文化精神"，并警告说，"只有无知的人才会说美国人是伪善的和说黑话的"。美国人就要来了，而且是大军压境。真正的美国人"与其他野蛮人一样"反对战争，但认识到了"反对专制和奴役的斗争的正当性"②。虽然威尔逊始终希望实现"公正"和"理性"和平，但是，德国的一败涂地使美国式"公正"和平失去了力量平衡的基础。如威尔逊预料的那样，英法同样怀抱征服和奴役野心，它们的完全胜利为它们肆无忌惮地奴役包括德国在内的战败国创造了条件，它们决不会轻易放弃到手的赃物。结果是，随着德国战败，威尔逊理想主义目标的前景又蒙上了一层阴影。

（二）公布美国式的停战媾和方案

在拟订战争目标与和平纲领方面，美国不可能久拖不决，实际上

---

① Charles Seymour, *American Neutrality*, 1914－1917, New Haven, 1935, p. 54.
② David M. Esposito, *The Legacy of the Woodrow Wilson: American War Aims in World War I*, p. 127.

还是越早越好。在教皇的和平呼吁以及十月革命爆发等因素的推动下，美国开始拟订自己的停战媾和方案。

1917年8月1日，教皇本尼迪克特十五世向交战各国发出和平倡议，建议交战双方撤出被占领土，在尊重民族意愿的基础上解决领土主权纠纷，并相互补偿。协约国无意作答，威尔逊起初也不感兴趣，他主要担心对美国媾和纲领的明确阐述会加剧盟国内部的分歧，影响到协调作战。但是，既然美国迟早要公布自己的目标，豪斯力图劝说威尔逊抓住这一机会，尽快答复。在8月17日致威尔逊的信中，豪斯说："我认为，您拥有把和谈主动权从教皇手中拿过来并掌握在自己手中的机会。德国政府明白，除您之外，没有人能够实施和平条款。协约国得服从您的意见，德国的处境也不妙。"① 再三权衡后，威尔逊正式答复了教皇的和平照会，但所阐述的媾和条件比较空泛，实际拒绝了与德国现任统治者的对话。

8月23日，他在致豪斯的信中写道："这是我答复教皇文件的初稿。请把您的有关确切想法告诉我。我认为，它应该尽可能简约。因此，我主要谈了这样一个问题：我们无论如何都不能相信德国现任统治者的话。我试图向社会主义者以及其他阵营的人们表明，我国在大多数有争议问题上的立场。我认为，说得太多或太明确并不明智，因为如果我这样去做，就会在法国或意大利引起不同的声音——比如，如果我说对它们的领土要求不感兴趣。"尽管如此，从威尔逊的答复中仍然不难看出，美国不支持协约国的战争目标。他在照会中写道："不能再一次经历这种巨痛，只有非常冷静的抉择，才能保证我们避免重历巨痛。……在对一些国家有利而削弱或妨碍其他国家的政治经济制约措施基础上，在任何类型的报复性行动的基础上，或在任何种类的复仇或伤害的基础上，都不可能获得安全可靠的和平。……惩罚性的赔偿、对帝国的肢解和排外性的自私经济联盟的建立，我们认为这些都是愚蠢可笑的，最终比无用还要糟糕，不可能成为任何和平的

---

① Charles Seymour, ed., *The Intimate Papers of Colonel House*, III, p. 156.

适当基础，至少不能成为永久和平的适当基础。和平必须建立在公平、正义和人类权利的基础上。"① 豪斯复信表示同意。8月27日，威尔逊明知协约国可能不满，还是单独发布了他对教皇的答复。②

经过单独答复教皇和平呼吁一事，威尔逊感到必须尽快阐明美国的战争目标与和平纲领。此后不久，他指示豪斯组建专家"调查团"，在与盟国协调战争目标的基础上拟订和平纲领。他在致豪斯的信中说："我们应该系统而尽可能全面准确地弄清楚，战争中站在我方的几个缔约国，将倾向于坚持把什么纳入最后的和平安排中，以便我们能够形成自己赞成他们或反对他们的立场，集中我们准备使用的所有影响，——或者说，至少要弄清楚我们能够使用的影响：简言之，通过完全了解所有诉讼当事人的立场，为我们的讼案做好准备。"③ 10月下旬，威尔逊派豪斯赴伦敦和巴黎参加协约国军事会议，同时要求他寻找机会，协调战争目标。但是，豪斯的协调行动毫无进展。12月8日，豪斯向威尔逊汇报了欧洲之行的情况。豪斯告诉威尔逊，获得协约国的支持很困难，发布战争目标使命只能由总统"独自完成"。于是，威尔逊决心单独公布美国的战争目标，推动协约国接受相对温和的媾和方案。

十月革命为威尔逊单独公布美国的战争目标与和平纲领创造了新的机遇。十月革命爆发后，苏俄发布了列宁起草的《和平法令》，提议所有交战国在"不割地、不赔款"基础上实现普遍和平。苏俄的倡议得到了各国自由主义者、和平主义者、社会主义者和民众领袖的普遍支持和拥护，对协约国的战争政策造成了严重冲击。由于没有得到协约国的答复，苏俄决定单独与德奥媾和，力图尽快退出战争。从12月3日起，苏俄与德奥在布列斯特—立托夫斯克开始了停战谈判。从12月23日起，苏俄又陆续公布了协约国旨在奴役、掠夺战败国和

---

① Wilson to House, Aug. 23, 1917, PWW, 44, pp. 33 – 36.
② David M. Esposito, *The Legacy of the Woodrow Wilson: American War Aims in World War I*, p. 120 – 121.
③ Wilson to House, Sep. 2, 1917, PWW, 44, pp. 120 – 121.

落后国家人民的秘密条约，进一步暴露了协约国战争目标的帝国主义本质。这一形势也引起了人们对美国理想主义的质疑。但是，对于威尔逊来说，既然美国的战争目标与交战双方截然不同，反而在反对过分掠夺和奴役方面与苏俄的主张似有相通之处，苏俄的和平外交也为威尔逊协调美国与协约国的战争目标以及单独公布媾和方案带来了机遇。1月3日，威尔逊对斯普林·赖斯说：有证据表明，布尔什维克发出的和平呼吁已经产生了显著影响；这种影响在意大利是"确凿无疑"的，对英国和法国"可能"也有影响，"在美国，活跃的鼓动正在进行"；"显而易见，如果我们对布尔什维克的呼吁仍不予作答，或丝毫不加抵制，那么，其影响将是巨大的，而且会不断增强。"① 显然，威尔逊以"红色恐怖"胁迫协约国。

面对苏俄和平倡议和国内民众渴望和平形势造成的冲击，英国首相劳合·乔治于1月5日发表了关于战争目标的声明，试图通过粉饰英国的目标，达到争取国内舆论继续支持战争的目的。由于事先没有与美国协商，英国外相贝尔福在当天致豪斯的信中就此做了一些解释，主要强调劳合·乔治的演说是为了适应劳工领袖和国会反对派领袖们的要求。在信中，贝尔福说："鉴于布尔什维克向世界人民发出的呼吁，如果总统亲自发表一份声明，阐述自己的看法，这可能是合乎需要的方针。首相相信，这样一种声明大体符合总统以前讲话的方针，那些讲话曾经在英国和其他国家受到公众舆论非常热烈的欢迎。自然，进一步发表这样的声明，会同样受到舆论的热烈欢迎。"② 虽然一定程度上排除了英国反对美国公布媾和方案的干扰，但既有劳合·乔治粉饰战争目标的演说在前，威尔逊不免担心自己的影响因此打了折扣。但是，豪斯不这样认为。豪斯在日记中写道："我坚持认为，形势已经变得越来越好，而不是越来越糟。我认为，劳合·乔治已经消除了误会，这使总统的行动显得更加必要了。我还坚持认为，

---

① Spring Rice to Balfour, Jan. 4, 1918, PWW, 45, p. 456.
② Charles Seymour, ed., *The Intimate Papers of Colonel House*, III, p. 340.

总统发表讲话后，劳合·乔治的讲话就会黯然失色，以致被人遗忘；他，总统，将再次成为协约国的发言人，而且无疑将成为世界自由主义者的代言人。"①

1917年12月，专家组成的"调查团"准备了一份关于战争目标与和平条款的备忘录，由豪斯转交威尔逊，经威尔逊总统亲自审阅后定稿。1月8日，威尔逊亲临国会参众两院，公布了他的所谓"世界和平纲领"，这就是"十四点"计划。

"十四点"出笼的背景相对复杂。争取国内外舆论支持，瓦解敌对的德奥同盟国的战争意志，抵消苏俄和平外交影响，等等，都是"十四点"计划出笼的动因。但是，通过公布美国战争目标否定协约国的战争目标，也是威尔逊等人确定不移的立场，是美国利用战争实现自身利益和愿望过程中坚定不移的目标。事实上，早在中立时期，尽管还不完善，但美国的基本目标已经显露无遗。即便没有教皇的和平呼吁和苏维埃政权的和平倡议，美国也会尽快公布战争目标。尽管威尔逊是以整个协约国的代言人身份发表"十四点"建议的，其矛头直指德奥同盟国，但对于美国来说，以此应对协约国的战争目标也具有重要意义。

（三）"十四点"：美国"改造世界"的纲领

"十四点"计划是由一批专家和顾问起草的文件，是威尔逊政府为战后世界安排做出的原则性规划，是代表威尔逊政府结束战争和重建世界秩序基本立场的纲领性文件。这一文件并不能完全反映威尔逊个人的观点，但它是在威尔逊的指导下形成的，其国际政治理想主义的色彩是显而易见的。概括起来看，这一文件相对完整地体现了威尔逊实现"美国的世界领导权"、建立相对开放的世界秩序和在新世界秩序中推进"新扩张"等基本构想。

"十四点"计划的基本要点是：（1）公开缔结和约，不得有任何

---

① The Diary of Colonel House, Jan. 9, 1918, PWW, 45, pp. 556－557.

秘密谅解。(2) 除非执行条约需要,和平与战争时期都必须保证公海航行绝对自由。(3) 消除一切经济壁垒,建立平等贸易条件。(4) 削减各国军备,至足以维持国内安全的最低限度。(5) 自由、坦率和绝对公正地调整所有关于殖民地的要求,同等对待殖民政府的要求和有关居民利益。(6) 撤出俄国领土上的外国军队,让俄国独立决定政治发展和国家政策,并提供援助。(7) 从比利时撤军,完全恢复比利时的国家主权。(8) 撤出法国被占领土,并将阿尔萨斯和洛林归还法国。(9) 按照明显可辨的"民族界线"重新调整意大利边界。(10) 奥匈帝国治下的各民族获得充分自治。(11) 撤出在塞尔维亚、罗马尼亚和门的内哥罗的外国军队,为巴尔干各国独立和领土完整提供国际保证。(12) 承认奥斯曼帝国土耳其部分的主权,同时保证原来土属各民族获得自治,保证达达尼尔海峡成为自由通道。(13) 恢复和保证波兰的独立地位。(14) 成立国际联盟,保证大小国家都能相互保证政治独立和领土完整。[①] "十四点"计划公布后,威尔逊又在不同的场合,对美国的战争目标和重建世界秩序方案做过一些不同的阐述,但总体说来,这些阐述都是对"十四点"计划的具体诠释或补充。

作为美国战争目标和重建世界秩序方案的纲领性文件,美国的国家安全和国家利益是威尔逊提出"十四点"计划的根本出发点和最终归宿。但是,如果仅仅局限于传统的现实主义视野下的国家安全和利益观,脱离了20世纪初期形成的美国新扩张主义倾向和威尔逊的国际政治理想主义观念,我们就难以对此形成全面而客观的认识。"十四点"是一个实例,其中每一点都无不体现着威尔逊在保持世界相对稳定开放前提下实现美国世界霸权与全球扩张的理想化构想,无不体现着变化世界中美国相对特殊的国家利益与价值诉求的相对统一。当然,威尔逊并不会同等看待其中各条款。豪斯说:"总统坚持

[①] An Address to a Joint Session of Congress, Jan. 8, 1918, PWW, 45, p. 534–539.

认为,在这一计划中,第一、二、三点和第十四点是美国条款。"①
"美国条款"是威尔逊特别看重的目标。

1. 关于公开外交和公开缔结条约

"十四点"的第一点是所谓"美国条款"之一,自然是威尔逊特别看重并努力争取实现的目标。该条款明确提出,要废除秘密外交和秘密条约,公开缔结所有国际条约。美国长期相对远离欧洲政治,在美洲之外决不轻易卷入与列强的武力冲突或较量。当步入世界政治舞台时,美国与列强之间几乎不存在秘密条约,而其他大国间的秘密条约妨碍着美国实现其自身目标。欧洲战争爆发后,威尔逊致力于扮演"调停人"或"仲裁者"角色,积极推动交战双方妥协媾和,但两大阵营内部早就存在着瓜分和重新瓜分世界的秘密条约,这不仅妨碍着美国在战争期间的调停媾和活动,而且严重制约着美国按照自身利益和愿望建构世界新秩序。"十四点"的官方注解特别强调:"国家不能对它们不知道的事情承担责任","任何秘密条约都势必要破坏打算树立的那种国际条约的整个结构的坚实性"②。显然,"十四点"的第一点就是针对交战双方缔结的秘密条约提出的,其目的是要通过否定秘密条约,颠覆旧式的国际秩序和国际规制,消解旧式的霸权,建立符合美国利益和愿望的世界新秩序。美国公开提出废除秘密条约,不但丝毫不会妨碍美国自身利益,而且有利于建立相对稳定开放的国际新秩序,有利于美国实现新扩张和确立"世界领袖"地位,这就是公开外交条款中的美国利益之所在。

从历史文化传统看,美国人始终认为,专制制度下王朝的"利益""野心""阴谋"和"秘密结盟"是欧洲战争不断的根源,而作为"新世界"的代表,美国人酷爱"民主"和"自由",具有卓然不同于欧洲"旧世界"的"道德优势",肩负着以美国理想"改造世界"的使命,自然不能重走欧洲国家耍弄"阴谋"和秘密结盟的老

---

① Charles Seymour, ed., *The Intimate Papers of Colonel House*, IV, p. 183.
② 王绳祖主编:《国际关系史资料选编》(上册·第二分册),武汉大学出版社1983年版,第398页。

路；而且，自战争爆发以来，威尔逊正是以反复阐述美国的理想主义传统，否定了战争的合理性，否定了交战双方战争目标的合理性。他在演讲中指出：当前的欧洲战争不是某个事件的结果，而是相互猜疑、连锁结盟、暗中侦察和密谋制度的产物；除非改变制度，另一场战争将不可避免，而且，那将是一场美国必定难以回避的战争。① 显然，公开外交是美国按照自身利益和价值观主导大国关系变化的重要手段，利益和价值观的统一正是威尔逊要求公开缔结国际条约的基本动因。

此外，为"把帝国主义战争转变为国内战争"，苏俄颁布了"和平法令"，并陆续公布了协约国缔结的秘密条约，不但动摇了美国和协约国对德奥同盟国作战的"道义"基础，而且否定了资本主义制度的合理性。为抵消苏俄和平外交的影响，维护资本主义制度，并把战争继续下去，把重建战后世界秩序的主导权掌握在自己手中，威尔逊政府也需要对苏俄政府的行动做出回应。1月23日，英国外交家怀斯曼称，威尔逊在与他谈话时说，布尔什维克公布秘密条约的行为不可容忍，使人们担心美国也受到某种帝国主义野心或资本主义目的的驱使，在舆论上对美国政府极其不利，"他希望并相信近期的讲话使事态恢复正常"②。

2. 关于保证公海航行绝对自由

"公海航行自由"是另一项"美国条款"，对美国的重要性也是不言而喻的。"公海航行自由"是历史上美国利用欧洲列强的战争加速经济扩张和攫取巨大经济利益的基本保障，也是保证美国在新世纪充分利用海洋通道实现全球扩张的重要前提。第一次世界大战爆发后，交战双方都把海上封锁视为战胜敌方的重要手段，"海上自由"成了美国与交战双方争吵不休的重要问题。中立期间，英国的海上封锁和德国的无限制潜艇战都使美国深受其害。在威尔逊的理想主义话

---

① An Address in Cincinnati, Oct. 26, 1916, PWW, 38, pp. 531–532.
② A Memorandum by Sir William Wiseman, Jan. 23, 1918, PWW, 46, p. 88.

语体系中,"海上自由"乃是人类权利不可分割的组成部分和美国理想主义外交中的重大原则问题。这样,利益和价值观的统一使威尔逊决心把"海上自由"确立为建构战后世界秩序的基本原则之一,为美国"和平而体面的征服"铺平道路。

按照威尔逊等人的理解:国际联盟是保证国家间尤其大国之间和平与合作的制度保障,也是保证美国新扩张的必要前提;但是,世界并不会因为国际联盟完全避免战争。"十四点"的注解中分析了三种情况:国际联盟保证下的"普遍和平";"国际联盟为了执行国际条约而参加的普遍战争";"不涉及违反国际条约的有限战争"。在前两种情况下不存在所谓"海上自由"和"中立权利"问题,美国关心的主要是第三种情况下如何保证中立国权利问题。因此,"十四点"的注解强调,"此项建议的用意是,在这样一类的战争中,必须保持中立国的权利不受交战国的侵犯,双方的权利都应在国际法上予以清楚和明确规定"①。

"海上自由"不但是保证"中立权利"和经济扩张的普遍原则,还是一种抵消英国海洋霸权的条款。从客观情况看,英国是海洋霸主,而德国的海上力量则相对薄弱,能够控制海洋的主要是英国,而不是德国。从美国中立期间的实际情况看,由于英国的海上霸权是协约国赖以取胜的重要手段,英国始终拒绝接受美国的海上自由建议,而德国则表示可以接受。战后,战败的德国更不可能拒绝这一条款,而对于英国来说,如果海上自由原则得以确认,英国在未来战争中的海上优势就会大打折扣,这是英国始终难以接受的基本原因。然而,即使英国拒绝美国的海上自由建议,也难以阻止美国海军力量的扩张。在1916年美英关系紧张之际,威尔逊就声称要建立比英国更强大的海军。1918年秋,战事行将结束,豪斯赴欧洲敦促协约国接受"十四点"作为媾和基础。在海上自由问题上,英法都顽固拒绝美国的建议。豪斯威胁说:"我不相信美国和其他国家对英国在海洋上的

---

① 王绳祖主编:《国际关系史资料选编》(上册·第二分册),第399页。

完全统治比德国对大陆的统治会更乐于接受。英国还是越早承认现实越好。美国人民一旦遭到挑战，就会建立和保持一支比别国更强大的海军和陆军。我们有大量的金钱、大量的人力和大量的资源。"① 显然，此时美国综合实力和影响力空前强大，这是威尔逊和豪斯的底气所在。威尔逊了解豪斯与协约国代表交涉情况后，立即授权豪斯，让他告诉英法领导人："我不能同意加入不包括海洋自由的和平谈判，因为我们不但决心消灭普鲁士军国主义，而且要消灭世界各地的军国主义。……我不希望我不得不公开这一决定。"② 在内阁会议讨论英国对海上自由的立场时，威尔逊说，他已致电豪斯，"如果英国采取对立政策，我们将运用我们的所有条件建立最强大的海军"③。总之，不论是否接受保证公海航行绝对自由条款，英国都得面对美国对其海洋霸主地位的挑战。"海上自由"没有写入和约，但美国实际走上了大规模扩建海军的道路。此后，通过华盛顿会议，美国拥有了与英国平起平坐的海上大国地位。

3. 关于消除经济壁垒和建立平等贸易条件

这是第三项所谓"美国条款"。威尔逊认为，"贸易战对人类和平比武器战更危险"。可见，他十分重视消除关税和贸易壁垒。该条款反映了威尔逊新扩张思想中的经济扩张构想：在相对稳定的世界中，各国都像遵守体育竞赛规则一样，共同维护国际法律和道义规则，消除战争和冲突根源，确保"门户开放"和"机会均等"，为美国利用自身综合优势和综合竞争力争夺市场和资源提供保证，为新世纪美国的全球扩张和称霸活动创造条件。

威尔逊一向认为，"自由贸易"与"国际和平"相互促进、相辅相成。因此，他把"消除经济壁垒"和"建立平等贸易条件"范围局限在"一切赞成和平和参加维护和平国家当中"。"十四点"注解的详细说明是："此点建议只适用于那些接受国际联盟盟员国责任的

---

① Charles Seymour, ed., *The Intimate Papers of Colonel House*, IV, p. 160.
② Wilson to House, Oct. 30, 1918, PWW, 51, p. 513.
③ The Diary of Josephus Daniels, Nov. 4, 1918, PWW, 51, p. 598.

国家。这意味着摧毁一切特殊的商务协定；每一个国家都在相同的基础上同国际联盟的其他盟员国进行贸易；最惠国条款自动地适用于国际联盟的一切成员国。因此，一个国家可以合法地对全世界或所有签字国维持其关税率或特别铁路运费或港口限制。它可以对非盟员国保持其认为合适的任何性质的限制，但不得对它在国际联盟中的盟友进行歧视。这一条自然期望有关原料分配的公平合理的谅解。"① 显然，按照这样的规定，国际联盟不仅是维护世界相对和平稳定的政治机构，同时也是多边自由贸易组织，两种职能可以相辅相成、互为因果。

从威尔逊政府的外交实践看，防止爆发贸易战始终是重要目标。中立期间，无论海上贸易封锁，还是巴黎国际经济会议召开，都意味着美国可能被排除在战时或战后协约国贸易圈之外，这使美国方面深感忧虑。蓝辛曾经建议召开中立国会议，抵制协约国贸易封锁和歧视行为。他说，只要"中立国团结起来，具有对付协约国既定措施的某种明确计划，我相信，中立国就能通过防止在战争期间和战后的激烈行动而更好地维护自己的利益"②。1916 年 10 月，威尔逊说："当武器战结束后，如果我们把资金用于贸易战，我们便抛却了自己的遗产，不能实现我们的理想与传统。就人类和平而言，贸易战比武器战更危险。"③ 威尔逊认为，和平的基础在于，"相互同意不参与两个以上国家的任何经济联合行动，因为它实际构成了窒息任何国家工业生活或排除其与联合国家进行公平与平等贸易机会的努力"④。美国参战后，基于利益和理想的需要，威尔逊必然把自由贸易确定为战后世界新秩序的重要内涵。据丹尼尔斯 1917 年 10 月 12 日的日记记载，威尔逊在内阁会议上谈到，协约国中有人"希望建立阻止德国与世界进行贸易的联盟。我国有钱迫使其他国家接受我们的标准，否则，它

---

① 王绳祖主编：《国际关系史资料选编》（上册·第二分册），第 399 页。
② Lansing to Wilson, June 23, 1916, PWW, 37, p. 288.
③ A Nonpartisan in Cincinnati, Oct. 26, 1916, PWW, 38, pp. 538–539.
④ Wilson to Lansing, Feb. 9, 1917, PWW, 41, p. 174.

们就不能得到信贷。我们必须用美国人的这些观点去影响欧洲,这对大家都有好处。试图窒息德国将酿成另一场战争,这与美国的观点是背道而驰的"①。在致威尔逊的信中,豪斯也建议在未来的和会上采取措施,消除对国际贸易设置的限制。他认为,这些限制"一直以来而且必将继续威胁和平"②。总之,他们都非常重视消除经济壁垒和建立平等贸易条件,并视之为保证世界相对稳定开放和实现"持久和平"的重要因素。

4. 关于国际联盟的建立及其意义

国际联盟计划是又一项"美国条款"。威尔逊认为,这是"十四点"中最重要的内容。

在国际关系史和人类思想史上,通过国际联合保持国际和平的设想古已有之,但国际联盟方案还是典型地反映了威尔逊国际政治理想主义和美国新扩张主义的基本特征。在19世纪末和20世纪初,欧洲陆续有人提出国际联合设想,但当政领袖以此作为施政目标,乃是极其罕见的现象。在美国,克罗利等进步主义领袖,以及老罗斯福、塔夫特等许多政界头面人物,都谈到建立国际组织以维护世界和平的问题,并普遍地把建立维持和平的国际组织视为美国利益和理想所在。置身于这一环境和氛围中,威尔逊标榜人类"理性"的力量,强调"世界舆论"以及代表世界舆论力量的集体安全组织在维护世界和平中的意义。而且,作为第一次世界大战前后的美国在任总统,关于战争与和平的思考必然把他推向倡导建立国际组织以维护世界和平的历史舞台。威尔逊关于国际联合的思考由来已久。据其内弟回忆,在战争爆发后不久,他就说过:"必须有国际联盟,所有国家联合在一起,以维护每个国家的完整,违反这一契约的任何国家都将给自己带来战争,也就是说自动受到惩罚。"③ 但是,在世界战争爆发的情况下,

---

① The Diary of Josephus Daniels, Oct. 12, 1917, PWW, 44, p. 371.
② House to Wilson, Oct. 27, 1917, PWW, 44, p. 455.
③ Frederick S. Calhoun, *Power and Principle: Armed Intervention in Wilsonian Foreign Policy*, pp. 187–188.

美国要首先巩固美洲阵地。1914年底，威尔逊政府开始致力于缔结旨在相互保证政治独立和领土完整的泛美公约，并试图把这种合作模式逐步推向欧洲和世界。1914年10月，豪斯在日记中写道："我认为，在这场欧洲悲剧中，威尔逊或许有机会，或许没有机会，扮演一种伟大而慈善的角色，但宣布一项把西半球联结成整体的政策刻不容缓，……当和平最终到来时，这本身将成为欧洲国家效仿的模式。"[①]当美国试图调解欧洲战争时，英国婉转地拒绝了美国的调停建议，但同时表示，如果美国能够参与战后某种国际组织以维护和平，英国欢迎美国扮演调停人或仲裁者角色。对于决心插足欧洲和世界政治舞台的威尔逊来说，英国的立场无疑起了重要的鼓励作用。1916年5月，威尔逊在演讲中宣布，要在战后建立国际联盟，致力于维护"海上自由"和防止战端再起。这一演讲的直接目标是推进欧洲和谈进程，维护美国特别看重的"海上自由"和"中立权利"，但也表明美国通过建立国际联盟主导战后世界秩序的构想已显现雏形。因此，豪斯把这次演讲视为"新时代开始和旧秩序衰落"的标志。[②] 参战后，尤其在"十四点"计划出笼后，威尔逊的国际联盟方案日趋成熟。与其他各类建议和方案相比，威尔逊的国联计划具有显著的自身特色。

首先，威尔逊心目中的国际联盟是"普遍结盟"，而不是历史上那种"纠缠不清的""排他性的"结盟。在这种普遍结盟中，美国通过扮演"世界道义领袖"角色，为世界制定符合美国新扩张利益和理想的基本运行规则。从这种意义上说，威尔逊设想的国际联盟兼有多边协作和美国单边图霸的特征：作为"世界领袖"，美国是规则的制定者，认为只要目的正当，就可以为所欲为，具有天然的单边主义倾向；同时，强调"普遍结盟"和多边协作，甚至强调"大国"和"小国"、"强国"和"弱国"、"战胜国"和"战败国"可以平等参与，这又具有一定的多边主义特点。威尔逊认为，国际联盟是世界各

---

① Charles Seymour, ed., *The Intimate Papers of Colonel House*, I, p. 209.
② Charles Seymour, ed., *The Intimate Papers of Colonel House*, II, pp. 299-300.

第四章 以战止战与持久和平

国的普遍联合，参与国必须同时包括"强国"和"弱国"、"战胜国"和"战败国"在内。威尔逊强调，必须维护"弱国利益与强国利益同样神圣的原则"①。关于战败国是否可以加入国际联盟问题，他说："我致力于建立国家联盟，目的从来不是为了支持一个交战国集团而牺牲另一个交战国集团，而是为了全人类的和平利益。"② 1918年8月，协约国中有人敦促建立国际联盟，但遭到威尔逊的拒绝。他说："如果我们在战斗进行时就组织联盟，它必被视为针对德国的神圣同盟。这不是美国人民的目标。只要按国际社会规则行事，德国应该被邀参加国际大家庭。"③ 这样，威尔逊就扮演了某种维护"弱国"和"战败国"权利的角色，似乎一定程度上否定了英法等国肆无忌惮地奴役战败国和弱小国家的合理性。无论提倡普遍结盟，还是强调美国的"道义领袖"作用，威尔逊都否定了英、法等国战后称霸的合理性，否定了传统世界秩序的合理性，为美国称雄世界提供了理论依据和机制保障。在世界格局变化和国际秩序重建中，大国、强国的作用显然更为重要，这是国际关系变化的客观规律。威尔逊特别关注的，其实也是大国的作用和大国关系变化，但他强调普遍结盟和集体安全仍然显示了美国政府的独特性。

其次，国际联盟是一种多功能的国际联合组织，既是维护世界"和平"和"公正"的国际政治合作组织，是保证"门户开放""机会均等"的经济贸易组织，还是能够解决一切国际问题的国际组织。按照他的说法，"这是一种适用于任何国际事务合作的联盟"④。其实，国际联盟的首要任务当然是各国相互保证维护世界和平和政治独立、领土完整。威尔逊所谓的"公平""正义"，所谓的"强国"和"弱国"、"战胜国"和"战败国"的权利平等，相

---

① An Address in the Metropolitan Opera House, Sept. 27, PWW, 51, p. 128.
② A Translation of Memorandum by William Emmanuel Rappard, Nov. 1, 1917, PWW, 44, p. 488.
③ William Wiseman to Lord Reading, Aug. 16, 1918, PWW, 49, pp. 273-274.
④ An Address to the Third Plenary Session of the Peace Conference, Feb. 14, 1919, PWW, 55, p. 175.

互保证政治独立和领土完整始终都是最重要也是最基本的保障。只有在保证各国政治独立和领土完整等基本权利的情况下，才能保证主权国家普遍成为国际社会的基础，才能保证建立相对稳定和开放的世界秩序，保证"门户开放"和"机会均等"，为美国新扩张铺平道路。对于美国而言，保持相对独立或自治地位更利于美国的新扩张。

再次，在威尔逊看来，国际联盟具有压倒一切的意义。在巴黎和会的第一次全体会议上，威尔逊明确强调了国际联盟的意义。按照他的说法，他把国际联盟视为"整个计划的基石"和美国"在战争中的目标和理想"。按照他的设想，"即使领土和经济方面条约比较满意，没有国联，也无法保证未来的和平"[①]。相反，只要国联得以建立，即便一些国家蒙冤受屈，国际联盟也可以起到矫正作用。通观"十四点"有关战后世界秩序问题的各项重要条款，几乎每一项都涉及国际联盟的作用问题。可以说，在威尔逊看来，没有国际联盟，就没有美国所期望的战后世界秩序，就没有美国的利益和理想。要保证战后世界的相对稳定开放，要保证美国利益和理想的实现，首先就要按照他的设想建立国际联盟，以此确立"美国的世界领导权"。威尔逊对国际联盟的特别看重表明，他对领土和赔偿等具体问题并不特别重视，美国的利益和目标主要在于实现美国的治下和平，为美国全球霸权和新扩张创造条件。

5. 关于"十四点"其他条款

"美国条款"固然重要，但其他条款也是威尔逊式"改造世界"方案的组成部分。

"十四点"的第四点强调各国裁减军备至符合国内安全的最低限度。但是，如何才能实现这一目标呢？"十四点"及其注解没有提供有效措施。注解中提出的设想是："有必要采取一个总的原则，然后

[①] Charles Seymour, ed., *The Intimate Papers of Colonel House*, IV, p. 279.

第四章 以战止战与持久和平

组织某种国际调查委员会，为执行此一原则而准备详细的计划。"①裁减军备既是美国理想主义价值观的反映，同时也是用以限制其他大国军事力量的重要手段。裁减军备目标即便难以实现，美国也可以借此为自身的军备扩张提供依据。因此，裁减军备此后便成了美国从不轻言放弃的外交目标或有效手段。尽管美国自身在战争前后不断地致力于扩充军备，但威尔逊始终把裁减军备列为重建战后世界秩序的一项重要原则。

第五点强调，在"公正"调整殖民地时，"有关居民的利益必须与管治权待决的政府的合理要求同等重视"。既然把当地居民利益与殖民国家的"合理"要求同等看待，威尔逊标榜的"民族自决"便变得虚伪而渺茫了。而且，注解中明确强调，必须按照"门户开放"原则"开发"这些地区，这显然是为美国利用其自身优势的"和平征服"创造条件。尽管如此，公开提出兼顾当地"居民利益"，注解中甚至强调"一个殖民国家不应作为殖民地的主人行事"，应该"制定一部约束一切殖民国家的殖民行动的法典"，这仍然具有一定的积极意义。打破列强对殖民地和势力范围的垄断性占领，打破画地为牢的国际经济竞争格局，无疑有利于美国利用自身经济、科技等综合优势参与乃至主宰列强之间的国际竞争，但也在一定程度上反映了世界相互依存趋势的客观要求，有利于保持国际社会的相对稳定开放。

第六、七、八、九、十、十一、十二、十三点基本上都是关于领土调整的建议或庞大"帝国"的处置问题。这些建议既反映了美国希望按照自身利益重建世界秩序的愿望，也反映了威尔逊关于"和平""正义"和"民族自决"等理想主义原则的基本设想：即征服不能赋予一个国家占据他国领土的权利，而且必须以此为由推动一些庞大"帝国"的解体。尽管这些条款都是从美国国家利益和价值观出发的，包含着一定的自私动机和价值观偏见，但还是在一定程度上使威尔逊与同时代资本主义大国的政治家们形成了差异。

---

① 王绳祖主编：《国际关系史资料选编》（上册·第二分册），第399页。

关于"俄罗斯问题"的第六点，往往被人们解释为威尔逊仇视苏维埃俄国政策的条款。然而，从"十四点"发表，到克罗利等人为之作注，威尔逊政府的对俄政策是不断发展变化的。当"十四点"发表时，美国在欧洲大陆的军队数量相对有限，欧洲战场形势还不明朗。在这种情况下，打败德国始终是美国和协约国优先考虑的目标。十月革命后，俄罗斯脱离了威尔逊设想的"自由主义"轨道，同时还存在着退出战争的危险。威尔逊不欣赏苏维埃制度，但他仍然寄望于苏维埃俄国继续对德作战，并愿意为此做出努力。与英法政治家敌视苏维埃政权的立场不同，他更相信豪斯的看法：明智之举在于，"尽可能地把它（俄国）与德国分开，这只能通过最广泛和最友好的同情以及更多物质帮助的承诺来完成"①。在第六点中，基于战争需要及其自由主义观念，威尔逊希望各国尊重俄罗斯"自己选择的制度"，要让俄罗斯获得"无阻碍的和顺利的机会来独立决定它自己的政治发展和国家政策"。当然，威尔逊的价值观偏见和对苏维埃政权的敌视立场是客观存在的。他所谓让俄国"独立决定它自己的政治发展和国家政策"，实际上还是希望俄罗斯进入他所标榜的"自由国家的社会"，并且表示，愿意为此向俄罗斯提供"它所需要的和渴望取得的各种援助"。立场和价值观偏见是不容置疑的，但是，他没有明确表示要遏制苏维埃革命，也没有明确表示出按照"民族自决"原则肢解俄罗斯"帝国"的政策取向。相反，为了继续把苏维埃俄国留在战场，威尔逊还是竭力排除国内外因素的干扰，按照他自己的设想做出了许多外交努力。"十四点"的注解撰写于1918年10月。此时，欧洲战争即将结束，威尔逊对俄国政治发展前景寄予的希望基本上落空，俄国在战场上的作用也显得不那么重要了，同时，苏维埃俄国的社会主义革命震撼了整个资本主义体系的基础，这令威尔逊极其恐惧。因此，注解中明确提出，要把俄罗斯肢解为若干国家，并把一些原属俄罗斯帝国的版图划归周边其他国家。尽管如此，需要指出的

---

① Charles Seymour, ed., *The Intimate Papers of Colonel House*, IV, p. 331.

是,关于肢解俄罗斯帝国的设想,其实也符合威尔逊一向标榜的民族自决原则,与"十四点"中处置其他"帝国"诸条款存在内在的统一性。到巴黎和会召开时,威尔逊完全采取了敌视苏维埃俄国的立场,不但拒不承认苏维埃政权,而且断然拒绝了协约国关于邀请苏维埃代表出席和会的建议。总之,对于第六点,我们应结合不同阶段的情况进行具体分析,但不同阶段的政策都体现了美国国家利益与威尔逊"改造世界"构想的相对统一。

从"十四点"可以看出,与其他大国相比,美国提出的结束战争和重建世界秩序方案,确实具有鲜明的美国色彩。它力图通过推动大国关系调整实现其国际社会革新方案,力图以高度美国化的"原则"改变世界,以建立相对稳定开放的世界新秩序为实现自身目标的前提,这使20世纪初期的美国既不同于德国这类穷兵黩武的挑战霸权国家,也不同于英法这类相对满足现状又竭力护持旧式霸权的老牌殖民国家。战争期间,交战双方都试图以绝对化手段实现绝对化目标,把掠夺领土、殖民地、战争赔款以及垄断性地占领势力范围等视为理所当然,而美国则力图在保证世界相对稳定开放的基础上,以相对温和的方式结束战争,建立世界新秩序和美国式的新霸权。因此,"十四点"发表后,立即在国内外舆论中引起了强烈反响。包括欧洲交战国在内的各国和平主义者和左翼力量、被奴役民族或国家的民族主义者,大都热情拥护威尔逊提出的战争目标和世界重建方案,而协约国与同盟国政府基本都难以接受美国的方案。"十四点"本质上依然是帝国主义列强在争斗中形成的争霸和扩张纲领,威尔逊政府在后来停战媾和中还不断调整乃至放弃其中部分"原则"和目标,但作为帝国主义国家政治家提出的世界秩序重建方案,一时还是得到了部分进步舆论的欢迎。

(四)强迫交战国接受美国的停战媾和方案

交战双方都难以接受"十四点",但鉴于该方案的相对合理性和美国巨大的实力、影响力,它们也难以简单地加以拒绝。德国寄望于战争获胜，起初仍然婉转地拒绝了"十四点"计划。但是，作为回应，德国总理赫特林和奥匈首相切尔宁还是发表了友好讲话。① 鉴于"十四点"造成的显著影响和美国与协约国正共同对德作战的基本事实，协约国舆论的反应更为复杂。英法既不能不承认"十四点"造就的"道义"影响力，更不能不面对美国作为重要参战国的基本事实。但是，它们不能容忍威尔逊对协约国战争目标的否定。英国官方喉舌《泰晤士报》刊发的文章说："我们对总统讲话的主要批评是，他在高大上的理想中，似乎没有考虑某些现实形势的严峻。"② 在群众集会上，英国外相贝尔福明确表示，他不接受威尔逊的和平纲领。他把"十四点"与劳合·乔治1月5日的讲话等同看待，称"十四点"只是"一种崇高声明"，并不代表协约国的一种新政策。③ 但是，随着美国在战争中的作用日益显著，交战双方既难以抵消"十四点"造成的影响，也难以阻止它成为签署停战协议的共同基础。到1918年秋，在德国战败已成定局的情况下，德国开始试图接受以威尔逊"十四点"为基础的停战媾和方案。10月5日，德国新首相通过瑞士向威尔逊提出了立即停战和在"十四点"基础上举行和平谈判的建议。一些美国记者预期威尔逊会加以拒绝。但是，威尔逊很快就做出了肯定性的答复，但要求德国撤出占领土地、召回潜艇、接受协约国将军制订的停战协议，并暗示德皇离开德国。一个星期后，德国接受了威尔逊的建议。

威尔逊的反应引起了人们的非议。在国内，洛奇等人要求继续作战，迫使德国无条件投降。威尔逊的解释是，既然德国愿意改革政体并签署停战协议，就不值得再花费另外100万协约国士兵的生命去进攻柏林。陆军部长贝克警告说，美国的举动可能会令人觉得他是在强迫协约国。但是，威尔逊认为，需要对协约国施加压力，因为它们"掌握了超过正义和平所需要的"力量。在内阁会议上，威尔逊还

---

① 王晓德：《梦想与现实：威尔逊"理想主义"外交研究》，第223页。
② Charles Seymour, ed., *The Intimate Papers of Colonel House*, III, p. 346.
③ Sir Eric Drummond to Sir Cecil Arthur Spring Rice, Jan. 12, 1918, PWW, 45, p. 578.

说，他希望"为强制推行正义，在口袋里装上所有能装的武器"参加和会。① 他认为，"协约国一方过于成功或过于安全将使真正的和平协议即使不是不可能，也相当难以实现"②。显然，威尔逊从没有打算过分削弱德国，并仍然寄希望利用德国作为实现目标的平衡力量，这是他痛快接受德国停战建议的原因。在这种情况下，协约国失去了继续作战的理由，威尔逊志得意满地扮演起协约国代表和人类命运主宰的角色。同时，豪斯软硬兼施地迫使协约国勉强同意，把"十四点"作为停战媾和的基础。

在德国战败和交战双方都同意以"十四点"作为停战媾和基础的情况下，威尔逊和豪斯对战后秩序重建持乐观态度。威尔逊宣布，"美国为之战斗的目标都已经实现"。豪斯则满怀信心地认为，"专制制度已经死亡"③。在他们看来，只要交战双方都同意把"十四点"作为停战媾和的基础，美国就实现了自己的目标。但事实表明，他们高兴得太早了。

四 为实现"最大成功"的决斗

（一）威尔逊决定亲赴巴黎和会

战争前夕，威尔逊就致力于按照美国利益和愿望建立世界新秩序，却屡遭挫折。所谓"伟大探险"，实际上没有起到阻止战争爆发的作用。以"中立调停"推动妥协媾和的梦想，因交战双方的拼死决斗化为泡影。如今，按照威尔逊的设想，美国已通过参战获得了参与乃至主宰战后和平会议的政治资本和影响力。不论是否愿意，交战双方都原则上同意以"十四点"为基础签订停战协议，下一步似乎

---

① David M. Esposito, *The Legacy of the Woodrow Wilson: American War Aims in World War I*, p. 128.

② David M. Esposito, *The Legacy of the Woodrow Wilson: American War Aims in World War I*, p. 128.

③ Charles Seymour, ed., *The Intimate Papers of Colonel House*, IV, p. 143.

只是"十四点"计划的实施问题了。

威尔逊相信，战争结束之后，单凭美国的经济优势就可以迫使协约国接受美国的和平方案。停战后，不仅美国的经济优势更加显著突出，军事力量也更加强大，政治影响力进一步增强，尤其是他的理想主义国际社会革新方案似乎受到"世界舆论"的普遍欢迎。这一切都使威尔逊确信，美国将在战后世界的安排中处于一种非常有利的地位。恰如时人所述，"在数以百万计的人民眼中，威尔逊的计划展现出了世界的希望"①。威尔逊本人也俨然以"救世主"自居。他在1918年10月初说："我自信现在我在国外享有异常威望。我认为保持这种威望对和平问题的适当解决是必要的。"② 参战前，首相劳合·乔治在与佩奇谈话中说过："总统出席和会对和平到来后世界的适当建构是必要的。我是说，他必须亲自出席会议。如果他坐在和谈桌上，他将在表达自由政府的道义观念方面发挥出其他任何人都不可能起到的作用。"③ 英国政治家诺思·克利夫爵士认为："欧洲政治家不敢对威尔逊总统关于防止未来战争的任何建议提出异议。……如果总统现在强行解决（达成国际联盟协定）这一问题，无论是劳合·乔治，还是任何其他人都不敢在防止战争纲领的基本原则上与他作对。如果劳合·乔治在这些重大问题上与总统发生冲突，将意味着其政府的倒台。"④ 显然，威尔逊下决心直接参战并力图最大限度地使用武力，期待的正是这样一种局面。一旦战事结束，美国实现目标的希望似乎近在眼前，威尔逊准备亲自参加巴黎和会，确保美国实现目标。

1918年11月18日，威尔逊宣布，他将亲率美国代表团赴欧洲谈判。当时，美国在任总统赴欧洲参加会议还是史无前例的事情。威尔

---

① 王晓德：《梦想与现实：威尔逊"理想主义"外交研究》，第265页。
② A Memorandum of Conversation by Thomas William Lamont, Oct. 4, 1918, PWW, 51, p. 224.
③ Lansing to Wilson, Feb. 13, 1917, PWW, 41, p. 213.
④ Thomas Francis Logan to Edward Nash Hurley, Dec. 23, 1918, PWW, 53, p. 481.

逊的举动，引起了普遍的疑虑和反对。政敌们攻击他，亲朋好友和下属官员们劝阻他，协约国方面也不希望他扮演君临欧洲的角色。此前，威尔逊在与蓝辛讨论有关事宜时，蓝辛曾坦率地说，他认为总统亲自出席和会并非明智之举。蓝辛事后记载说："我指出，他目前在世界上拥有一种支配地位，如果他与外国政治家们一道开会，我担心他将失去这种地位；如果他远离和会，他实际上能够左右和平条款；他在国家急需得到指导时出席巴黎和会，将在本国招致严厉批评；从海外遥控国内事务将使他遇到更大麻烦。"① 远在欧洲的豪斯得知消息后，也表明立场："在这里，很有见地的美国人众口一词地认为，您出席和会将是不明智的。他们担心此举将有损您的尊严和统帅地位。"② 威尔逊不接受建议，而且十分气恼。他在给豪斯的信中说："我推测英国、法国领导人把我排除在和会之外，生怕我在和会上领导弱国反对他们。……我是国家首脑这一事实毫不重要，我强烈反对因地位尊严阻止我们得到曾经决心谋求的结果。"③ 威尔逊认为，距离遥远将使他不知所措，有他在场可以防止协约国在"十四点"上后退。有人建议他到会后宣布会议开始，参加预备会议，然后就离会，把具体争执留给外交官们去处理，但同样遭到否定。关于代表团团长的人选，他认为："蓝辛不够分量。豪斯不想做。鲁特和塔夫特不赞成我们的计划。我必须去。"④ 显然，威尔逊决心亲自赴会，他相信这样有助于实现目标。

实际上，政敌的攻击和友人们的劝阻，都基于一个基本事实：实现美国理想化目标的前景不容乐观。战争结束前，共同对德作战的事实，使得协约国政治家们不愿过早摊牌。但是，战争结束后，情况不同了。他们决心在和会上与威尔逊一决高下。法国总理克列蒙梭不屑

---

① A Memorandum by Robert Lansing, Nov. 12, 1918, PWW, 53, p. 66.
② Charles Seymour, ed., *The Intimate Papers of Colonel House*, IV, p. 212.
③ Wilson to House, Nov. 16, 1918, PWW, 53, pp. 96 - 97.
④ Daniel M. Smith, *The Great Departure: the United States and World War I*, 1914 - 1920, p. 115.

一顾地说:"上帝给了我们十诫,我们违背了它们。如今,威尔逊给了我们十四点,我们要看看它是什么。"① 劳合·乔治则抱怨美国欺侮欧洲。他说:"威尔逊是我曾遇到过的最奇特的混合体,集高尚的幻想家、死硬而无耻的党棍、想入非非的理想主义者和耿耿于私仇的人于一身。"② 欧洲人还对战时苦难和人员损失做了比较,认为美国是"廉价买到了和谈桌上的席位"③。显然,为抵消美国的影响,协约国在竭力贬损威尔逊的地位。

在国内,罗斯福、洛奇等人也对威尔逊的理想化目标持怀疑态度。例如,罗斯福和洛奇都支持建立国际联盟,以便维持欧洲和世界的相对稳定,但他们心目中的国际联盟是防止德国东山再起的旧式结盟,与威尔逊设想的普遍结盟不是一回事。洛奇早在1917年2月28日就不无忧虑地说:"我们是否在准备承担一种纯粹的普遍义务却不知道要走向何方及要求我们做什么?除非我们为一个我们在其中有着发言权的联盟提供我们一定数量的陆军与海军力量。"④ 罗斯福很早就主张建立"文明国家"联盟,以维护世界相对稳定和"开发"落后国家,但不欣赏威尔逊的国联设想。1918年11月,罗斯福说:"我赞同这样一个联盟,只要我们的期望不要太高。"12月,他在信中写道:"国际联盟作用有限,但它越是自大,越是好高骛远,真正能成就的就越少。"⑤ 总之,他们支持建立国联,但不抱太多幻想。

威尔逊实现理想化目标的努力,不仅在国外面临巨大阻力,国内也没有寄希望这些目标能够实现。但是,威尔逊并不这么认为。他对其经济顾问说:"告诉我美国希望在这场战争中得到什么,我将参加和会,为之战斗。"⑥ 作为政治家,对于即将遭遇的尖锐矛盾和尔虞

---

① Daniel M. Smith, *The Great Departure: the United States and World War I, 1914－1920*, p. 109.
② Herbert Hoover, *The Ordeal of Woodrow Wilson*, New York, 1958, p. 254.
③ 托马斯·帕特森等:《美国外交政策》(下册),第400页。
④ 韩莉:《新外交·旧世界:伍德罗·威尔逊与国际联盟》,第217—218页。
⑤ 亨利·基辛格:《大外交》,第35页。
⑥ The Diary of Raymond Blaine Fosdick, Dec. 11, 1918, PWW, 53, p. 365.

我诈,威尔逊并不是毫无察觉。他在赴欧洲前与其私人秘书图马尔蒂谈话时预测说:巴黎之行,"要么是历史上的最大成功,要么是最大悲剧"①。在威尔逊离开美国后,蓝辛写道:"我确信,他正在铸成其生涯中的最大错误,将危及他的声望。"② 显然,威尔逊是怀着对"最大成功"的渴望,走上了赴欧洲和谈的道路。他之所以力排众议,亲自赴会,原因就在于,他相信自己有能力克服重重阻力,能够把理想化的目标转化为现实。

在组建美国代表团成员的过程中,有人建议适当选择一些共和党成员参与,以便消除党派利益之争带来的掣肘,但同样遭到威尔逊的拒绝。毫无疑问,威尔逊的欧洲之行乃是一种极大的冒险,他本人其实也有此感觉,但仍执意前行。威尔逊既没有听从建议,适当远离和会上具体问题的争论,也没有适当吸纳共和党人参与代表团活动。这样,巴黎和会上美国代表团若成功了,威尔逊个人和民主党必声望大增;否则,必成威尔逊一己之过,并成为共和党攻击民主党的口实,成为党争议题,不利于和约最终在国会审批通过。

(二) 巴黎和会上的争斗

1918年12月4日,威尔逊亲自率领包括1300余名专家在内的庞大代表团,在万众瞩目下离开了纽约港。抵达欧洲后,在协约国领导人安排下,他先到欧洲国家首都和历史名城进行了为期三周的访问。所到之处威尔逊都受到隆重欢迎。各国报刊竭力加以吹捧,他本人则不断发表演说,试图把人们对和平的渴望推向极点,借以加强其自身地位。但是,在喧闹过后的谈判桌上,英法等国领导人无视各国人民对世界和平、民主和发展前景的渴望,以冷静而固执的现实主义眼光审视每一个议题,迫使威尔逊步步退让,乃至进退失据。

协约国领导人并不看重国际联盟,国内反对派也对国际联盟持相

---

① 王晓德:《梦想与现实:威尔逊"理想主义"外交研究》,第268页。
② Robert Lansing, *The Peace Negotiation: A Personal Narrative*, Boston, 1921, p. 23.

对冷漠的态度,威尔逊却始终把国际联盟视为关键性目标。和会开幕后,他坚持先讨论国际联盟盟约,并坚持使国联盟约成为和约不可分割的一部分。他的意图很明显,保证了国际联盟的优先地位,就保证了美国理想主义目标和原则的优先地位,有利于在和会开始后先确立美国代表团的主导地位,进而达成符合美国利益和愿望的和约。会前,威尔逊刚抵达欧洲就对豪斯解释了他的想法:"使国际联盟成为整个计划的核心,其他所有问题都要围绕这一核心展开。一旦这一设想成为事实,几乎所有非常严峻的难题都会迎刃而解。"① 他对谈判对手的解释是:如果不能优先考虑建立国际联盟,"全世界将会说,各大国首先瓜分了世界上无力自卫的地区,然后才建立国际联盟。……世界将不接受这种行动,它将使国际联盟成为不可能,各国不得不重启军备竞赛,导致债务日增和庞大军备负担。"② 在威尔逊的坚持下,和会决定首先成立专门委员会讨论国联盟约,由威尔逊亲自担任该委员会主席。在他的直接主持和干预下,国联盟约到2月13日完成拟订工作。他在和会的第三次全体会议上宣读盟约初稿时宣布:"猜忌和阴谋的帷幕已经撤除。人们彼此注视着说:'我们是兄弟,我们有着共同的目标。我们此前没有认识到这一点,但现在已经明白了。这是我们友谊和博爱的宪章'。"③

为什么美国把建立国联视为巴黎和会上最为重要的目标?这是颇耐人寻味的问题。一些人曾经设想,如果威尔逊只是如时人以及后人所希望的那样,主要关注美国具体而实在的国家利益以及相关国家的领土、赔偿、殖民地、势力范围等具体利益诉求,那么,他可能就不会在诸如领土、赔偿、殖民地、势力范围、军备等问题上,对协约国列强做出太多妥协,因此也不会因国联盟约被否决感到太过失望和愤怒。但是,姑且不论在领土、赔偿、殖民地、势力范围等问题上是否

---

① Charles Seymour, ed., *The Intimate Papers of Colonel House*, IV, pp. 251–252.
② Ray S. Baker, ed.: Woodrow Wilson and World Settlement, New York, 1922, Vol. 1, p. 260.
③ An Address to the Third Plenary Session of the Peace Conference, PWW, 55, pp. 177–178.

能够取得别样的效果,若威尔逊果真按上述想法行事,其"改造世界"方案与其他大国的世界重建计划也就失去了本质差异,显然不能反映美国新扩张主义背景下相对特殊的国家利益和价值诉求,也不能体现威尔逊作为学者出身的美国理想主义政治家显著的个性特色。因此,必须回到威尔逊本人的设想,我们才能理解其策略选择。关于国联、世界和平与美国的关系,威尔逊说:"只要美国选择通过国际联盟尽它一份力量来保证它在道义上和金融上的世界领导权,支持一个经济上稳定和非革命的自由主义国际秩序,美国将来的商业扩张就可以确保无虞。"① 显然,通过国际联盟确立美国在大国关系中的主导地位,进而实现美国的"世界领导权"、建立"自由主义国际秩序"、推进以"商业扩张"为显著特色的美国新扩张,正是威尔逊国际政治理想主义要实现的基本目标。

威尔逊特别重视国际联盟的作用,也特别重视协约国阵营那些所谓"文明国家"统治者们的态度,但英、法、意、日等大国领导人不仅没有给予其足够的支持和配合,而且都利用威尔逊这种重视美国借国际联盟插足世界事务的态度,以拒绝接受国联盟约相要挟,迫使威尔逊在涉及领土、赔偿、殖民地、势力范围、军备等问题上陆续做出让步。与此同时,对于威尔逊来说,既然特别重视国际联盟而相对轻视具体问题,大国决策者的态度便显得十分重要,他也愿意在一定程度上对协约国列强做出让步。1918年12月22日,威尔逊会见了英国的德尔比勋爵。德尔比说:"看来我们之间只在两件事上有分歧,这就是殖民地与海上自由问题。"威尔逊答复说:希望英美在建立和共同控制国联问题上加强合作;关于殖民地问题,美国愿意承认英国在国联监督下对德国前殖民地的控制;在海军军备竞赛问题上,可以考虑英美都成为海军大国,共同扮演"世界海上警察"角色。② 12月27日,威尔逊在白金汉宫的晚宴演讲中,以其特有的理想主义风格

---

① N. Gordon Levin, Jr., *Woodrow Wilson and World Politics: American's Response to War and Revolution*, New York, 1970, p. 257.

② Lord Derby to Arthur James Balfour, Dec. 22, 1918, PWW, 53, pp. 470–471.

表达了希望英美合作、共同主宰世界的愿望。他说："人们此前还从来没有认识到，公平和正义在一个地区和另一个地区，以及一个主权国家和另一个主权国家之间的差异是多么微不足道。先生们，我相信，我们试图做出的特别安排，不仅适用于世界的道德判断，而且要把世界上的道德力量组织起来，去维护这些安排，巩固人类的力量，使我们这类伟大民族信奉的公平与正义成为世界上支配性和控制性的力量，这将成为我们高尚的特权。"① 威尔逊的办法当然是以美国主导的普遍结盟替代势力均衡，保持欧洲和世界的相对稳定开放。12月31日，豪斯会晤贝尔福。贝尔福重申，不能因"海上自由"影响英国海上优势。豪斯回应说："没有理由反对她拥有与现在一样强大的海军，她可以在国际联盟约束不守法国家问题上使用其海军。"② 美国的意图很清楚：希望英美加强合作，英国支持美国通过国际联盟建立新的国际社会治理秩序；为争取英国的支持，美国愿意满足英国对殖民地的要求，允许英国保留强大海军，但同时要求英国接受美国保有强大海军的事实。这就是说，巴黎和会尚未召开，威尔逊就在一定程度上满足了英国的要求，他真正关心的是英美之间的联合和美国自身目标的实现，所谓"民族自决"等已被置诸一旁。

英国也希望得到美国的支持和合作。如英国外交部官员塞西尔勋爵所述："英国与大陆国家在国际事务上观点不同"，"如果美国接受我们在这些问题上的观点，这意味着我们的观点将在所有国际事务中占据主导地位"。③ 显然，英国愿意在一定程度上支持美国建立国际联盟的努力，但其出发点是维护英国利益，继续维持欧洲大陆的势力均衡。英国决不甘心将霸权拱手相让，并希望从和会上获得更多实惠。在英美联合起草盟约过程中，英国不断逼迫威尔逊做出让步。在殖民地问题上，英国坚持要求获得德国前殖民地，并支持其自治领取

---

① After – Dinner Remarks at Buckingham Palace, Dec. 27, 1918, PWW, 53, p. 523.
② Charles Seymour, ed., *The Intimate Papers of Colonel House*, IV, p. 255 – 256.
③ Lloyd E. Ambrosius, *Woodrow Wilson and the American Diplomatic Tradition: the Treaty Fight in Perspective*, New York, 1987, p. 55.

得德国前殖民地的要求。法国和日本也提出了同样要求。威尔逊完全明白承诺英国殖民地要求的后果。他说:"假如任何国家都可吞并德国前殖民地领土,这将成为对整个国际联合思想的挑战。如果继续吞并下去,国联一开始就会失去信任。"① 但是,为了寻求英国的支持,威尔逊还是以委任统治形式满足了英国及其自治领的殖民地要求。3月,劳合·乔治满意地说:"我们打算得到的东西都如愿以偿了。如果你在一年前告诉英国人民,他们拥有的一切能得到保证,他们会嘲笑你。德国已拱手交出海军,拱手交出商船,放弃殖民地。我们的主要贸易竞争者已遭受严重挫折,我们的盟国将成为其主要债权人。收获实在不小。"② 但是,英国希望美国承认其海军优势的愿望仍未实现,英美间的较量并没有就此结束。

就在国联盟约提交全体会议后,威尔逊离开巴黎回国,直到3月14日才返回巴黎。此间,以洛奇为首的反对派对威尔逊的国联计划提出严厉批评。3月3日,他们向威尔逊递交了由参议院三分之一以上议员签名的信件,用以显示其决心和实力。在威尔逊返回巴黎后,塔夫特和图马尔蒂等人都认为,反对派担心国联会干涉美洲事务,如果不能在和约中增加门罗主义保留条款,参议院有可能不批准盟约。于是,威尔逊、豪斯又与英国商量修改盟约,增加门罗主义保留条款。劳合·乔治则乘机再次要挟威尔逊签订英美海军协定,确保英国的海军优势。劳合·乔治威胁说:如果美国继续其海军造舰计划,他就不会对"国际联盟伸一下手指头"③。实际上,破坏英美合作局面并不符合英国利益。而且,英国已不可能继续长期保持海军绝对优势,美国暂时也难以全力进行海军竞赛,妥协对双方都有利。国联盟约又增加了门罗主义保留条款,美国再次明显地把自身利益放在了所谓"共同利益"之上。

---

① PWW, 54, 247-248。
② Charles L. Mee, Jr., *The End of Order: Versailles 1919*, New York, 1980, p. 162.
③ Arthur Walworth, *Wilson and His Peacemakers: American Diplomacy at the Paris Peace Conference*, 1919, New York-London, 1986, p. 304.

当威尔逊在英国访问时，法国总理克里蒙梭在议会演讲中宣布：法国不支持美国以普遍结盟和集体安全为基础的重建世界秩序方案。他坦承说："有一种旧的结盟体系被称为势力均衡——这种我不会放弃的结盟体系，将成为我在和会上的指导思想。"① 法国在和会上的所有要求基本上都围绕所谓"安全保证"问题，其实质是要防止德国东山再起，确保法国在战争中获得既得利益，维护法国在欧洲大陆的霸权。此前，威尔逊已背离初衷，承诺把德国排除在国际联盟之外。法国抵制威尔逊重建世界秩序方案的态度表明，除非做出妥协，否则威尔逊的方案不可能得到法国支持。法国在东欧建立一些新生国家作为遏制德国的屏障的主张，大致上符合威尔逊关于民族自决的原则，双方在这一问题上似乎不存在太多分歧。但是，法国并不满足于一般性地限制德国军备，不满足于收回阿尔萨斯和洛林。法国还要求以莱茵河划界，占领莱茵河两岸的莱茵兰地区，吞并德国煤铁资源丰富的萨尔地区，并要求德国支付巨额战争赔偿。起初，在英国的支持下，威尔逊拒绝了法国的过分要求。美法双方的斗争十分激烈，威尔逊和克里蒙梭一度都以退出和会相要挟。但是，当美国提出修改盟约，增加门罗主义保留条款时，克里蒙梭认为机会来了。此时，劳合·乔治回国向议会报告工作。在劳合·乔治离会期间，威尔逊与克里蒙梭达成妥协：法国同意在国联盟约中增加门罗主义保留条款，而威尔逊也相应地做出妥协。威尔逊同意：协约国占领莱茵河左岸地区15年，莱茵河右岸地区为非军事区；法国在萨尔地区享有经济特权，15年后由公民投票决定其归属；当法国遭到德国进攻时，英美保证向法国提供军事援助。在战争赔偿问题上，威尔逊也不得不向英法做出重大让步。经过这番妥协，威尔逊不仅在领土、赔偿等一系列具体问题上背离了初衷，而且使其普遍结盟和集体安全原则进一步受到严重损害。蓝辛非常不满地说，在做出这些妥协后，"'势力均衡'和

---

① Lloyd E. Ambrosius, *Woodrow Wilson and the American Diplomatic Tradition: the Treaty Fight in Perspective*, p. 54.

'势力均衡'中的所有魔鬼都将被毫无意义地吞下"。① 克里蒙梭则满意地说:"我不再担心。我已经获得我想要的一切。"但威尔逊似乎也得到了他想要的东西:法国对国际联盟的支持和对门罗主义保留条款的认可。

在"十四点"中,威尔逊曾提出,要按照"显然可识的民族界线"调整意大利边界。和会上,意大利力图获得《伦敦密约》中协约国秘密承诺的领土,但这明显背离了威尔逊的设想,致使和会上美、意两国的矛盾十分尖锐。意大利首相奥兰多以退出和会相要挟,逼迫美英等国同意意大利的领土要求。意大利的要求是:获得亚得里亚海沿岸的阜姆港和达尔马提亚地区;获得前奥匈帝国的泰洛尔地区;意大利北部以布伦内罗山为界;获得原属土耳其的阿达利亚和斯密尔纳。威尔逊对意大利一再妥协,接受了其部分领土要求,其意图显然是为了争取意大利支持国联计划。由于急于获得意大利支持,某些妥协令他自己事后也感到后悔。威尔逊后来承认,把泰洛尔地区交给意大利,是因为事先研究不够。尽管一再迁就,但由于阜姆港的归属问题未能满足意大利,威尔逊最终还是没有获得意大利的支持。

日本的基本目标是:接管德国在北太平洋的殖民地;继承德国在中国山东的侵略特权;把种族平等原则列入国联盟约。经过讨价还价,威尔逊最终满足了日本对原德属北太平洋岛屿的要求。虽然否定了把种族平等原则列入盟约的建议,但是,日本却以此为要挟,获得了德国在中国山东的侵略权益。② 中国以协约国成员和战胜国身份参加和会,德国在中国山东权益理应归还中国。威尔逊自然明白其中道理,也确曾为此做过一些努力。4月22日,威尔逊提议所有大国放弃在中国的殖民利益,换取日本放弃对山东的要求。但是,各大国代表无人响应。最终,为获得日本对国际联盟的支持,威尔逊还是牺牲

---

① Lloyd E. Ambrosius, *Woodrow Wilson and the American Diplomatic Tradition: the Treaty Fight in Perspective*, p. 109.

② 仇海燕:《美国日裔移民问题与20世纪初美日中三角关系》,《江海学刊》2008年第2期。

了中国的主权和利益。他的解释是:"假如意大利人走开,日本人又回家,国际联盟会成什么样子?他们会回家的,除非给予他们那些他们没有的东西。"① 威尔逊还自欺欺人地认为:"有一种普遍的愿望,赞成这样一个方案:早日通过国际联盟的调解,在所有相关国家一致同意的情况下,废除在中国的所有外国权益及势力范围。"② 威尔逊似乎得到了他需要的东西:日本对国际联盟的支持。但是,在《凡尔赛和约》签字仪式上,中国代表拒绝签字成了无人问津的问题。显然,归根结底,威尔逊优先关注的,还是资本主义大国之间的联合和协作。在大国博弈过程中,小国、弱国、战败国的主权和利益,不过是威尔逊寻求大国支持时用以讨价还价的筹码。

在处置战败德国问题上,威尔逊一向认为,只有在相对"理性""公正"的基础上,即在相对宽容地处置战败国前提下,人类才能避免"过失",从而实现"永久和平"。但是,在他对各大战胜国做出让步后,德国不仅要付出巨额的战争赔偿,而且丧失了13%的领土、10%的人口和全部海外殖民地。德国原先对威尔逊和巴黎和会还心存幻想,但在面对最终和约时,德国的幻想完全变成了失望、愤怒和仇恨。被视为德国官方喉舌的《前进周刊》写道:"我们必须永远都不要忘记,(和约)只是一纸空文,基于暴力之上的条约仅仅在武力存在时才能生效。不要失去希望,复兴之日就会来临。"③ 德国总理谢德曼气愤地说:"威尔逊总统是个伪君子,《凡尔赛和约》是历史上最卑鄙的罪恶。"④ 显然,对战败国肆无忌惮的奴役和掠夺为爆发新的战争埋下了隐患,正如威尔逊此前预料的那样,新的大规模战争将很快到来。

经过巴黎和会上的反复较量,威尔逊似乎实现了他所追求的目

---

① Robert H. Ferrell, *Woodrow Wilson and World War I*, 1917 – 1921, New York, 1985, p. 150.

② Arthur Walworth, *Wilson and His Peacemakers: American Diplomacy at the Paris Peace Conference*, 1919, p. 373.

③ Thomas A. Bailey, *Woodrow Wilson and the Lost Peace*, Chicago, 1966, p. 303.

④ Thomas A. Bailey, *Woodrow Wilson and the Lost Peace*, 1966, p. 303.

标。他把国际联盟视为至高无上的目标,实际上是把建立美国主导下的世界和平秩序视为主要追求,把美国自身新扩张主义理想化的国家利益诉求奉为圭臬。为此,他做出了一系列妥协,抛弃了在"十四点"中的许多承诺,抛弃了被他视为和平基础的"公平"和"正义"目标。威尔逊曾经说过:"使用武力的征服只是暂时的征服,而靠着赢得尊重的对世界的征服,将是永久征服。"① 但是,到头来,国际联盟建立起来了,美国却成了"武力征服者"的帮凶,威尔逊原先赢得的尊重丧失了,世界和平的基础不是被加强了,而是被削弱了。1919 年 7 月 30 日,豪斯在致威尔逊的信中供认:"现在,世界离安全尚远,另一场动乱会完全毁灭文明。"② 威尔逊不可能认识不到这一事实。在中国山东问题上,尽管他身边的几乎每一位相关的顾问都愿意支持中国的合理诉求,反对他迁就日本的贪欲,但是,为了所谓"挽救国际联盟",他更关心的还是日本作为一个强国的态度。如美国学者所述,"中国最终没有签约。中国是弱国;日本是强国——中国拒签无人关心的原因就这么简单。"③ 事实验证了罗斯福等人的观点:国际联盟固然有意义,但"它越是自大,越是好高骛远,真正能成就的就越少"。如果威尔逊更多关心各国的政治独立和领土完整等基本权益,无论成功与否,美国理想主义也许会获得更多理解、支持和尊重,可能会更好地抑制以战争和掠夺领土、势力范围等为特征的传统主义扩张势力。显然,由于太过看重大国的立场,急于实现美国主导大国合作的目标,威尔逊实际放弃了其国际社会革新方案中一些尚存的具有一定合理性的"原则"和"道义"。换言之,在威尔逊的心目中,美国主导大国关系变化以及借助国联平台插足世界事务成了最高目标,美国自身的具体利益(门户开放、门罗主义等)也不容放弃,其他都是可以讨价还价的筹码。

威尔逊在巴黎和会上遭遇的挫折表明,在战争、领土兼并和赤裸

---

① An Address to a Joint Session of Congress, Nov. 11, 1918, PWW, 53, p. 42.
② Charles Seymour, ed., *The Intimate Papers of Colonel House*, IV, p. 255–256.
③ Roy Watson Curry, *Woodrow Wilson and Eastern Policy*, 1913–1921, p. 281.

裸的掠夺仍被视为国际关系常态的时代，大国政治家们并不能轻易接受美国的新扩张主义原则。当列强为了本国狭隘的国家利益相互争斗不休时，它们已经把世界的相对稳定与健康发展的共同利益完全置于脑后。美国的失败还表明，以美国国家利益和价值观规划的世界和平秩序，绝不可能如威尔逊所标榜的那样，真正反映世界各国人民的利益和愿望。巴黎和会上门罗主义保留条款的提出和威尔逊对战败国、弱国权益的出卖等事实表明，威尔逊同样是本国国家利益的忠实维护者，他关于各国权利平等、没有领土兼并和赔款的和平、民族自决等"原则"的主张均已化为泡影。威尔逊曾寄望于美国通过参战和雄厚的实力实现目标，但巴黎和会的结局表明，20世纪上半期的美国尽管已成为世界头号大国，但其仍无力主导大国关系的变化。

如果说威尔逊的国际政治理想主义曾经具有相当大的感召力，就在于它竭力宣扬了一种与传统截然不同的国际政治观念和扩张模式，激起了世界各国人民对和平、民主和发展的渴望。但是，当威尔逊为了美国的具体利益和独特的国际社会革新目标一再对列强做出妥协后，尤其在通过牺牲战败国、弱小国家领土和主权等基本权益的基础上与列强达成妥协后，其国际政治理想主义的自私本质暴露无遗。从这种意义上说，威尔逊国际政治理想主义战后的影响力迅速消退乃是必然，这也决定了它在国内外必然遭受抛弃的命运。

（三）与国内反对派的决斗

当威尔逊带着破碎的国联梦想回到国内时，等待他的是另一场惊心动魄的政治搏斗。

在威尔逊试图让美国通过扮演"道义领袖"角色实现其理想化目标时，传统的片面追求自助的利己主义国家利益观在美国国内进一步抬头。早在和会召开前夕，国内就有报刊舆论认为，如果没有符合美国愿望的国联，美国就应退回孤立主义。在和会期间和威尔逊中途回国时，国内反对派的行动表明，威尔逊以其理想主义原则"改造世界"的能力相对有限。为化解国内阻力和压力，威尔逊不得不为增加门罗主义保留条款再次向列强做出诸多妥协。在遭受一系列挫折后，威尔逊的国际联盟计划与他原先的设想已然面目全非，其个人以及国际联盟的政治威信都一落千丈。从战争爆发前夕起，威尔逊就力图为美国争得参与乃至主宰世界秩序重建的资格。尽管战后带回国内的国际联盟方案问题不少，矛盾重重，但毕竟还是为美国广泛参与世界事务提供了崭新的平台。从这种意义上说，威尔逊竟对国联盟约的含混不清感到满意。他认为，正是含混不清使国联盟约具有灵活性，可以使美国退则足以维护自身利益，进而可以广泛参与和干涉世界事务。他在1919年2月14日曾经解释说："在我看来，文件的简要是它的主要优点之一，因为就我自己而言，我不能预见这个联盟将要应对的不同形势，因而我不能预先准备好应对所有不同的与不可预料的变化的机制。……尽管文件是灵活的、笼统的，但它明确了一件确定要求我们去做的事。这就是明确保证和平。这就是明确地要用誓言保证反对侵略。这就是明确保证，抵制向我们逼近的那种毁灭整个文明基础的事情发生。"① 显然，在威尔逊看来，国联盟约的灵活性特征没有因为他的妥协而丧失，这也是他所谓美国只尽"道义责任"的含义。面对国内的各种疑虑或反对，威尔逊相信美国不会因为国联束缚自身手脚。在他看来，他已考虑了所有能保护美国自身利益的因素，美国不需要另外附加任何保留案。他信心十足地对记者说："参议院将批准条约。"② 当法国大使问他是否接受参议院提出的"保留"时，他的回答是："我什么也不会同意。参议院不愿意也得接受。"③ 在威尔逊看来，反对派力量将逐步消退。据8月1日《纽约时报》报道：一些参议员正酝酿附加"温和的保留条款"；但也有参议员认为，"最后，国联反对者的斗争将变成什么都不是"，"和约将完全按照它递

---

① An Address to the Third Plenary Session of the Peace Conference, Feb. 14, 1919, PWW, 55, P. 175.
② 托马斯·帕特森等：《美国外交政策》（下册），第407页。
③ Arthur S. Link, *Wilson: the Diplomatist: A Look at His Major Foreign Policies*, Baltimore 1957, p. 131.

交参议院时的原样获得批准"①。

然而，威尔逊并不能说服国内反对派。1920年美国大选在即，民主与共和两党新一轮的政治搏斗即将开始。两党都力图击败对手，为赢得新一轮大选创造条件。面对信誉尽失的国际联盟方案，以洛奇为首的一些共和党人决心进一步打击威尔逊和民主党的威信。据调查分析，在1918年和1919年，甚至在1920年的舆论都表明，"美国人民想要参加一个世界组织以维护世界和平"②。一位参议员告诉洛奇，80%的美国民众都赞成国际联盟，他想知道如何击败威尔逊。洛奇的回答是："我并不打算通过直接进攻来战胜威尔逊，而运用保留案的间接方法来击败他。"③ 在当时的国会中，共和党已经占据优势。在参议院，约40名民主党议员支持威尔逊，主张无保留地批准国联盟约。共和党参议员大致上分为三派：以威廉·博拉为代表的"不妥协分子"，大致上有14人，反对以任何形式参加国际联盟；以洛奇为代表的强硬保留派，人数约为23人，主张美国有保留地参加国际联盟；以弗兰克·B.凯洛格为代表的"温和保留派"，约为12人，主张有保留地参加国际联盟，但对保留条款的要求相对温和，主要增加一些解释性的条款。一般认为，如果参议院中民主党议员与温和保留派联手，就有可能获得2/3多数赞成票，从而保证和约表决通过。尽管情况一再表明，只要威尔逊不做出适当妥协，或者说，只要不增加保留案，国联盟约就不可能在参议院获得通过。在此期间，不断有人提出各种不同的妥协方案，英法等国也准备接受美国国会通过的保留案。但是，威尔逊拒绝做出任何妥协，注定了国联盟约被否决的结局。

国联盟约被否决显然与当时国内的党派政治斗争和威尔逊的不妥协立场有关。但是，反对派赖以否定国联盟约的那些基本理由值得关注。实际上，不论温和保留派，还是强硬保留派，他们都不反对美国

---

① A News Report: Seven Republican Senators Prepare Four 'Mild Reservations' to Covenant; Will Urge Them as Basis of Settlement, July 31, 1919, PWW, 62, p. 68.
② 王晓德：《梦想与现实：威尔逊"理想主义"外交研究》，第279页。
③ 王晓德：《梦想与现实：威尔逊"理想主义"外交研究》，第281页。

第四章 以战止战与持久和平

参与和干涉世界事务。即便是不妥协分子，他们也不会一般性反对美国介入世界事务。例如，在美国参战前夕，博拉就曾经公开发表演讲，支持美国参战。从这种意义上说，国联盟约的失败绝不意味着孤立主义传统原则的胜利。按照洛奇的说法，他对国联盟约不满的基本理由，正是威尔逊自鸣得意的所谓"灵活"性。他强调，美国外交政策必须力戒空乏，确保务实可操作。他说："无论如何，假如有一个实现和平的国际联盟，有一件事是清楚的。它不应仅是一堆空话，罗列含糊的理想与鼓舞人的希望，而必须是实际可行的体系。如果这样一个联盟可行并有效，它必须有发布法令的权威及支持这些法令的实力，否则既不可能可行，也不可能有效。正是在这一点上，出现了严峻的问题。"[1] 他甚至主张战后继续与协约国结盟，以便"防止德国再次挑起世界大战"。[2] 他支持为法国提供安全保证的带有军事同盟性质的条约，因为他认为：承诺在法国遭到德国进攻时提供军事援助，这是一种"简单的立场"，而不是国联盟约尤其盟约第十条含混不清的承诺。[3] 洛奇的解释是，"恰当地参加世界事务并在其中承担责任，与在全世界面前将美国拖入所有争执与冲突是非常不同的"[4]。他说："我只能是美国人而不是其他，我必须首先考虑美国。"[5] 必须首先考虑美国，这是当时反对派议员们经常使用的语言，常被人们视为孤立主义传统观念的反映。一些人认为，否决了国联盟约后的美国回到了孤立主义。但是，洛奇并不同意这样的说法。他说："这并不是孤立主义，而是我们认为怎样做必要，怎么合理就怎样行动的一种自由。这不是孤立主义，而是一个大国不受任何约束和任何阻碍地自己决定走哪条路的自由。"[6] 显然，在洛奇看来，除非美国能够主宰

---

[1] William C. Widenor, *Henry Cabot Lodge and the Search for American Foreign Policy*, University of California Press, 1980, p. 295.
[2] William C. Widenor, *Henry Cabot Lodge and the Search for American Foreign Policy*, p. 297.
[3] William C. Widenor, *Henry Cabot Lodge and the Search for American Foreign Policy*, p. 332.
[4] William C. Widenor, *Henry Cabot Lodge and the Search for American Foreign Policy*, p. 326.
[5] William C. Widenor, *Henry Cabot Lodge and the Search for American Foreign Policy*, p. 317.
[6] 维戈兹基等：《外交史》（第三卷·上册），第447—478页。

国际联盟，否则就不应该加入从而使自身行动遭到束缚；在美国尚不足以操纵国际联盟的情况下，美国应该继续执行寻求自助的单边主义政策，避免为维护世界相对稳定的和平秩序承担更多义务。从这种意义上说，威尔逊与洛奇之间围绕国联盟约之争，虽然含有党派政治斗争和个人意气之争的色彩，但同时也反映了当时美国上层关于新世纪美国扩张战略策略的不同主张。相对而言，前者认为适度推进多边合作并承担维护世界和平秩序的责任对美国有利，而后者则更倾向于单边主义，倾向于尽量避免承担国际义务，完全以寻求自助的现实主义眼光看待世界变化和美国的利益诉求。

从国会听证会上双方的对话可以清楚地看出，双方的争论基本上都是围绕美国可能承担的义务尤其盟约第十条规定的义务问题展开的。威尔逊认为：美国无论如何都不能放弃"因参战赢得的国际地位"。他说："除非我们自己行动错误，我们因参战赢得的国际地位已经不可能被改变。我们不再孤立，不再全力推行一种只考虑我们自己利益与得失的政策，这不是偶然的，也不是突然的选择。参与是我们的责任。"[1] 关于洛奇对盟约第十条的保留，威尔逊认为："它挖掉了盟约最为核心的部分。我一刻也不能接受这类修改，因为它在所有结成联盟的国家面前羞辱了美国。"因此，他强调，"除了不会改变和约实质的解释之外"，他"不接受任何妥协"。为显示其坚定的决心，他说，只要一息尚存，他就会战斗不止。他说："即便为此付出生命的代价，我也会这样去做。"[2] 洛奇派担心，美国可能因加入国联而卷入"有普遍含糊意义的目标中去"。因此，他们强调，美国必须附加重要保留案，尤其是不能承担盟约第十条的义务。不妥协分子反对一切与欧洲国家的结盟，包括国际联盟和与法国签订安全保证条约。博拉指责说："这是处心积虑将我们的国家出卖给外国控制。"[3]

---

[1] An Address to the Senate, July 10, 1919, PWW, 61, p. 436.
[2] A Memorandum by Cray Travers Grayson, Nov. 17, 1919, PWW, 64, p. 43.
[3] Lloyd E. Ambrosius, *Woodrow Wilson and the American Diplomatic Tradition: the Treaty Fight in Perspective*, p. 139.

第四章　以战止战与持久和平

　　从争论双方的基本观点可以看出：国联盟约之争的关键并不在于要不要摆脱孤立主义，而在于如何摆脱孤立主义和走向世界。对于威尔逊来说，虽然包括国联盟约在内的《凡尔赛和约》并不完全符合美国利益和愿望，但国际联盟毕竟为美国广泛参与和干涉世界事务提供了平台，可以保证崛起中的美国在国际舞台的活动有所依托，在适当承担国际义务的前提下，保持世界的相对稳定开放，不断提升美国的国际地位（所谓"世界领袖"地位），推进符合美国利益和愿望的国际社会革新，实现美国的全球新扩张。相反，反对派的核心观点在于，既然美国尚不足以主宰世界，他们希望继续在尽可能少承担或不承担国际义务情况下，追求美国自身利益和目标。显然，反对派的观点带有更多在国际社会中片面寻求自助的特征。从这种意义上说，国联盟约被美国参议院否决，意味着完全不顾世界变化和国际大局的极端利己主义国家利益观在美国重新得势，意味着威尔逊在国内同样不可能战胜持传统国家利益观的保守势力。围绕国联盟约的争论带有浓郁的党派之争色彩，但反对派一定程度上迎合了美国国内普遍存在的极端民族利己主义观念和传统思潮，这是威尔逊遭受失败的重要原因。

　　威尔逊力图在欧洲战争中获得"最大成功"，却酿成了"最大悲剧"。在此后的相当长时间里，威尔逊的失败都使美国政治家对欧洲和世界政治斗争的舞台望而却步，但是，威尔逊系统阐发的美国国际政治理想主义并不会就此销声匿迹。如基辛格在冷战后所总结的，"每当美国面临建立世界新秩序的任务之际，她总是殊途同归地回到威尔逊的观念上"①。

---

① 亨利·基辛格：《大外交》，第36页。

结　语

随着资本主义完成自由竞争向垄断阶段的过渡，主要资本主义国家对外政策就其性质而言，"归根到底是大国为了在经济上和政治上瓜分世界而斗争的国际政策"①。威尔逊时代的美国外交政策同样是为瓜分世界而斗争的国际政策，是美国垄断资本利益主导下国家利益的反映。但是，这并不妨碍我们对这一时期美国国家利益和价值诉求的相对特殊性，以及不同政治家在不同观念指导下的外交政策和实践，进一步做出具体而客观的分析。

理论上说，只要世界在政治上由国家构成，任何背离国家利益概念的国际关系阐释，其可靠性都是值得怀疑的。从这种意义上说，威尔逊国际政治理想主义简单地否定了权力、利益和势力均衡等现实主义基本概念的合理性，其观念和结论必然令人产生疑虑。但是，从另一方面看，威尔逊同样是美国国家利益坚定不移的捍卫者，而且，他始终认为，其理想化的"改造世界"的方案更好地体现了美国的国家利益和价值诉求，并有利于维护世界和平。显然，把威尔逊的理想主义与现实主义简单对立起来的看法，同样是不可信的。

对历史问题的分析，必须置于特定的时空范围之内。在威尔逊所处的时代，国际社会正在发生广泛而深刻的变革，传统的国际政治观念和列强扩张模式面临严重冲击，而"传统的均势现实主义"作为一种国际政治观念并未因世界变化得到相应的发展和提升，不足以对

---

① 《列宁全集》（第27卷），第398页。

结 语

国际关系的新变化做出合理诠释，也不足以支持新一轮的国际社会革新。威尔逊试图通过一定程度上理解、顺应世界变化，按照美国自由主义观念对国际社会变革和美国外交目标做出新的阐释和规划，为美国的世界霸权和全球扩张提供理论依据，这是一种新的尝试。作为世界变化的产物，其国际政治观念和外交主张既反映了20世纪初期美国统治集团最大限度实现全球扩张的野心，同时也在客观上和一定程度上推动着20世纪的国际社会革新。

作为一种国际政治观念，威尔逊的国际政治理想主义服务于美国的国家利益，存在着明显的立场和价值观偏见，也存在着理论上的不成熟性和矛盾性，这是毋庸置疑的。鉴于国家利益和国家利益观念从来都是具体的、变化的，我们有必要对威尔逊国际政治理想主义反映的特定时空环境下的美国国家利益诉求，进一步做出具体而客观的分析。

19、20世纪之交，现代化、全球化深刻地改变着世界，冲击着传统的国际社会秩序、国际政治观念和扩张模式，呼唤着新的相对系统化的国际政治理念。作为具有特殊传统和国情的国家，美国一定程度上远离欧洲政治，并始终自我标榜为"新世界"，强调要避免走欧洲"旧世界"的发展道路。20世纪初期的美国已经成为现代化、全球化进程中处于显著领先地位的世界大国，同时又是世界霸权角逐场的后来者，事实上已不可能沿袭"传统的均势现实主义"观念，不可能继续走传统的对外扩张和国际社会治理之路。相反，适当顺应世界变化，紧密结合自身国情和传统，走出一条不同于欧洲经验的对外扩张和国际社会治理道路，是美国在变化世界中更好地实现其国家利益和价值理想的必然选择。事实上，即便所谓"现实主义者"，如西奥多·罗斯福等人，他们既不能忽视世界变化趋势，也不能避免把美国视为具有"文明国家责任"和"道德优势"的特殊国家的认识窠臼，同样在一定程度上拒绝接受在欧洲经验基础上形成的国际政治观念和扩张模式。从历史眼光看，他们是否顺应世界变化大势，或顺应国际社会革新要求，这是历史研究应该首先关注的问题。威尔逊正是通过一定程度上顺应世界变化,并结合美国国情和传统,对国际政治做出了新的理论阐释,重新界定了新时代美国的国家利益和外交目标,并利用第一次世界大战积极干预大国关系变化,竭力按照美国的国家利益和价值诉求推动国际社会革新,由此成为美国全球扩张和争霸战略设计师、现代国际社会秩序倡导者和现代西方国际关系学奠基人。恰如亨利·基辛格所指出的,"无论如何,威尔逊在思想上的胜利比任何其他的政治成就更根深蒂固"①。

在理想主义指导下,威尔逊外交产生的实际影响也十分显著。从世界范围看,在世界深刻变化和国际格局深刻变动的背景下,威尔逊时代的美国成为推进国际社会革新的力量。威尔逊因应世界变化制定的美国全球扩张和争霸战略,在更好地实现美国自身利益和愿望的同时,客观上和一定程度上有利于推进国际社会革新和保持世界相对稳定开放。

在当今世界,国家之间和平共处、权利平等的观念以及自由贸易、民族自决、集体安全等原则,都逐步深入人心,但这些观念和原则在20世纪初期并不被广泛认可。威尔逊倡导的国际政治理想主义,虽然完全出于维护美国国家利益的需要,其个性化、理想化的"改造世界"方案充满立场和价值观偏见,但对于20世纪逐步走向和平、民主、进步的国际社会革新,客观上还是具有一定的推动作用。威尔逊所处时代正值"战争与革命"时代,列强间的武力决斗在20世纪上半期连续酿成两次世界大战,给各国人民造成了巨大灾难,同时也进一步造就了各国人民对和平、民主和进步的渴望。作为第一次世界大战前后任职的美国总统,威尔逊目睹世界战争造成的灾难,同时也在一定程度上把握了20世纪世界发展大势,洞悉了新的世界大战爆发的可能前景。他试图通过推动大国联合,确立美国的世界主宰地位,推进国际社会革新,一定程度上保持世界的和平稳定与相对开放,避免新的世界战争爆发,为美国的全球扩张铺平道路。威尔逊宣

---

① 亨利·基辛格:《大外交》,第36页。

结　语

称，国无分大小强弱，都要实现"权利一律平等"，其实际意义在于借此动员"世界舆论"，支持美国实现自身的目标，显然具有虚伪性。事实上，他本人在外交实践中同样藐视小国、弱国和战败国权益。然而，只要大国之间的矛盾始终是世界战争的根源，通过避免大国武力决斗维护世界的相对稳定开放便具有一定的合理性。如其所述，"世界和平需要美国；反之，美国也需要世界的和平与善意"①。在当时的主要大国中，作为一个新兴大国，美国新扩张主义国家利益决定了它更需要寻求一定程度的大国多边合作以维持世界的相对稳定和开放。从这种意义上说，与德国、日本、沙皇俄国等军国主义国家以及英国、法国等老牌霸权护持国相比，威尔逊国际政治理想主义所代表的美国新扩张主义都是有所不同的，需要我们对其国家利益诉求和对外政策做出具体分析。

从威尔逊国际政治理想主义及其实践对美国的影响看，它不仅为美国规划了新世纪称霸世界和全球扩张的战略策略，而且，还在第一次世界大战前后为美国带来了诸多实实在在的扩张利益。威尔逊的理想主义"改造世界"方案，一定程度上获得了世界进步舆论和爱好和平人士的支持、拥护，成为美国进一步插足列强争霸角逐场的政治资本，也有利于美国和西方世界应对十月革命后世界范围革命浪潮对资本主义制度的挑战。此外，尽管理论上对"势力均衡"观念持否定态度，试图以美国式的"改造世界"方案替代势力均衡，但是，他以其理想主义指导外交实践，中立时期竭力推动交战国之间的"妥协媾和"，把"没有胜利的和平"视为理想化的战争结局，参战后力图实现"公正"和"理性"的和平，并以实现世界"持久和平"为理想化目标，事实上还是一定程度上扮演了多极均势结构操控者的角色。② 在远东，有美国学者认为，威尔逊外交也有操控均势之意，原

---

① Address in the Coliseum in Sioux Falls, 1919, Sept. 8, PWW, 63, p. 115.
② 一些学者认为，威尔逊政府事实上扮演了欧洲均势操控者的角色。参见爱德华·比里格著《伍德罗·威尔逊与欧洲均势》、吴瑞等《略论第一次世界大战期间美国的调停外交》等。

因在于世界大战爆发后,"英俄联手反德的举措,削弱了远东的均势,使日本在远东坐大,成了那里的主宰"①。事实证明,威尔逊虽然标榜理想主义,否定"权力""利益"和"势力均衡"等传统观念,但其外交实践并不能完全摆脱现实主义观念和传统政策的影响。显然,他只是以其理想主义的"改造世界"方案,为美国的世界霸权和全球扩张提供了一种新的选择和阐释,而且,他认为这是更为理想的选择,有利于更好地实现美国的国家利益和价值理想。从实际效果看,如果说保持大国势力均衡是传统观念认可的国家安全保障,那么,威尔逊在追求美国理想化目标和实现利益最大化的同时,事实上也极为谨慎地维护了大国之间的多极均势。有学者指出,美国外交从来都表现为保持"远大理想"与"精明的利益计算"之间的平衡。② 显然,威尔逊的国际政治理想主义外交,便是追求"理想"与"利益"平衡的一种经典案例。忽视威尔逊外交严谨务实、注重实际利益的一面是荒谬的,完全否定其国际政治理想主义的客观存在及其意义,也不符合历史事实,不利于我们客观把握其理想主义的本质特征。

除了事实上谨慎地维持了对美国相对有利的均势结构,威尔逊政府还利用欧洲战争大发战争之财,并加速了美国在亚洲、拉丁美洲等地的扩张步伐,最大限度地利用欧洲战争实现了坐收渔利的目标。按照威尔逊的诠释,利用欧洲战争开展中立贸易,乘机大发战争灾难财,这乃是美国按照国际法应得的"中立权利"。实际上,这一政策契合了威尔逊关于利用美国非军事优势"和平而体面地征服世界市场"的设想。按照人们的估算,如果没有第一次世界大战,美国按其战前经济增长速度,大约在1925年超越整个欧洲,成为世界上最大经济产量区;但是,战争造成了欧洲国家的经济损失、生活脱节,同时,美国得以大发战争之财,意味着美国力量的成倍增长,使美国的经济产量在1919年提前超越了整个欧洲。③ 战争结束后,美国从欧洲

---

① Roy Watson Curry, *Woodrow Wilson and Eastern Policy*, 1913–1921, p. 7.
② 罗伯特·A. 帕斯特编:《世纪之旅:七大国百年外交风云》,第211—263页。
③ 保罗·肯尼迪:《大国的兴衰》,第280—281页。

的债务国摇身一变成为债权国,世界金融中心从伦敦转至纽约。美国在拉美、远东地区的势力大增,拉丁美洲作为美国的"后院"在战后变得更为稳固。

战争结束后,美国参议院拒绝批准国际联盟盟约,这常被一些人视为威尔逊外交失败的标志。但是,美国与参战各国重新签署了和约。这意味着,除了不能成为国际联盟成员外,美国事实上收获了它深度介入世界事务所能获得的一切具体权益。在此后的华盛顿会议上,美国又充分利用其战时的国际地位和影响力,不仅拆散了英日同盟,重新恢复了列强在远东的均势,一定程度上暂时遏止了日本独霸远东的企图,而且,首次赢得了与英国平起平坐的海军大国地位,为美国进一步成为世界军事大国和推进在远东的扩张创造了条件。

在第一次世界大战前后,威尔逊对于美国主导大国关系变化的前景曾经持乐观态度,并竭力扮演大国关系主导者的角色,借以实现美国称霸世界和全球扩张的目标。事实证明,由于列强的顽固抵制、美国统治集团本身的自私自利以及美国综合国力、影响力依然相对有限等因素制约,威尔逊通过主导大国关系变化最大限度实现美国目标的企图失败了。尽管如此,经过第一次世界大战,世界各国事实上已经再不能像过去一样忽视美国的综合实力和影响力。与历史上任何时期相比,美国都已空前接近其世界霸主地位。

无论"思想上的胜利",还是外交实践中取得的进展,威尔逊国际政治理想主义外交的成功表明,国际社会中的国家利益和国家利益观念从来都是具体的、变动的。国际外交既要充分彰显本国利益诉求和传统、国情,同时,也要充分关注并顺应世界变化。

威尔逊国际政治理想主义及其外交实践存在严重问题,最显著之处莫过于其立场和价值观的偏颇性。它片面强调美国国家利益和扩张目标的至高无上,不仅漠视战败国和弱小国家权益,不可能无条件地支持被压迫民族的解放,而且常常明确地站在了社会主义运动和人民革命的对立面。作为西方资产阶级自由主义政治家提出的国际社会革新方案,威尔逊的国际政治理想主义首先是美国国家利益和价值观的反映，并在一定程度上反映了资本主义列强的共同利益和价值诉求，但并不能真实全面地反映国际社会革新要求和各国人民关于和平、民主与发展的愿望。在巴黎和会上，威尔逊把国际联盟视为实现美国式"改造世界"方案的关键，同时试图实现诸如"门罗主义"等高度美国化的具体利益诉求，为此竭力寻求与英、法、日、意等协约国列强的妥协，牺牲了战败国和弱小国家的权益，也在相当程度上背离了他标榜的理想主义。这是其理想主义外交遭遇挫折的重要转折点，也注定了国联盟约最终被美国参议院否决和威尔逊本人在国内政治舞台走向失败的历史命运。

关于威尔逊外交失败及其理想主义的局限性，我们同样需要把它们置于特定的历史条件下做出具体分析。过于夸大国际联盟的作用，把建立国际联盟视为美国最重要的目标，这是威尔逊一定程度上忽视领土、赔款、殖民地和势力范围等具体问题的重要原因。一种说法认为，第一次世界大战中，尤其在巴黎和会上，如果威尔逊不是过于看重国联方案，而是实实在在地按照国家利益观念考虑问题，并坚持"原则"不妥协，或许就不必在领土、赔款、殖民地和势力范围等问题上做出重大让步，那么，威尔逊就不会在国内遭遇严重挑战和挫折，弱小国家和战败国权益也不会遭受严重损害。这种分析和结论是值得怀疑的。众所周知，威尔逊竭力倡导理想主义的一个重要原因就是为了在国内唤起干预欧洲和世界事务的狂热，在国外胁迫列强接受美国式的"改造世界"方案，并以此使美国破天荒地卷入大规模战争，以所谓"世界领袖"身份获得战后参与世界事务安排的政治资本，最大限度地实现美国的目标。如果不是竭力倡导理想主义，美国能否更加积极有效地实现对欧洲战争的干预？或者能在多大程度上实现干预？此外，威尔逊赖以实现其"改造世界"梦想的，显然主要依靠关注和协调大国关系的变化，而不是主要依靠关注小国和弱国权益。在一个信奉强权政治的世界里，当弱小国家和战败国寄希望于美国政府以另一种方式干预世界事务时，一个现实主义的美国政府能为了帮助弱小国家和战败国而全力以赴地主持"公正"吗？能够通过美国主持"公正"确保弱小国家和战败国的基本权益吗？我们显然没有得出肯定性结论的依据。寄希望于现实主义的美国政府既为自身带来更大利益，又为世界带来更多福音，同样是幻想。

关于国联盟约被美国参议院否决，一些人为此感到惋惜。一种观点认为，如果威尔逊获得成功，国联将成为美国借以发挥大国作用的平台，可以更好地建构国际社会多边治理机制，维护相对稳定开放的世界秩序。其实，这仍然是一种幻想。事实上，威尔逊在巴黎和会做出重大妥协后，美国已难以如威尔逊期望的那样，扮演国际联盟盟主和大国合作的主导角色。从这种意义上说，美国是否参加国际联盟，对于美国和世界而言都不再具有实质性差异。即便美国加入国际联盟，由于国联盟约没有赋予国际联盟充分的权力和职责，各个资本主义大国事实上也不可能承认美国成为所谓的"道义上的世界领袖"，战后的美国充其量多了一个参与世界事务的交流和协作平台而已，并不能在干预欧洲和世界事务方面走得太远，更不可能真正扮演维护世界"和平""正义"的主导者角色。与此同时，战争结束后，只要美国具有干预欧洲和世界事务的意愿，美国仍然可以干预，但同样不可能在干预的道路上走得太远，"白里安—凯洛格非战公约"的签署就是典型的例证。因此，据威尔逊女儿回忆，威尔逊本人去世前也曾经承认："美国不参加国际联盟是对的。……我长期以来就在考虑这个问题。如果美国按照我的要求参加了，这当然是我个人的一个巨大胜利，但这不会起什么作用。因为美国人民内心深处是不相信它的。当他们认识到有必要参加时，这个国家参加这样一个联盟的时刻就会到来。到这时，也只有在这个时候参加进去才有作用。"[①]

威尔逊国际政治理想主义对后世的消极影响是显著的。威尔逊强调"文明国家""民主国家"的联合，一定程度上倡导民族自决、国家权利平等、自由贸易等主张，力图以美国主导的大国关系调整为基础，建构国际社会治理机制，完善国际规则，具有一定的寻求多边合

---

① 邓蜀生：《伍德罗·威尔逊》，上海人民出版社1982年版，第218页。

作和倡导国际社会共同治理的特点,顺应了20世纪初期国际社会革新大势。但是,由于美国自身利益和价值诉求始终是其基本出发点,威尔逊奢谈所谓"文明国家责任"和美国的"道德优势",强调美国是"道义力量"的代表,理论上混淆了美国国家利益与人类利益、美国理想与人类愿望之间的界限,力图为美国成为"道义上的世界领袖"提供依据,这又为美国后来以单边主义方式干预世界事务和侵犯他国权利制造了借口,留下了恶劣的先例。他关于"文明国家""民主国家"具有"道德优势"的假说,事实上也成了冷战时代美国冷战斗士们借以在国际社会操弄大国关系为美国国家战略利益服务的理论依据。此后的美国历代政治家几乎都接过了威尔逊的旗帜,主要原因就在于,其国际政治理想主义既通过一定程度上顺应世界变化,更好地体现了美国的国家利益和价值诉求,同时,也为美国以"道义力量"代言人自居的单边主义干涉行动和操弄大国关系的行为提供了理论依据。冷战中,随着综合国力达到巅峰,美国在国际社会更为颐指气使,威尔逊的国际政治理想主义作为美国单边图霸工具的色彩越来越显著。如美国学者批评美国冷战斗士时所述:"如果说威尔逊是国际主义之父,那么,那些制定了明显区别于国际主义的冷战全球政策的人们,基本上都是其继养的女儿。"① 冷战结束后,美国似乎又进入了"威尔逊的季节",从某些方面看,这一现象不过是冷战后一些美国政界精英试图借尸还魂、谋求单极霸权愿望的反映。

对待威尔逊的国际政治理想主义,我们既不能美化,也不能把后人尤其冷战斗士们的阐释、滥用及其影响,与威尔逊本人的思想主张及其特定背景下的作用同等看待。毕竟,在威尔逊时代,世界现代化、全球化趋势已经不可逆转,任何国家要实现良性发展,都必须或主动或被动地顺应世界变化的潮流。当时的世界正处于广泛而深刻变革的时代,国际社会治理和革新客观上需要多边主义。美国当时的国

---

① Thomas J. Knock, *To End All Wars: Woodrow Wilson and the Quest for a New World Order*, Oxford University Press, 1992, p. 272.

力和影响力还相对有限，并不具备单边图霸条件，依然是试图通过一定程度的多边合作推动革新和谋求霸权的新兴大国。特殊的国情和传统，也不允许美国统治集团简单照搬欧洲经验和扩张模式。因此，威尔逊所谓的"世界和平需要美国，美国也需要世界的和平与善意"，客观上从一个侧面揭示了当时美国与世界的关系。在那一特定背景下，积极推进国际社会革新，避免大国之间频繁武力决斗，建立和维护相对稳定开放的世界秩序，有利于美国利用其综合国力和竞争优势实现全球扩张和争夺世界霸权。由于始终把美国国家利益置于优先位置，威尔逊不仅不能真正为各国人民代言，而且，常常一定程度地站在反对人民革命、民族解放和历史进步的立场上，但这不应妨碍我们对其国际政治理想主义及其外交实践在特定阶段的影响做出具体的历史分析。

主要参考文献

一 中文书籍

邓蜀生：《伍德罗·威尔逊》，上海人民出版社 1982 年版。

王晓德：《梦想与现实：威尔逊"理想主义"外交研究》，中国社会科学出版社 1995 年版。

韩莉：《新外交·旧世界：伍德罗·威尔逊与国际联盟》，同心出版社 2002 年版。

任李明：《威尔逊主义研究》，中国社会科学出版社 2013 年版。

秦珊：《美国威尔逊政府对华政策研究》，中国社会科学出版社 2005 年版。

高鸿志：《威尔逊与北洋军阀政府》，人民出版社 2015 年版。

［美］伍德罗·威尔逊：《国会政体：美国政治研究》，熊希龄、吕德本译，商务印书馆 1986 年版。

［美］伍德罗·威尔逊：《美国宪制政府》，宦胜奎译，北京大学出版社 2016 年版。

［美］罗伊·沃森·柯里：《伍德罗·威尔逊与远东政策，1913—1921》，张玮瑛、曹学白译，中国社会科学文献出版社 1994 年版。

［美］唐纳德·E. 戴维斯、尤金·P. 特兰尼：《第一次冷战：伍德罗·威尔逊对美苏关系的遗产》，徐以骅等译，北京大学出版社 2007 年版。

［联邦德国］弗里茨·费舍尔：《争雄世界：德意志帝国 1914—1918 年战争目标政策》上、下，何江、李世隆等译，商务印书馆 1987 年版。

［美］保罗·芮恩施：《一个美国外交官使华记》，李抱宏等译，商务印书馆1982年版。

［美］乔治·凯南：《美国外交》，葵阳等译，世界知识出版社1989年版。

［美］亨利·基辛格：《大外交》，顾叔馨、林添贵译，海南出版社1998年版。

［美］理查德·霍夫施塔特：《美国政治传统及其缔造者》，崔永禄、王忠和译，商务印书馆1994年版。

［美］迈克尔·H. 亨特：《意识形态与美国外交政策》，褚律元译，世界知识出版社1999年版。

杨生茂主编：《美国外交政策史1775—1989》，人民出版社1991年版。

李巨廉：《战争与和平：时代主旋律的变动》，学林出版社1999年版。

［美］阿瑟·林克等：《1900年以来的美国史》上，刘绪贻等译，中国社会科学出版社1983年版。

［美］托马斯·G. 帕特森等：《美国外交政策》上、下，李庆余等译，中国社会科学出版社1989年版。

李庆余：《美国外交史：从独立战争至2004年》，山东画报出版社2008年版。

李剑鸣：《伟大的历险：西奥多·罗斯福传》，世界知识出版社1994年版。

［苏］沃斯兰斯基：《美国对德国问题政策史略（1918—1919）》，郑德麟、陈致中译，世界知识出版社1959年版。

二 英文原始文献

Link, Arthur S., ed., *The Papers of Woodrow Wilson*, 69vols., New Jersey, 1966~1995.

Baker, Ray S., *Woodrow Wilson, Life and Letters*, 4 vols., New York,

1927 – 1931.

Baker, Ray S. & E. William Dood, ed. : *The public Papers of Woodrow Wilson*, New York & London, 1926.

Seymour, Charles, ed. , *The Intimate Papers of Colonel House*, 4vols. , Boston 1926 ~ 1928.

Papers Relating to the Foreign Relations of the United States, supplements: The World War, 1914 ~ 1918, Washington DC: Government Printing Office, 1922 ~ 1932.

Papers Relating to the Foreign Relations of the UnitedStates: Lansing Papers 1914 ~ 1920, 2 vols. , Washington DC: Government Printing Office, 1939 ~ 1940.

三 英文论著

Ambrosius, Lloyd E. , Woodrow Wilson and the American Diplomatic Tradition: the Treaty Fight in Perspective, New York, 1987.

Ambrosius Lloyd E. , Wilsonian Statecraft: Theory and Practice of liberal Internationalism during World War I, Wilmington, 1991.

Ambrosius Lloyd E. , Wilsonianism: Woodrow Wilson and His Legacy in American Foreign Relations, Palgrave Macmillan 2002.

Bailey, Thomas A. , Woodrow Wilson and the Great Betrayal, Chicago, 1945.

Bailey, Thomas A. , Woodrow Wilson and the Lost Peace, Chicago, 1966.

Baker, Ray S. , ed. , Woodrow Wilson and World Settlement, 3vols. , New York, 1922.

Beisner, Robert L. , From the Old Diplomacy to the New, 1865 ~ 1900, Illinois, 1986.

Bell, Sidney, Righteous Conquest: Woodrow Wilson and Evolution of the New Diplomacy, New York, 1972.

Bemis, Samuel, The United States As a World Power, A Diplomatic History, 1900 ~ 1955, New York, 1955.

Buehrig, Edward H. , Woodrow Wilson and the Balance of Power, Indiana University Press, 1955.

Buehrig, Edward H. , Wilson's Foreign Policy in Perspective, Bloomington, 1957.

Buklin, J. Steven, Realism and American Foreign Policy: Wilsonians and the Kennan – Morgenthau Thesis, Westport, CT. , 2001.

Burns, Edward M. , The American Idea of Mission: Concepts of National Purpose and Destiny, Rutgers University Press, 1957.

Calhoun, Frederick S. , Power and Principle: Armed Intervention in Wilsonian Foreign Policy, The Kent State University Press, 1986.

Campbell A. E. , ed. , Expansion and Imperialism, New York, 1970.

Clements, Kendrick A. , Woodrow Wilson: World Statesman, Chicago, 1999.

Coffman, Edward M. , The War To End All the Wars, Oxford University, 1968.

Cronon, E. David, The Cabinet Diaries of Josephus Daniels, 1913 ~ 1921, Lincon, 1963.

Conyne, G. R. , Woodrow Wilson: British Perspecties, 1912 ~ 1921, Hampshire, 1992.

Curry, Roy W. , Woodrow Wilson and Far Eastern Policy, 1913 ~ 1921, New York, 1957.

Dallek, Robert, The American Style of Foreign Policy Cultural Politics and Foreign Affairs, New York, 1983.

Daniels, Josephus, The Wilson Era: Years of War and After 1817 ~ 1923. New York, 1946.

DeCond, Alexander, A History of American ForeignPolicy, New York, 1963.

Dorreboom, Iris, The Challenge of Our Time: Woodrow Wilson, Herbert Croly, Randolph and Modern America, Amsterdam – Atlanta, 1991.

Dulles, Foster R. , America's Rise to World Power, New York, 1955.

Duroselle, Jean – Baptise, From Wilson to Roosevelt: Foreign Policy Of the United States 1913 ~ 1945, London, 1964.

Ferell, Robet H. , Woodrow Wilson and World War I, New York, 1985.

Fromkin, David, Rival Internationalisms: Lodge, Wilson, and the Two Roosevelts, World Policy Journal, summer, 1996.

Gabriel, Ralph H. , The Course of American Democratic Thought: An Intellectual History Since 1815, New York, 1940.

Gavin, Francis J. , The Wilsonian legacy in the Twentieth Century, Orbis, fall, 1997.

Gerald, James W. , My Four Years in Germany, New York, 1917.

Graebner, Norman A. , ed. , Ideas and Diplomacy, Readings in the Intellectual Tradition of American Foreign Policy, New York, 1964.

Gregory, Ross, The origins of American Intervention in the First World War, New York, 1971.

Hampton, Mary N, The Wilsonian Impulse: U. S. Foreign Policy, the Alliance, and German Unification. CT. , 1998.

Heald, Morrell & Lawrence S. Kaplan, Culture and Diplomacy, The American Experience, Connecticut, 1977.

Heckscher, August, "Wilsonianism": A Comment, World Policy Journal, fall, 1994.

Hendrick, Burton J. , ed. , The Life and Letters of Walter H. Page, 2 vols. , New York, 1922.

Hoover Herbert, The Ordeal of Woodrow Wilson, New York, 1958.

Houston, David, Eight Years with Wilson Cabinet, Vol. 1, 1913～1920, New York, 1926.

Hunt, MichaelH. , *Ideology and U. S. Foreign Policy*, Yale University Press, 1987.

Israel, Jerry, *Progressivism and the Open Door*, *America and China*, 1905～1921, University of Pittsburgh Press, 1971.

Iriye, Akira, *The Globalizing of America*, *1913 – 1945*. The Oxford University Press, *1993*.

Johnson, Myron M. : League of Nations: A Review Of American Foreign Policy from *1914* to *1946*, Boston, *1946*.

Kannan, George, *American Diplomacy*, University of Chicago Press, *1984*.

Keynes, John M. , *The Economic Consequences of the Peace*, Cambridge University Press, l*984*.

Killen, Linda: The Russia Bureau: A Case Study in Wilsonian Diplomacy, Lexington, *1983*.

Lawrence, David, The True Story of Woodrow Wilson, New York, *1924*.

Lansing, Robert, The Peace Negotiations: A Personal Narrative, Bostonand New York, *1921*.

Lansing, Robert, War Memoirs of Robert Lansing, Indianapolis, *1935*.

Levin, N. Gordon Jr. , Woodrow Wilson and World Politics: American's Response to War and Revolution, New York, *1963*.

Lind, Michael, Lessons of World War I, The NewLeader, Sept *20*, *1999*.

Link, Arthur S. , Wilson the Diplomatist: A Look at His Major Foreign Policy, Baltimore, *1957*.

Link, Arthur S. , Woodrow Wilson and a Revolution World, *1913 ~ 1921*, Chapel Hill, *1982*.

Link, Arthur S. , Woodrow Wilson and the Progressive Era *1910 ~ 1917*, New York, *1963*.

Link, Arthur S. , Woodrow Wilson and World today, Philadelphia, *1957*.

M. Unterberger, Betty, *America' s Siberian Expedition 1918 ~ 1920: A Study of National Policy*, Duck University Press, 1956.

Maddox, Robert J. , The Unknown War With Russia: Wilson's Siberian Intervention, California, 1977.

Mandelbaum, Michael, Bad Statesman, Good Prophet (President Woodrow Wilson), The National Interest, Summer, 2001.

Martin, Laurence W. , Peace Without victory: Woodrow Wilson and the British liberals, New Haven, 1958.

May, Ernest R., From Imperialism to Isolationism, 1898 ~ 1919, New York, 1964.

May, Ernest R., The World War and American Isolation, Harvard University Press, 1959.

Mee, Charles L., Jr., The End of Order, Versailles, 1919, New York, 1980.

Merrill, Frank J. & Theodore A. Wilson, eds., Makers of American Diplomacy: From Theodore Roosevelt to Henry Kissinger, New York, 1974.

Munro, Dana G., Intervention and Dollar Diplomacy in the Caribbean 1901 ~ 1921, New Jersey, 1964.

Ninkovich, Frank: Modernity and Power, A History of the Domino Theory in the Twentieth Century, University of Chicago Press, 1994.

Ninkovich, Frank: The Wilsonian Century, U. S. Foreign Policy Since 1900, Chicago, 1999.

Kennan, George, *American Diplomacy*, University of Chicago Press, 1984.

Knock, Thomas, *To End All Wars*, Oxford University Press, 1992.

Osgood, Robert E., Ideals and Self-interest in America's foreign Relations, Chicago, 1953.

Pratt, Julius, Challenge and Rejection, the United States and World Leadership, 1900 ~ 1921, New York, 1967.

Rappaport, Armin, ed., Issues in American Diplomacy, vol. 2, New York, 1965.

Robertson, James O., American Myth American Reality, New York, 1980.

Rosenberg, Emily S., Spreading the American Dream: American Economic and Cultural Expansion, 1890 ~ 1945, New York, 1982.

Ross, Davis R., ed., Progress, War and Reaction 1900 ~ 1933, New York, 1970.

Safford, J. Jeffrey, Wilsonian Maritime Diplomacy, 1913 ~ 1921, Chapel

Hill, 1982.

Schulzinger, Robert D. , *American Diplomacy in the TwentiethCentury*, Oxford University Press, 1990.

Schwabe, Klaus, Woodrow Wilson, Revolutionary Germany, and Peace Making, 1918 ~ 1919: Missionary Diplomacy and the Realities of Power, Chapel Hill, 1985.

Scott, James B. ed. , President Wilson' s Foreign Policy, Message, Address, Papers, New York, 1918.

Seymour, Charles, American Diplomacy During the World War, Baltimore, 1934.

Seymour, Charles. , American Neutrality 1914 ~ 1917, New Haven, 1935.

Smith, Daniel M. , *Robert Lansing and American Neutrality 1914 ~ 1917*, Universityof California Press, 1958.

Smith, Daniel M. , The Great Departure: The United States and World War I, 1914 ~ 1920, New York, 1965.

Smith, Tony: America' s Mission, *The United States and the Worldwide Struggle for Democracy in the Twentieth Century*, Princeton University Press, 1994.

Stid, Daniel D. , The president as Statesman: Woodrow Wilson and Constitution, Kansas, 1998.

N. Tilchin, William and E Neu, Charles ed. , Artists of Power : Theodore Roosevelt, Woodrow Wilson, and Their Enduring Iimpact on U. S. Foreign Policy, CT. , 2006.

Tucker, Robert W. , An Inner Circle of One: Woodrow Wilson and His Advisers, The National Interest, Spring, 1998.

Tumulty, Joseph P, Woodrow Wilson As I Know Him, New York, 1921.

Walworth, Arthur, America' s Moment, 1918: American Diplomacy at the End of World War I, New York, 1977.

Walworth, Arthur, Wilson and His Peacemakers: American Diplomacy at the Paris Peace Conference, 1919, New York, 1986.

Watson, Richard L. , Jr. , Woodrow Wilson and His Interpreters, The Mississippi Valley Historical Review, XLIV, September 1957.

Weinberg, Albert K. , Manifest Destiny: A Study of Nationalism Expansionism in American History, Chicago, 1935.

Wells, Samuel F. , New Perspectives on Wilsonian Diplomacy: The Secular Evangelism of American Political Economy, *Perspectives in American History*, June 1972.

Widenor, William C. , *Henry Cabot Lodge and the Search for an American Foreign Policy*, University of California Press, 1980.

Williams, Joyce G. , Colonel House and Sir Edward Grey: A Study in Anglo-AmericanDiplomacy, New York, London, 1984.

Williams, William A. , The Tragedy of American Diplomacy, New York, 1972.

Wilson, Edith Boling, My Memoir, Indianapolis, 1939.

后　　记

　　威尔逊主义和威尔逊外交是世界历史上的重大问题，也是国内外相关领域学者长期以来关注较多的研究课题。算起来，笔者初涉这一研究领域是在 20 世纪 80 年代末和 90 年代初，而相对深入地探究这一问题，则是 2001—2005 年在华东师范大学师从王斯德先生读博期间。先生为人慈爱豁达，道德、文章均为后学楷模。有幸成为先生入室弟子，乃此生之幸。选择一个学界关注较多的问题作为研究选题，往往是学子们避之唯恐不及的。先生多次与我认真讨论，仔细倾听我前期的阅读和研究心得，以其开阔的视野和卓越的学识为我指点迷津，鼓励我从世界变化角度重新审视威尔逊主义和威尔逊外交，坚定了我继续从事相关研究的信心和决心。先生非常繁忙，但只要我有所求教，总是尽量放下手中的事情，第一时间约我见面详谈。先生的耳提面命和慈爱之心，不仅指引着我完成学位论文，也成为我此后研究工作中克服困难的不竭动力和永远的精神财富。由于种种原因，博士研究生毕业后，我并没有立即围绕该课题出版学术专著，但先生始终关注我的研究工作，并不时给予指导和鼓励。在此书稿付梓之际，先生却已溘然长逝。每念及此事，一种愧疚和遗憾的心情总是难以平抑。

　　先生热爱历史教育和研究工作，终生关爱后学，所培养博士也都在高校和科研机构从事专业教学和研究工作。先生说："历史研究总是站在时代的高度，凭借当代人的知识和经验、理论和方法去认识历史，从而对历史不断有新的体悟。历史学也正是在这一过程中不断展现自己的生命力。"我愿谨记先生教诲，努力以更加勤勉的工作不断取得新的成绩！

在此书稿付梓之际，我还要特别感谢苏州大学吴瑞教授。吴老师是我的硕士生导师，也是我从事世界史研究起步阶段的引路人。读博期间，我还得到了华东师范大学李巨廉教授、郑寅达教授、余伟民教授、李宏图教授、林广教授等诸位老师的指导和关爱。中国人民大学李世安教授，北京大学钱乘旦教授，南京大学李庆余教授、朱瀛泉教授，复旦大学金重远教授，上海师范大学叶书宗教授，福建师范大学王晓德教授，都曾经给予我宝贵的指导和支持。在长达30余年的相关研究中，我还得到其他众多师友的关心和帮助，包括我读硕读博期间的同窗好友、单位同事和家人，限于篇幅，不再逐一列出。谨此一并致以诚挚的敬意和谢意！

本课题研究得到了国家社会科学基金的资助，前期相关研究还得到了教育部人文社会科学规划项目和江苏省高校哲学社会科学基金的资助，谨此致以谢忱！此外，我还要特别感谢中国社会科学出版社的杨晓芳老师，感谢她在书稿出版和编校中付出的努力。

书中疏误和不足均为本人学术修为不够所致。书稿出版后，诚挚欢迎各位专家和读者批评指正。唯愿今后以更加勤勉的努力和新的成绩回应各方的关爱。